古 月 ◎ 著

唐盛唐衰

贰

贞观长歌

中国铁道出版社有限公司
CHINA RAILWAY PUBLISHING HOUSE CO., LTD.

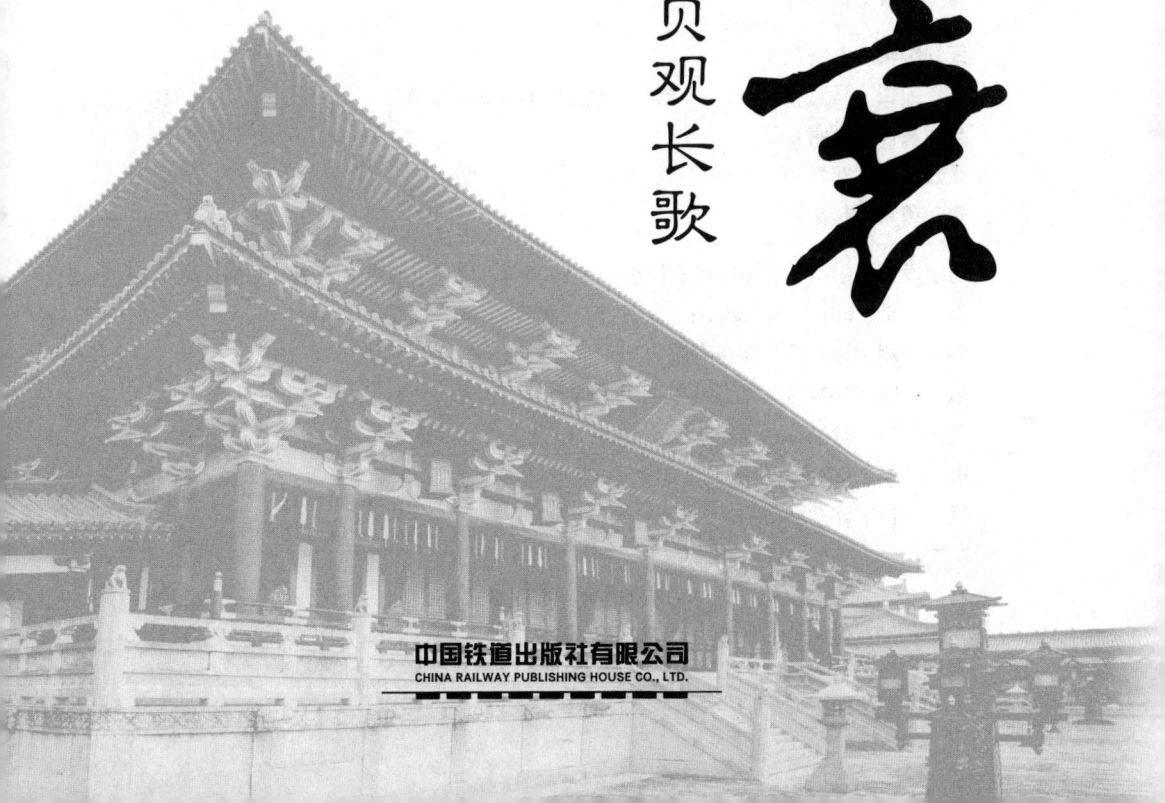

图书在版编目（CIP）数据

唐盛唐衰. 贰，贞观长歌 / 古月著 .—北京：中国铁道
出版社有限公司, 2024.8
ISBN 978-7-113-31289-3

Ⅰ. ①唐… Ⅱ. ①古… Ⅲ. ①中国历史—唐代—通俗
读物 Ⅳ. ① K242.09

中国国家版本馆 CIP 数据核字（2024）第 106319 号

书　　名：**唐盛唐衰（贰）：贞观长歌**
　　　　　TANG SHENG TANG SHUAI (ER)：ZHENGUAN CHANGGE
作　　者：古　月

策划编辑：王晓罡
责任编辑：马慧君　　　　电　　话：（010）51873005
封面设计：尚明龙
责任校对：安海燕
责任印制：赵星辰

出版发行：中国铁道出版社有限公司（100054，北京市西城区右安门西街 8 号）
网　　址：http://www.tdpress.com
印　　刷：河北燕山印务有限公司
版　　次：2024 年 8 月第 1 版　2024 年 8 月第 1 次印刷
开　　本：710 mm×1 000 mm　1/16　印张：15　字数：231 千
书　　号：ISBN 978-7-113-31289-3
定　　价：88.00 元

目 录

I

第三章　有志青年走仕途

第四章　倒啖蔗

第五章　　贞观长歌

第六章　　贞观落幕

第七章　难承父志

第八章　初唐谢幕

后　记

主角：李世民

配角：李渊、李建成、李元吉、李渊的妃子、李世民的近臣等

事件：人生几大悲惨的事情中有这样两件：

　　少年丧父、老年丧子。这两件事唐高祖李渊一件也没错过，并且还是一次死两个儿子，更让他痛心疾首的是，这两个儿子都是直接或间接地死在另外一个儿子手上，骨肉相残，贻笑大方。事情搞成这个样子到底是谁的错？

父子真有矛盾吗

放眼过去，还有谁能和老李家继续争天下？

没了！

天下是谁的？

唐高祖李渊的。

李渊死了呢？

太子李建成的。

简单来说，这个答案没有错，李建成是名正言顺的太子，大唐王朝的接班人，李渊退休之后自然他就是皇帝。

李世民怎么办？这些年来他的功劳最大，不管是李建成当太子之前还是当太子之后。

功劳大就必须当皇帝吗？关于这点我们可以看看历史上非常著名的"周公辅成王"的故事。

这个故事发生在很久以前的周朝。周公姬旦是周文王姬昌的第四子、周武王姬发的弟弟，武王在位期间周公一心一意地配合哥哥的工作，武王死后，周公仍然一心一意地配合自己侄子（武王的儿子成王）的工作。周公有很多英雄事迹，这里就不一一赘述，归根结底一句话，周公的功劳十分大，为国为民做的事情远超成王，不过周公仍然恭恭敬敬地为成王打工，丝毫没有当皇帝的打算。

这样看来，功劳大也不一定当皇帝！

但是，就算你把史书翻烂，也再难以找出第二个周公。大多数情况下，功劳跟地位不匹配的都要闹出乱子来，并且，李渊也是这样认为的。

李渊曾经对李世民说："咱们在晋阳起兵主要是你的主意，要是输了，李家就会断子绝孙，你便是千古罪人；要是赢了，李家就会飞黄腾达，你便是第一功臣，太子这个宝座非你莫属。"

老爹李渊说这话相当于给儿子李世民开出一张支票，至于是否会给兑现，这个问题恐怕没人能给出答案。

后世对此争论不休：有人认为李渊支持李建成当皇帝，也有人认为李渊支持李世民当皇帝。

对于这个结论，咱们不着急下，先搞清楚到底都发生了什么事儿，通过分析这些事儿看看是否能得出结论。

有人说，李渊和李世民有很深的矛盾，理由就是：刘文静的死。

刘文静是李世民的铁杆粉丝，他们两个的关系就如同裴寂和李渊一样密切，当年李世民要造反最开始没敢直接和老爹说，而是通过裴寂来探口风，由此可知他们关系的密切程度。

李渊当上皇帝之后对裴寂的恩宠更是令人羡慕不已。例如，李渊经常和裴寂在一个桌子上吃饭，在一个床上睡觉。虽然这完全是兄弟之间的感情，但作为皇帝，这样显然是不合适的。

对于这种不合时宜的做法，一般大臣并不敢直言劝谏，只有刘文静敢！

刘文静认为当皇帝应该有个当皇帝的样儿，行为必须要检点，不能像以前一样为所欲为。

刘文静提出如此尖锐的意见是出自争宠的私心，还是真的为国体考虑我们无法得知，只有他自己心中有数。不过他和裴寂之间一直有矛盾，这是不争的事实。

有一次，刘文静酒后失言，拔出刀来对着柱子乱砍，边砍边说要找机会把裴寂剁成肉馅包饺子。

世上没有不透风的墙，这醉话就被裴寂和李渊知道了，李渊下令杀掉刘文静，罪名是造反。

说刘文静造反，摆明就是瞎扯。很多年之后，李世民为刘文静平了反。

对于该起事件，我们可以从两方面理解：

第一方面，无须多想，就是李渊宠信裴寂，没有因为刘文静是李世民的人而放他一马。

第二方面，这是剪除李世民的党羽，看似裴、刘之争，实际是父子相斗。

从我们所掌握的史料来看，更倾向于第一种情况，因为，李渊除了杀刘文静之外，并未对李世民的其他得力手下有丝毫举动，甚至还帮他丰满羽翼，精兵强将都交给他统领。有人说，这是工作需要，不给他精兵强将怎么让他平定四方啊？可是，四方基本平定之后，又让李世民开天策府，招"十八学士"，这又作何解释呢？

另外，说李渊和李世民相斗于情于理都解释不通。李渊身体再好，也有驾鹤西游那天，到时候还得把家产留给儿子，只不过是留给哪个儿子的问题。李建成和李世民都是他亲生的，手心手背都是肉，谁接班对于李渊来说没有太大分别。

通过上述分析，李渊心目中的理想情况是这样的：

首先，自己活着的这些年一定要太平无事，千万不能步杨坚的后尘，在宫廷政变中死在儿子手里。

其次，李世民要是肯屈居人下，兄弟几人亲密无间，那大儿子继承家业算是中规中矩；如果李世民不肯屈居人下，那就让李建成让贤，兄弟之间也不能伤了和气。

后来发生的事情为什么和他理想中的不太一样呢？主要还是因为他在很多事情的处理之上欠妥。

李渊是怎么想的

李渊究竟在哪些问题上处理得不好呢？

第一个问题，也是核心问题，法定继承人的确定。

李渊数次和李世民提出让他当太子，李世民都拒绝了。

李世民当初拥有那么强烈的造反愿望，后来几乎天天提着脑袋冲锋陷阵，难道就是为了好玩？或者是当个王爷？

当然不是，他的目标应该是当皇帝！

至于他为什么拒绝当太子，这事儿我们也无法下定论，只能猜测，他也许是过分爱惜自己的名声，不想主动和兄弟撕破脸皮，让后人耻笑。

这样看来，李渊就应该强行让李世民做太子，同时安抚好李建成，或许李渊是认识到安抚李建成的难度，因此没有采取这个方案。

第一个问题没处理好，就会引来第二个问题：实力问题，李世民集团和李建成集团的实力问题。

李渊既然不能让李建成让贤，那就要保他坐稳太子宝座，将来顺利坐稳皇位。

对比一下李世民和李建成双方的实力，我们发现有一点李建成和弟弟是无法对抗的，那就是百姓基础。这些年来李世民南征北战，在老百姓中口碑极佳，成绩也都看得见、摸得着。这一点说重要就重要，说不重要也不重要，只要李建成顺利当上皇帝，到时对老百姓好点儿，让他们吃饱穿暖，老百姓才不会管谁当皇帝呢。

和"百姓基础"比起来，"身边的人"和"手里的军队"才更重要。

李世民长期掌握重兵，李建成只有几个散兵游勇。

李世民文有房玄龄、杜如晦等"十八学士"，武有尉迟敬德、秦叔宝、程知节等万军之中取上将首级的猛将，能文能武的还有李靖、张公谨等全才。

李建成手下仅有魏徵、王珪、薛万彻等几个高手。

这实力相差悬殊！

对于这种情况，李渊并未采取任何实质手段进行解决，没有把"十八学士"转给李建成，也没让尉迟敬德和秦叔宝等人改投太子门下。

这样放任的结果就是，就算李世民没有什么非分之想，李建成心里也不会踏实，肯定还要想方设法地收拾这个亲弟弟。同时，李世民也会因为实力强大而不断滋长野心。

直至今天，我们仍然无法搞清楚李渊为何采取这种"无为"的做法来处理皇位继承问题。

物以类聚，人以群分

跟李渊、李世民比起来，李建成的城府极其浅薄，喜怒哀乐都写在脸上，并且还有个极大的特点——不记仇。他不记仇并不是心胸宽广，而是有仇都是当时就报，根本不用记。

公元 619 年是唐朝正式注册成立的第二年，也是李建成当上太子的第二年，李建成就开始对李世民不满，并且毫无保留地表现出来。

李建成有个老师叫李纲，此人正直、善良，按理说这样的老师教学生肯定是不用家长操心的，可是，李纲当了几天太子詹事便向李渊递上辞职信，理由很简单：你那儿子我教不了，不光酒色随身，而且天天惦记着怎么对付李世民，怎么劝都没用。

李渊对李纲的表现很不满意，还翻出他的旧账："想当年你给潘仁当长史，他是什么好鸟吗？"

对于李渊的谴责，李纲毫不心虚，理直气壮地答道："潘仁的确不是什么好鸟，强盗出身，喜欢滥杀无辜，但我晓之以理、动之以情，他便改邪归正。现在我为了规劝太子，嘴皮子都磨薄了，他依旧我行我素。"

李渊没有采纳李纲关于应该严管太子的建议，也没有接受他的辞职，依然让他担任太子的老师。

跟李纲比起来，魏徵对太子的帮助就要大得多。

魏徵担任的官职是太子洗马，太子洗马不是负责给太子的马洗澡，而是负责教导太子的一种官职。（这个官职听起来怪怪的，其实是被后人叫错了的缘故。在秦汉时期，这个官职叫太子先马，就是在太子马前驱驰，给太子带路，教太子怎么做人的官职。有人说"先"和"洗"通假，也有人说是后人写错了，反正到后来都管这个官叫太子洗马。）

当李世民把刘黑闼打跑之后，魏徵发现有便宜可捡，便对李建成说："整个大唐差不多都是李世民打下来的，殿下虽是太子，但没有大功可以用来彰显自己，现在刘黑闼已经被打残废，老弱残兵不足万人，殿下应该向皇帝请命去消灭反唐的顽固势力。"

李建成接受魏徵的建议，最终用刘黑闼的人头为自己增添了一点儿政治筹码。

不过李建成也知道仅靠这点儿小成绩根本没法和李世民叫板，明的不行，咱就来暗的，明枪易躲暗箭难防嘛。

肯于跟李建成一起放暗箭的还有一个重量级人物，李渊的另外一个儿子——李元吉。

对于李元吉为什么坚持不懈地挑唆李建成和李世民的关系，并且看似死心塌地地帮助李建成，人们也有很多猜测。

第一个原因，物以类聚，人以群分。李建成和李元吉两人几乎具备标准纨绔子弟的所有特征，跟李建成一起才能更好地吃喝玩乐、骑马遛狗，犯了错误还能互相包庇。

第二个原因，对于李世民立下的显赫战功，李元吉表现出强烈的羡慕、嫉妒、恨，扳倒二哥，他心里才能舒服。

第三个原因，李元吉有自己的小算盘，大哥和二哥要是斗个两败俱伤，他说不定能坐收渔人之利，捡个皇帝当当。

至于具体是哪个原因，后人无法给出定论，可能是其中某一个，也可能是兼而有之，总之他是把自己和李建成结结实实绑到一起，坚定不移地对李世民放暗箭。

不要得罪女人

仅仅有李元吉帮忙，李建成的队伍仍然不够强大，那么，还有谁能帮他呢？

女人！

李渊的女人！

李渊很好色，这是个事实，年轻的时候就有很多女人，很多后人替他找借口，说他天天和那些女人混在一起是为掩人耳目，麻痹杨广，让人误认为他是个酒色之徒，不是有理想、有抱负的窃国者。

李渊有理想、有抱负，这点我们不可否认，但这不影响他好色。李渊当上皇帝之后无须再掩人耳目，他的女人不但没有减少，反倒越来越多。

皇宫里面女人很多，真正的男人就一个——皇帝李渊。

在狼多肉少的情况下，诸位嫔妃们自然要想尽办法拉近和李渊之间的距离，除了提高自身素质之外，借助外力也是不错的选择。

嫔妃们需要借助皇子的力量接近李渊，皇子们需要借助嫔妃给老爹吹枕边风，就这样，狼和狈找到结合点，合作双方没有利益冲突，各取所需，这样的合作将会取得双赢。

后来有些野史、小说等说李建成、李元吉和李渊的两个妃子经常饮酒淫乱，时至今日，已经无从考证，而且也没必要考证，不管是否淫乱了，反正利益集团的关系是建立得妥妥的。

李建成、李元吉和后妈们关系亲密无间，李世民却不屑做这种勾当，因此，李渊的枕边风十分一致，妃子们一致反映李世民不是个好孩子。

李世民不但不会主动给后妈献媚，而且连最基本的母子关系都维

持不好。

当初，李世民占领洛阳的时候，李渊的几个贵妃也到了战争的第一线，不过她们不是来打仗的，而是来淘宝的。今天的女人喜欢钻石、翡翠、珍珠、玛瑙，那个时候的女人也不例外。

杨广攒了不少好东西，可以说天下的奇珍异宝尽在隋朝库府，然而，当贵妃们想让李世民这儿子送点给她们的时候，竟然遭到拒绝，理由是：这些东西都已记录在册，封存起来，谁也不能动用。

从长安跑到洛阳足足有三百多公里，这群女人总不能空手而归啊，金银珠宝捞不到就捞点儿别的好处吧。她们的亲属有些在部队当官，贵妃们想跟李世民要个人情，格外提拔一下自己的亲属，这么简单的事情再次遭到拒绝，理由十分简单：有功必赏，有过必罚，这是我李世民带兵的基本原则，谁也别想走后门。

古往今来的各位圣人、伟人几乎都曾经说过：不要得罪女人！

不听老人言，吃亏在眼前，李世民为此吃了很大的亏，隔三岔五就被老爹狠剋一顿。

还好李世民有个优点——孝顺，按理说当爹的都会喜欢孝顺孩子，这总算可以增加一点儿好感吧。

但是，看问题的角度不同，得出来的结论可能也是截然相反的。

李世民每次参加家庭宴会的时候，看着眼前热闹非凡的情景都会暗自神伤，思念自己苦命早亡的亲妈无法享受人间富贵。

李世民的后妈们借此良机再次诋毁他，对李渊说："大家都高高兴兴，就他阴沉着脸，是不是他盼着陛下早日升天，好独掌大权啊？"

在李渊心中，李世民一直是人中之龙凤，不过，众口铄金，积毁销骨，渐渐地他开始觉得这个儿子打仗还行，干别的都是一塌糊涂，李建成却不同，后起之秀，越来越适合继承大统。

天赐良机

秦王李世民目前的状况可以概括为：家庭没温暖，朝中没地位，跟带领玄甲军所向披靡之时判若两人。

当然，这个状况仅仅是表面现象，实质上，大唐精锐仍然尽藏秦王府。

以李建成的智商也就是仅仅能看到现象，他认为李世民已经足够虚弱，自己可以动手斩草除根。

公元 624 年，李建成开始招兵买马作为自己的亲兵，经过千挑万选最终有两千精壮小弟荣幸地入住东宫左右的长林门，这群亲兵号称长林兵。

长林兵从外表看确实不错，要是参加选美大赛肯定能取得个不错的成绩，但是缺乏实战经验和血与火的洗礼，为此，李建成又从罗艺那里抽调过来三百精锐骑兵，这些人可是身经百战、杀人不眨眼的魔王。

李建成这边大肆招兵买马难免会惊动李渊。李渊知道后大怒：这个小混蛋想干什么？难道想用武力打破国内安定团结的局面吗？于是，李建成被老爹臭骂一顿，这事儿就算拉倒了。

没过几天，李渊准备带领李世民、李元吉等人到仁智宫去避暑，李建成留守长安。

真乃天赐良机!

这几年来，李建成用大把的银子收买了一些看起来还算不错的高手，其中一个死党叫杨文干，正所谓养兵千日用兵一时，现在到他出手的时候了。

最近，杨文干又四处搜罗不少死士，都安顿在庆州（今甘肃省庆城县），李建成派手下尔硃焕和桥公山去给这些人送铠甲装备。

这尔、桥二人扭头就把李建成出卖了，直接跑到李渊面前告发太子指使杨文干起兵造反。

李渊听尔、桥二人汇报完情况，又找人核实，确认此事不假，气得暴跳如雷，把李建成大骂一通，骂完之后，又给他发去一封亲笔诏书，让他马上到仁智宫请罪。

李渊和李世民都是见过大风大浪的人，李建成纠集一群乌合之众能掀起多大的风浪？他们根本就没把他放在眼里，只不过对这种骨肉相残的情况感到异常气愤。

李建成那边听说被出卖了，差点没吓尿裤子，总算他手下还有两个明白人，知道造反可不容易，斗，肯定是斗不过李渊的，赶快低头认

错，负荆请罪，然后看看能不能找机会保住性命。

李建成连滚带爬地来到李渊跟前，号称要以死谢罪。

毕竟是亲儿子，哪能说砍就砍，暂时关押起来，等解决杨文干之后再行处理。

杨文干听说李建成那边已经被摆平，眼下自己骑虎难下，李建成是皇帝亲儿子，只要认错态度诚恳，再有人给说说情，说不定能保住一条命，自己不一样，没背景、没靠山，犯的又是造反这样诛九族的大罪，投降也是死，不如将造反进行到底，他老李家不是也靠造反得的天下嘛，凭啥自己就不能当皇帝。

于是，杨文干就真的造了反。

造反可不是一件容易做的事情。且不说是否有当皇帝的命，仅从技术角度看就是高难度动作，这种事情李建成干不好，杨文干也远远无法胜任。虽然他以迅雷不及掩耳之势占领宁州（今甘肃省宁县），但是，李世民刚刚兵临城下，杨文干的造反势力就从内部开始瓦解，眼明手快的小弟砍下杨文干的脑袋到李世民面前邀功去了。

当李世民去收拾杨文干的时候，李渊也没闲着，面对着各类群体的七嘴八舌，当然，这个时候那些人已经无暇说李世民坏话，他们要集中精力先把李建成救出来。

李元吉大打亲情牌。

嫔妃们狂吹枕边风。

以封德彝为代表的李建成派引经据典陈述大儿子做太子的必然性。

就这样，李建成奇迹般地起死回生，脑袋没掉，太子宝座也还在屁股底下。

可是，这说不通啊，造反者都得死，不死也得把牢底坐穿，同时失去了政治权利。

李建成为什么没受影响？因为，此次事件最终被定义成兄弟内部矛盾，是李建成针对李世民的个人行为，不是造反，处理他的手段以批评教育为主。

最终，李建成仅仅是挨李渊几顿臭骂，住几天小黑屋，吃几顿粗茶淡饭，这事也就不了了之。

李建成虽然能够继续当太子，但再想搞大规模武力行动已经不可能，李渊也要防止闹出上次那样的事情来。

一计不成，再生一计。

这次是精确制导，直接将李世民锁定为打击目标。李建成送给李世民一匹骏马，这马长得高大威猛、膘肥体壮，但野性十足，非常喜欢尥蹶子，李建成想借助这马摔死亲弟弟。

在一个风和日丽的日子里，李家兄弟一起到郊外打猎游玩，李世民骑着大哥送的骏马撒欢儿地追一只鹿，跑着跑着这马的野性就被释放了出来，身上坐着个人十分影响心情，开始狠狠地尥起蹶子，动作幅度极大，这要是一般人的话肯定得摔下来摔个七荤八素，不死也是重伤。

李世民是一般人吗？

当然不是。可以说马背就是李世民的家，刀枪剑戟都是他身体的一部分。

李世民借着马尥蹶子之势一跃而起，空中转体三周半接抱膝前空翻，稳稳落在几米之外。

李世民完全没想到大哥想用这么不靠谱的方式谋杀自己，再次翻身上马，过了一会儿，上面的一幕再次发生。

这时李世民才认识到这是大哥谋杀自己的一种手段，不禁感慨道："真替大哥感到丢人，想杀人还不多动动脑子，这个世界上能摔死我的马还没出生呢。"

李世民和身边随从说："太子想借助一匹马来杀我，岂不知，'死生有命，富贵在天。'我的性命是他能伤害得了的吗？"

李建成知道李世民这样评价自己之后恼羞成怒，和李渊告黑状："父皇的二儿子自称受命于天，看来我们是没有容身之地了。"

李渊现在多少有点老糊涂，竟然信以为真，把李世民绑了起来，要调查清楚到底怎么回事。

还好突厥人救了李世民一命，这会儿他们在边境闹得正欢，还需要用李世民来平乱，因此他才逃过一劫。

李建成虽然没有得手，但发现这种精确打击的思路没问题，就算弄不死李世民，对自己也没啥影响。

很快，又一个计划出炉。

李建成命人配置上等毒酒，请李世民过来彻夜畅饮。

李世民回到家里就开始肚子疼，又大口大口地吐血，休养好长一段时间才渐渐康复。

李建成事后感到非常惋惜，不过，事已至此，以后再用请李世民吃饭这招肯定是行不通的，要害弟弟只得再找办法。

凶多吉少

李渊看着兄弟几人之间不死不休的斗争也开始惆怅起来，都是亲生的，谁有个三长两短都是他不想看到的，白发人送黑发人，人世间最悲惨的事莫过于此。

李渊把李世民叫到跟前，语重心长地说："最开始是你提出的反隋大业，在这些年的战争中也是你功劳最大，我说让你当继承人，你却坚决不干，后来我想，建成是长子，也做了这么长时间太子，要是把他撤了多没面子啊，要不干脆让他在这边踏踏实实当太子，将来继承家业，你就搬到洛阳去住，那边也不比这边差，同样能够享受到天子所能享受的一切待遇。"

对于这个提议，李世民还是很赞同的。老爹活着的时候兄弟可以相安无事，老爹驾鹤西游之后，如果大哥对自己不仁，也就别怪自己对他不义，以洛阳为基地实在是太完美不过了。

对于这种形势，李建成和李元吉都能充分认识到，如果让李世民带着精兵强将去洛阳，那就如同虎入深山、龙回大海，再想收拾他那几乎就是不可能完成的任务。

李建成和李元吉再次联合嫔妃给李世民制造负面新闻，让李渊觉得李世民要是到了洛阳就会造反，于是，这事儿就暂时搁在了一边。

秦王府的众位高人看着眼前局面越来越不乐观，说不定哪天李世民就被玩儿死，到时候大家都得跟着遭殃，与其坐以待毙，不如先下手为强，杀死李建成和李元吉，虽然一个是太子，另外一个是深受宠爱的齐王，但他们要是死了就啥都不是了，天下还不尽在秦王掌握之中。

房玄龄、杜如晦和长孙无忌等人向李世民敞开心扉，表示愿意为他冲锋陷阵，扫除奸党。这个时候的李世民仍然下不定决心，毕竟手刃兄弟，甚至还有可能和老爹闹翻，这都是要留下千古骂名的。（史料中多数记载李世民此时不下手是因为兄弟情义，但我不认为他是个把儿女情长看得那么重的男人，迟迟不肯动手的原因应该主要是考虑到名声和后果。）

李建成等人知道，不仅仅是李世民难对付，他手下那些高人也是自己的巨大障碍，这些高人是李世民的根基，先把根基搞垮，再扳倒李世民就会容易很多。

李建成给尉迟敬德写了一封十分暧昧的信，表示愿意和他交朋友，还送上一车金银珠宝。尉迟敬德回信说："我这辈子跟定秦王，生是秦王的人，死是秦王的鬼，不会再侍奉别人。"然后，把一车金银珠宝给退了回去。

事后，尉迟敬德把这情况原原本本地向李世民做了汇报，李世民对于尉迟敬德的表现感到十分欣慰，但对于他如此不开窍也感到很是无奈，耐心地教导他："我知道你对我的心意，咱们之间的信任是经历战场上的生生死死考验出来的，怎么可能会因为金银珠宝而改变？太子送你东西你就应该全部收下，表面上和他搞好关系，这样我们就能掌握他的一举一动。唉，不过你这人太耿直，让你当间谍也的确是有点强人所难。"

李建成和李元吉收买秦王府的高人未遂，就改动刀子，派人去暗杀尉迟敬德，结果刺客连门都没敢进，就被"门神"的杀气吓得屁滚尿流。

暗的不行就来明的，李建成等人再次大打舆论战，捏造很多莫须有的罪名给秦王府众人栽赃，秦王府中的人才流失极其严重，入狱的入狱，发配的发配，仅仅剩下几个和李世民关系最近的人，还都是李世民拼命才保护下来的。

很快，李世民身边最亲近的这几个人也就要保不住了，因为，李建成他们又有一个非常合理的借口可以把他们全部铲除。

给李建成提供借口的是突厥人，这几天突厥人又躁动起来。以前这种事情都是李世民处理的，不过这次由李元吉取而代之，但要求秦王府内的猛将们一同出征，听候李元吉调遣。

这可是釜底抽薪，要是让李建成得手的话，李世民就真的凶多吉

少了，他一个光杆司令怎么能斗得过太子和齐王。

事情到了最紧要的关头，李世民的忍耐也已接近极限，眼下的秦王府少了往日的喧闹，仅剩下长孙无忌、侯君集和尉迟敬德等寥寥数人，显得格外冷清。

应该何去何从？李世民正在做激烈思想斗争的时候，手下进来禀报：有人来串门儿。

这要是以前再正常不过，可如今大家对秦王府都是避之不及，还有谁会来串门儿？

来串门儿的叫王晊（zhì），是个在太子府工作的小人物，职务不高，但阴差阳错竟然把李建成和李元吉密谋迫害李世民的计划听了个一清二楚。

王晊觉得在太子府混饭吃自己一辈子也不会有出头之日，要是将这重磅消息透漏给李世民，李世民能扳倒太子的话，那自己可就是大功一件，于是，冒险一搏来到门可罗雀的秦王府。

王晊表明来意之后，也没多说废话，直接就把李建成对李元吉说的话原原本本转述给李世民："我亲爱的弟弟，你已经得到老二的精兵强将，出征之前，我会邀请老二一起去给你送行，咱们提前埋伏好刺客，杀了他之后就和爹说他是自杀，别人也不能把咱们怎么样，然后你找机会把尉迟敬德等人处理掉，这样咱们便可以高枕无忧。"

听到这个消息之后，李世民意识到已经无路可退，只能反击，并且还要一击致命。

李世民把长孙无忌、尉迟敬德等人叫来，对他们说了这样一段话，大家总算明白他迟迟不肯和兄弟翻脸的最真实原因。《资治通鉴》记载，世民叹曰："骨肉相残，古今大恶。吾诚知祸在朝夕，欲俟其发，然后以义讨之，不亦可乎！"

通过这段话我们完全能够看出，李世民之前一忍再忍，不管李建成和李元吉如何祸害他，他都不肯还手，并不完全是因为在乎兄弟情，而是担心骨肉相残坏了自己名声，他一直在等李建成他们率先动手，然后自己在正当防卫的情况下干掉兄弟，这样既得了江山，又能维护美名。

尉迟敬德早就看李建成和李元吉不顺眼，现在李世民已经准备动手，他第一个表了决心："上天安排您成就大事，您却一忍再忍，就算自己不想当皇帝，也要考虑江山社稷和普天之下的百姓啊，要是让李建成继承大业，全国都得跟着遭殃，您就发发慈悲再次拯救万民吧，我们都会誓死为您效劳。"

尉迟敬德这话基本就是表达两个意思：第一，您杀兄杀弟不是为自己，而是为天下；第二，我们都是您的忠实拥护者。

通过这几句话完全能够看出，尉迟敬德耿直归耿直，一点儿都不傻，而且口才也很好，虽然他常说自己是粗人不会讲话，但每每在关键时刻说出来的话总是很有分量。

长孙无忌等人也都跟着表态：唯秦王马首是瞻。

李世民心中早就想大干一场，只要理由充足，该出手的时候必须出手。

手下这些人开始七嘴八舌地做起李世民的思想工作，说是思想工作，其实就是在帮他找理由。

大家的意见是：如果您被太子玩儿死，李元吉会不择手段地对付太子和皇帝，他和杨广相比有过之而无不及，到时，大唐江山就会断送在他的手上，您不能再仁慈了，个人名声事小，国家利益事大。

除了讲道理之外，大家还摆出事实，引经据典，用古圣人说事儿：

想当年舜的爹和哥哥也是想方设法地往死里整他，每次舜都能成功逃脱，在他爹用小鞭子抽他的时候，他都忍着疼痛毫不反抗，他爹要是用大棒子打他的时候，他都是撒腿就跑，因为不跑就会被打死，如果舜被打死，哪有机会恩泽天下，流传万世呢？

这个例子很有分量，李世民已经决定下手，动手之前还需要算一卦，看看凶吉。

这边正准备算卦呢，刚好迟到的张公谨推门而入，看见大家准备算卦，毫不客气地把算卦用的龟甲扔在一边，说道："都是因为遇到疑难杂症，不知道该怎么办才算卦，如今这情况除了弄死李建成之外还有选择余地吗？"

就这样，李世民下定决心放手一搏。

玄武门之变

公元 626 年 6 月 3 日，李世民向老爹哭诉关于李建成和李元吉如何想要除掉自己的事情，并且强调，这些年来，自己从未做过对不起兄弟的事情，现在他们却想置自己于死地，这真是亲者痛仇者快！我死事小，可我死之后要是在阴曹地府见到王世充、窦建德等的鬼魂，岂不是让他们看笑话，亲兄弟竟然为仇人报了大仇。

李渊当即表态：明天你们兄弟三人早朝期间都来见我，当面对质，一定要把这是是非非说清楚。

6 月 4 日，李世民在玄武门设下伏兵，这里是上朝的必经之路。

不一会儿，李建成和李元吉带着侍卫来到玄武门附近，二人发现，今天的玄武门和往常有所不同（李世民设了伏兵，平常的卫士和闲杂人等都被控制起来了），调转马头就准备撤退。亏心事做多了，心虚呀！

李世民当然不会给他们这个机会，要是让他们回去调兵遣将，到时谁胜谁负就难说了，于是，骑马追了上来。

李元吉摘弓搭箭对着李世民就射，可这纨绔子弟的功夫实在差了点，心理素质也不好，面对杀气腾腾的二哥，连把弓拉满的力气都没有。

李世民却不一样，只要自己是战斗状态，眼中便无兄弟，都是敌人，都是移动靶，抬手一箭，李建成应声落马，当场就见了阎王。

尉迟敬德带领七十多人随后杀到，两伙人在玄武门前展开混战。

忙乱中，李世民的战马被树枝绊倒，自己被压在马下，李元吉冲过来和他扭作一团，尉迟敬德骑马赶来，一箭将李元吉射了个透心凉。

玄武门这边打得热火朝天，太子府和齐王府也都得到消息，薛万彻等人带着太子府中两千精锐前来支援。

李世民一看，两名主犯都已解决，再打下去也没什么意义，便让张公谨关闭大门。

等薛万彻等人带人赶到的时候，没有攻城工具，只能望门兴叹。

薛万彻知道太子已经见了阎王，但仍不死心，想要以死表达自己的忠心，准备进攻秦王府，拼个鱼死网破。然而，当尉迟敬德拎着李建成和李元吉脑袋出现在大家面前的时候，薛万彻带来的那两千人马顿时作鸟兽散。

太子被斩的消息只有重要官员知道，当兵的一直以为薛将军带着他们来是配合太子剿匪，没想到太子已经被剿，薛将军也忒不厚道，这么大的事儿竟然瞒着大家。

太子没了，太子府的兵也就不用继续为他拼命，当薛万彻回头一看的时候，就剩几十个死心眼儿的还傻呆呆地站在那等他号令，大势已去，没什么可折腾的，逃吧。

就这样，薛万彻逃进终南山。

此刻，李渊正在宫中等着几个儿子来打官司，左等不来，右等也不来，最后，等来的却是身披铠甲手握长矛的尉迟敬德。

尉迟敬德向皇帝汇报外面的情况："陛下莫慌，李建成和李元吉造反，秦王在关键时刻力挽狂澜，诛杀二反贼，秦王怕反贼余党进宫捣乱，特意派我来保护陛下安全。"

李渊的安全需要尉迟敬德保护吗？

当然不需要。

尉迟敬德与其说是保护，不如说是控制。李渊要是肯接受秦王杀死太子和齐王的事实，那尉迟敬德就是保护他的安全；李渊要是不肯接受这个事实，想要追究秦王的责任，那就别怪尉迟敬德不客气。

李渊是明白人，他的手下更不糊涂，他们都是俊杰。俗话说：识时务者为俊杰嘛！

萧瑀、陈叔达等人的意见是：李建成和李元吉为大唐就没干过什么好事儿，反倒是仗势欺人、扰乱社会治安的勾当干了不少，如今秦王替天行道除掉这两个败类正是众望所归，这虽然对陛下来说死了儿子是不幸，但对江山社稷来说是件好事儿，立秦王为太子，定能让大唐繁荣富强。

李渊也是俊杰，借坡下驴，表示会以大局为重，自己本来就一直想让秦王当太子，是秦王死活不给面子，这次无论如何都得让他当太子。

大家意见达成一致之后，李渊颁下圣旨，让外面那些还在械斗的各路人马放下武器，听候秦王调遣。

就这样，这道圣旨为"玄武门之变"画上句号。

不够完美

"玄武门之变"的句号是画上了，不过这件事情实在不够完美。

"父子兄弟闹成这个样子，大家都有责任。"这话不是我说的，是政治家、文学家、史学家司马光说的，他还说："要是李渊像周文王一样英明，李建成像泰伯一样贤达，李世民像子臧一样有节操，那就不会搞出这样的丑闻。"

司马大师用寥寥数语便将玄武门之变的实质问题挖掘出来，我在这里啰唆两句，赘述一番。

周文王是上知天文、下晓地理、中通世事的圣人，传说他自己亲生的和收养的儿子有不多不少正好一百个，这些兄弟之间从不打架斗殴，更不要说闹出流血惨案，李渊要是能像他一样英明，处理好儿子们之间的关系，一定不会让"玄武门之变"发生。

说泰伯要从他爹古公亶父说起。传说古公亶父是轩辕黄帝的第三十五代传人，周族的首领，他有三个儿子，大儿子泰伯，二儿子仲雍，三儿子季历。按照传统，应该立大儿子泰伯为继承人，但是，古公亶父还是个算命先生，能预测未来，他预测到将来季历的后人中会出现一位圣德之人，贵不可言，成就远在自己之上，因此，便有让季历继承自己事业的想法。泰伯和仲雍知道后，选择离家出走，一起去了吴地，这样就可以使父亲不必为难，名正言顺地立季历为继承人。古公亶父死后，由于当时信息和交通工具都不方便，泰伯和仲雍没来得及赶回来为父亲守孝。后来，他们剪断自己的头发、刺上文身（这在当时可是大逆不道的做法），通过这种自残身体的方式，表示终生不会返回周，把王位让给季历。季历的儿子就是姬昌，即刚才说到的周文王，文王之子姬发，即周武王，武王消灭残暴无度的商纣王，统一天下，成就千秋万代的伟业。李建成要是能像泰伯一样贤达，认识到自己的功劳和能力都不如李世民，而主动让贤的话，也不会有"玄武门之变"的发生。

子臧这人并不出名，突出事迹也不多，历史记载也很少，然而，仅仅在《左传》中的几十个字就足以令其流芳百世。"曹宣公之卒也，诸侯与曹人不义曹君，将立子臧。子臧去之，遂弗为也，以成曹君。"这一段话就是说曹宣公死后，法定继承人曹成公即位，大家认为他坐这个位置并不够格，想让子臧取而代之，子臧知道后默默离开了曹国，以避免争端的发生。李世民要是能有子臧的节操，虽然自己功劳更大，能力更强，更适合当皇帝，但是选择像子臧一样主动放弃，同样也不会发生"玄武门之变"这样的惨案。

"玄武门之变"就这样结束了，起因和过程也算交代清楚，但是，仍然有一个小问题困惑着大家，这就是：哪些人参与了"玄武门之变"？

参与"玄武门之变"的可以分为谋划者和动手者两类。

谋划的有长孙无忌和房玄龄、杜如晦等人。

真正到玄武门动手参与火拼的都有谁？

《旧唐书》记载：六月四日，公谨与长孙无忌等九人伏于玄武门以俟变。

《新唐书》记载：无忌与尉迟敬德、侯君集、张公谨、刘师立、公孙武达、独孤彦云、杜君绰、郑仁泰、李孟尝讨难，平之。

《旧唐书》说是九人参加，《新唐书》列举出十个人名，去掉武力值很低的长孙无忌刚好是九人，如此看来，真正动手的就是尉迟敬德、侯君集、张公谨、刘师立、公孙武达、独孤彦云、杜君绰、郑仁泰、李孟尝这九个人。

（20世纪70年代的一次考古挖掘，发现郑仁泰的陵墓，墓志中清清楚楚记载了他在"玄武门之变"的立功之事，至于其他人是否参加这次行动，只能参考文字资料。）

那秦叔宝和程知节呢？他们两个都是李世民的亲信，打起仗来更是以一顶百，他二人为何没有出现在九人名单之中？

《旧唐书》中的秦叔宝列传记载：六月四日，从诛建成、元吉。

《旧唐书》中的程知节列传记载：六月四日，从太宗讨建成、元吉。

但是《新唐书》二人的列传中均未提及此事，这样的大事要是参与肯定要记载的，这样看来《新唐书》的观点是这二人未参加"玄武门之变"。

我们应该以哪部《唐书》为准呢？

为了搞清事情真相，我们只能绕开《唐书》关于秦、程二人的记载，从别的地方着手分析这个问题。

李世民上台执政后封赏功臣：长孙无忌、王君廓、尉迟敬德、房玄龄、

杜如晦等五人食邑一千三百户，长孙顺德、柴绍、罗艺、李孝恭等四人食邑一千二百户，侯君集、张公谨、刘师立等三人食邑一千户，李世勣、刘弘基二人食邑九百户，高士廉、宇文士及、秦叔宝、程知节四人食邑七百户……

秦、程二人在大唐建立过程中的功劳比尉迟敬德小不了多少，也同样是玄甲军统领，和侯君集、张公谨等人相比，秦、程的功劳更大，李世民向来赏罚分明，由此可见，秦、程二人应该是比其他几个人少了一件大功，我猜这件大功就是"玄武门之变"。

秦、程二人是李世民的至交，以他们的性格来看应该是会积极踊跃参加这种活动的，没有参加的原因可能是他们脱不开身，因此推断，这二人应该不在城中，而是被派到城外的军营。

玄武门之变发生前，李元吉要带兵讨伐突厥，钦点的几个人包括尉迟敬德、秦叔宝和程知节，尉迟敬德可能是找借口没去军中报到，秦、程二人则是到了军中，军队驻扎在城外，李世民没有调这二人回来，避免打草惊蛇，引起太子怀疑。

除了秦、程之外，还有两个人应该出现在玄武门，但是大家并未见到他们的身影，让很多人颇感遗憾，这两个人就是李靖和李世勣（原来叫徐世勣，现在被赐"李"姓）。

《资治通鉴》记载："世民犹豫未决，问于灵州（今宁夏灵武市西南）大都督李靖，靖辞；问于行军总管李世勣，世勣辞；世民由是重二人。"

这是李世民当初犹豫不决是否对李建成下手的时候向二人咨询，结果二人没接这个项目。

《资治通鉴》可以说是权威中的权威，本不该被质疑，但是关于李靖和李世勣这段记载却有不通之处。

李靖和李世勣都是饱学之士，绝对的高智商。李世民征求他们关于和太子斗的意见其实就是拉他们入伙，他们拒绝了，同时也没站在太子一边。

这叫什么？

这叫骑墙，俗话叫墙头草随风倒，最终哪方赢就效忠哪方。

搞政治最恨骑墙的人，尤其是有实力的人骑墙，为什么人们可以接受对立方的降将，却无法容忍骑墙者呢？

其实道理很简单——我在这边赌性命，你却手握重兵躲在一边看热闹，那我赌赢了难道会带着你一起享受荣华富贵？

当然不会！

你若是站在对立方，我赢了可以考虑重用你，因为当初你是效忠你的主子，现在我当了你的主子，你也会效忠我。

这个道理对于李靖和李世勣这样的人物来说实在是小儿科，他们没有实力坐庄，那就只能参与赌博，参与赌博便有赢的希望，而且这种赌博和赌场的不同之处就是，不参与只能是输，而且可能输掉性命。

至于李靖和李世勣为什么没有出现在玄武门现场，这个比较容易解释，他们当时不在京城。史书记载："突厥寇并州，命勣为行军总管"，因此，李世勣在并州；李靖是灵州大都督，因此，李靖在灵州。带兵将领不可能在没有圣旨的情况下随便回京，这便是他们不在玄武门现场的原因。有人可能会说：那像裴寂、萧瑀等个别人也没参与到太子之争中啊，他们的前途不是也不错嘛。李靖、李世勣跟裴寂、萧瑀是没法比的，裴、萧是有大靠山的，这个大靠山是当朝皇帝李渊，所以，他们有不站队的资本，不管最终谁成为太子，都要给老爹的人几分面子。

什么是国家利益

李建成和李元吉死于"玄武门之变"，是否需要几个陪葬的呢？

"二叔，我们不想死。"李建成的五个儿子齐刷刷地说道。

"二大爷，我们也不想死。"李元吉的五个儿子也泪眼汪汪地看着李世民。

李世民带着慈爱的笑容说道："别傻了，孩子们，你们爹爹犯的错误当然和你们没关系。"

就在孩子们准备谢谢叔叔、大爷的时候，李世民继续说道："虽然没关系，但是我杀了你们的爹爹，你们长大能不找我报仇吗？"

于是，李建成的儿子安陆王李承道、河东王李承德、武安王李承训、汝南王李承明、钜鹿王李承义，李元吉的儿子梁郡王李承业、渔阳王李

承鸾、普安王李承奖、江夏王李承裕、义阳王李承度都到阴曹地府给爹爹尽孝去了。

李建成和李元吉两家彻底断了香火，剩下要解决的就是余党。

古往今来，跟太子站在一个队伍的人都不会少，这也是人之常情，老皇帝退休后，大臣们要想依然保持荣华富贵，就得和新皇帝搞好关系，在新皇帝上任之前和人家对着干，人家上任之后能给你好果子吃吗？

李世民经过详细调查取证，将一百多名大小官员划分到前太子队伍中，大多数人的观点是不分青红皂白将这些人抄家灭门，尉迟敬德提出反对意见："弄死他们对我们没有任何好处，反倒会坏了秦王的名声，以前站错队伍的现在要是想改的话，应该给他们一个机会，以彰显秦王美德。"

李世民认为尉迟敬德说得有道理，便贯彻了"主犯严办、从犯不咎"的方针政策，主犯就是李建成和李元吉，其他人等全部算是从犯。

尉迟敬德的几句话拯救了上百个家庭的无数条性命，看一个人是否伟大，并不在于他能杀多少人，而在于他能救多少人！读这段历史的时候不免想起一部电影——《辛德勒的名单》，影片是以德国企业家奥斯卡·辛德勒为原型，讲述了在"二战"期间，他作为一个商人以一己之力挽救一千多名犹太人的故事，这样的伟大是不受职业、国籍、种族、地域和时间等等一切因素的限制，将永远被世人传颂。

言归正传，放下对影片主人公辛德勒的感慨，让我们感受一下李世民博大的心胸。

在某些时候，李世民表现出来的大度已经不仅仅是令人佩服，而是令人佩服得死去活来。看看他是怎么对待薛万彻和魏徵的，大家就能从中体会出一些关于大唐为何如此兴盛的端倪。

薛万彻和魏徵二人都是太子的忠实拥护者，在玄武门之变的时候，薛万彻准备带着两千精锐血洗秦王府，要是没有李建成和李元吉的脑袋帮忙，李世民就算是杀掉了李建成和李元吉，自己这方面也会损失惨重，这事儿想想都让李世民后怕，冷汗直流。

按理说，就这一件事已经足以令薛万彻九族尽诛。

事实上，李世民是怎样评价和对待薛万彻的呢？

"好样的，忠君之士！赦你无罪！"

至于前太子洗马——魏徵，这家伙更过分，数次撺掇前太子对李世民下死手，不能犹豫，越早弄死越好。

当然，大家都知道李世民不但没有杀魏徵，反倒和他组成千古绝配，李世民得到魏徵可以说是如贫得宝、如暗得灯、如饥得食、如旱得雨，没有魏徵的话，李世民绝不会是现在大家所知道的这样，魏徵真有这么重要吗？请允许我在这里卖个关子，后文中定会为您细细道来。

这样对待曾经的死敌，而且是往死里整自己的死敌，完全是放弃个人恩怨，将大唐利益放在第一位，有这样的皇帝，国家何愁不兴盛。

做事情的时候不能只考虑自己家族的利益和恩怨，当初你害过我，我上台就整死你，这样快意恩仇的汉子当个大侠还算凑合，当皇帝尤其是明君绝对不合适；另外，做事情的时候总是考虑如何压榨百姓来满足自己的私欲，那样绝不是一个好皇帝，也不会是一个长久的皇帝。

崭新的一页

玄武门的血迹尚未干透，人们已经开始选择性地将其遗忘，与其哀悼前太子，不如巴结新太子，新太子在"玄武门之变"后的第三天便光荣上岗，比前太子更加有实权。

高祖李渊颁下诏书，立李世民为太子，全权负责军国事务。

两个月后，李渊说："朕把一生中最宝贵的时间都放在为百姓服务上，如今大家已经过上好日子，朕也该退休享享清福了，让太子带领大家再创辉煌，朕就舒舒服服地当个太上皇吧。"

从当时的情况来看，李渊这个皇帝当得的确没什么意思，李世民把皇帝的工作做得有条不紊，李渊不过是个虚名皇帝。虽然以李世民的人品来看就算再当十年、二十年太子，他应该也能耐得住寂寞，不做出出格的事情。但从另外一个角度看，就算李世民能等得起，周边各个势力集团的人不一定能沉住气。

李渊有支持者，李世民也有支持者，李渊的死党要时时刻刻提醒主子，他的儿子势力在一天天壮大，是否需要压制一下；李世民的支持者也会提醒主子，一日不登基就一日不踏实，还是早点下手，以防夜长

梦多。

　　这就相当于大家都揣着火药桶，说不定哪天擦出个火花就麻烦了，父子都身不由己，受形势所迫。因此，该退的早退，该上的早上，这才是明智之举，不然铸成大错便追悔莫及。

　　李渊和李世民都明白这个道理。于是，李渊提出让位，李世民象征性地客气一下，便接过老爹手中的皇权，进入属于自己的时代。公元626年8月，李世民登基称帝，庙号唐太宗。

主角：李世民

配角：颉利可汗、李靖、李渊、诸位突厥可汗等

事件：隋末唐初时期，中原和突厥的关系错综复杂，然而，本书写到现在，一直没有在这方面用太多笔墨，但这并不代表中原和突厥关系不重要，也不代表突厥弱小，不值得一提，反而是因为他太重要、太强大，对隋末、初唐都有极大影响，因此，有必要把关于突厥的问题单独拎出来，捋顺，独立并且成系统地好好分析一下。

突厥跟大唐的斗争时松时紧，对大唐的安定也产生了不小的影响，那么，最终李世民是如何对付这个强敌的呢？

北方的狼族

突厥是从哪儿来的？

不是天上掉下来的，也不是地下钻出来的，对于他们的出现，有着这样的一个传说。

据说，在很久很久以前，匈奴的一个分支被邻国灭族，全族上下仅剩下一个十岁的小男孩儿，邻国士兵没有杀死这个孩子，而是砍下他的双脚，然后把他扔到荒山野岭，让他自生自灭。

可怜的小男孩在荒山野岭中没有盼到身披金甲圣衣、脚踏七色云彩的英雄前来营救，倒是盼来一头孤独的母狼。百年修得同船渡，千年修得共枕眠，上天竟然安排这样一段让世人难以接受的姻缘。

数年后，小男孩儿长成为一个大小伙子。邻国国王听说被砍掉双脚的小男孩儿已经长大成人，担心他报灭族之仇，派人前去围捕。

面对敌兵，母狼只身逃跑，留下无脚男人独自面对敌兵，男人惨死，让世人不再相信爱情。

难道夫妻真如同林鸟，大难临头各自飞？

世人可能不再相信爱情，那个无脚男人却相信，因为他知道，母狼之所以弃他而去，是因为有孕在身，为延续香火，母狼忍辱负重逃到高昌。

几个月后，母狼生下十胞胎，是十个漂亮的小男孩儿，其中一个长大成人后在阿尔泰山一带建立新的种族，当地人称之为突厥。

突厥人英勇善战，骨子里充满野性，桀骜不驯，他们以狼为图腾，可能正是因为具有这样和狼十分相似的性格，并且崇拜狼的原因，才有上面关于"人狼恋"的种族起源传说。这个传说也不是瞎传的，《周书·突厥传》中关于突厥起源的记载跟这个传说十分相似。

突厥人死后会在坟前立石，杀一人，立一石，杀百人，立百石，通过这个来彰显自己的勇武。

突厥虽然厉害，但他们的成长之路也不是一帆风顺的。

公元5世纪的时候，突厥是柔然（一个曾经十分强大的民族）的奴隶，专门负责打铁，因此，被称为"锻奴"。

南北朝时期，柔然仗着自己厉害就到处欺负人。

公元424年，柔然趁北魏明元帝驾崩之际，大举起兵，令他们万万想不到的是新即位的北魏皇帝——太武帝拓跋焘——是个狠角色，他即位的时候尚未成年（不满十六周岁），但这位少年皇帝智勇双全，一仗打得柔然屁滚尿流。在之后的几年里，太武帝十三战十一胜，没胜那两次是因为柔然得到消息没等开打就跑没了影儿，害得太武帝无功而返。柔然因此日渐衰败，依附于他的其他种族趁机落井下石，纷纷叛逃，突厥便是抓住这次良机摆脱被奴役的命运，竖起自己的狼旗。

公元550年左右，突厥数次重创柔然、铁勒等族，日渐强大起来。

公元552年，突厥王阿史那土门自称伊利可汗，建立突厥汗国，成为蒙古高原新的霸主。

突厥汗国建立的三十年后，由于内部矛盾，分裂成东、西突厥。东突厥在蒙古高原一带活动，西突厥在西域一带活动，西突厥距离中原地区较远，与中原的冲突也较少，与中原冲突较多的是东突厥。

古诗云：本是同根生，相煎何太急？

事实是：对外可屈膝，对内不低头。

东、西突厥分裂之后变成死敌，不失时机地背后捅对方刀子，互相拆台，这种拆台的后果就是大家都捞不到便宜。

那谁捞到便宜了呢？

隋文帝杨坚。

东、西两个突厥越来越弱，都想把大隋当靠山，于是突厥对大隋年年纳贡，岁岁称臣，这样的局面一直持续到隋炀帝杨广即位，杨广对百姓无休止地压榨，再加上数次东征高句丽，导致大隋衰落，突厥迎来喘息之机。

除了杨广的原因之外，还有一个重要原因，那就是一直臣服于隋朝的启民可汗死了，他的儿子即位，即始毕可汗。

始毕可汗可不像他老爹一样是软柿子，在外交方面的态度十分强硬。公元615年，杨广巡游北塞，始毕可汗率数十万铁骑将大隋天子逼得在雁门城内哭红了眼睛，从这件事不难看出突厥已经强大到何等地步。

从此之后，突厥和隋朝之间的摩擦日益频繁，规模也由偷鸡摸狗

的小打小闹升级为攻城略地的大打出手。

李渊任职太原留守期间，最主要的任务是对付突厥，始毕虽然强硬，但无论斗智还是斗勇都没在李渊那儿占到任何便宜。不过，李渊的主要斗争对象并不是突厥，而是杨广，这样一来，他还是要和始毕搞好关系的。

作为"大丈夫"的李渊认真执行"能屈能伸"的基本原则，起兵之时派刘文静去给始毕送礼，始毕也不想和李渊把关系搞僵，毕竟李渊不是好惹的，真要和他死磕，估计就得磕死。再加上始毕还希望中原各方势力拼个你死我活，自己便能坐收渔人之利，于是顺水推舟，在和李渊签署和平协议的同时，还满足了李渊提出的支援战马的要求，就这样，李渊和始毕形成暂时的同盟。

突厥人的狡诈在始毕身上显露无遗，他在资助李渊的同时，也和薛举、刘武周、李轨、窦建德等人暗中联系，在中原大地的烽火之上隔三岔五地浇点儿油。渐渐地，火上浇油这种小动作已经无法满足始毕那颗躁动的心，于是，他准备亲自投身到轰轰烈烈的战争中。

公元619年，也就是李渊刚刚当上皇帝的第二年，始毕亲自率领精锐渡过黄河，准备大干一场。然而，上天和他开了个大玩笑，刚刚渡过黄河的始毕收到一份请帖，落款是"阎王爷"，始毕只好带着遗憾离开人间。

始毕的弟弟接过哥哥手中的大旗，继续未完成的事业，即处罗可汗，这个处罗可汗的命比他哥哥还苦，当了两年的老大就一命呜呼。

突厥可汗的宝座转到处罗的弟弟咄苾手中，也就是赫赫有名的颉利可汗。颉利可汗让唐朝吃了很大苦头，在精神上给予了李渊和李世民十分沉重的打击。

唐朝刚刚自立门户之时和突厥的交往史是一段极其屈辱的历史，直至今日很多人仍然不愿接受这段史实。

刚刚说到始毕渡过黄河想要欺负李渊，结果被阎王请去喝茶，李渊是如何处理这件事情的呢？

罢朝三日，然后又送上三万匹绫罗绸缎。

就是说李渊放假三天，对侵略者的死表示哀悼，同时还送一大堆礼物过去。

再后来处罗和颉利当老大的时候，唐朝也是每年都会送去大量布帛。（在那个时代布帛是硬通货，也就是当钱用的。）

唐朝的正史将这种行为记载为"赏赐"，突厥人认为这是"进贡"。具体是"赏赐"还是"进贡"，非常容易就可以搞清楚。李渊刚刚建大唐的时候，国库空虚，老百姓也还没彻底解决温饱问题，怎么可能那么大方地赏赐非亲非故的突厥？

除上述推测之外，部分资料也记载了这个问题，《贞观政要》中李世民亲口说过这样一段话："太上皇以百姓之故，称臣于颉利，朕未尝不痛心疾首。"这就表示官方承认那段屈辱的历史。但是，论智慧、论武功，以李世民为代表的大唐强硬派都在突厥之上，只要内部形势稳定，能够腾出手来，突厥就不会再有好日子过了。

恩威并重

唐朝初年，李渊也好，李世民也罢，实在没有和突厥在武力上一较高下的资本，他们要消灭无数的同胞才能得到天下，攘外必先安内——这句话十分适合当时的情况，因此，那个时候对突厥只能以斗智为主，斗勇为辅。

公元622年8月，颉利可汗亲自率领十五万铁骑来李渊的地盘捣乱，李渊派出各路人马对抗的同时，和群臣商讨对付突厥的战略思想。

很快，李渊就和大臣们达成共识——恩威并重。

要是在正面战场上，不要说消灭，就算是打跑颉利这十五万铁骑，唐军也将损失惨重，到时就很容易让周边的其他民族和内部的反唐势力钻空子，后果不堪设想。

如果李渊一点儿反抗都没有，直接认怂，那颉利定然会得寸进尺，不光是颉利会这样，大多数人都是遇到怂人就搂不住火儿，往死里欺负老实人，李渊必须证明自己不是老实人，不是人尽可捏的软柿子。

反抗并不是真实目的，李渊这么做只是想吓唬一下颉利，让他不要乱来，然后好吃、好喝、好招待，把这个瘟神送走。

这样的话，李渊除了丢些面子之外基本也没啥损失，丝毫不会伤到大唐的元气，待到兵精粮足之时，再将这些旧账翻出来和突厥来一次大清算。

战略制定好之后就需要在执行层面进行严格的贯彻落实，既要在局部战场取得小规模胜利，又要以唇枪舌剑对颉利晓之以理、动之以情。

十几天后，突厥到达廉州，李渊派大臣郑元前往廉州退敌。

郑元面对拥有十数万铁骑的颉利毫不怯场，见面就数落颉利不讲信誉。（在此之前，唐朝和突厥曾经签署过互不侵犯约定。）

颉利并非不通事理，他也知道自己理亏，但是，大唐这边实在是诱惑太大，有钱、有粮、有女人，虽然理亏，还是要兴兵作乱，抢钱、抢粮、抢女人。

郑元声色俱厉地痛斥完颉利之后，还没等颉利发火儿，立刻换了一副笑脸，话锋一转，说道："唐朝跟突厥风俗不同，就是你们占领大量地盘也无法在中原居住，另外，你兴师动众地和我们拼个你死我活，最终抢走的金银财宝、香车美女还不都是得分给士兵和百姓，自己也捞不了多少好处，不如你现在撤兵，咱们握手言和，大唐皇帝会送你数不尽的好东西，这些都是放到您自己的仓库，何乐而不为呢？"

颉利一听，郑元说得有道理，二话不说，收下唐朝好处，班师回朝。

突厥主力部队是撤了，其他的小股部队仍然在中原大地杀人放火，如果他们把事情闹大，说不定颉利会再次背信弃义，卷土重来。

还好，唐朝将士争气，没给敌人这个机会。

交州刺史权士通、弘州总管宇文歆、灵州总管杨师道大破突厥，另外，在恒山、甘州等地，突厥也都吃了败仗。

就这样，此次突厥侵唐事件没有继续恶化，而是按照李渊的权宜之计，不算太窝囊地解决了。

并不是所有人都像郑元一样处乱不惊，面对反复无常又异常凶悍的突厥，很多人选择逃避，他们劝李渊应该离突厥远点儿，突厥不就是看着长安城里好东西多嘛，那我们把都城搬到别的地方去，一把火烧掉长安城，从此便可高枕无忧。

李渊自从当上皇帝之后越来越喜欢安逸的生活，只要不打仗，去哪里当皇帝都一样，因此，他对这个提议十分感兴趣，并且派人考察新的都城地点。

李世民知道这不是长久之计，而且自古以来中原周边的部族就没消停过，你往后退一步，他就会向前进一步，今天你烧了长安去别的地方建都，明天他就会跟着去新都城，只有坚持不懈地斗争才是唯一出路。

李世民跟李渊说："作为一个英明神武的开国皇帝，被一群野蛮人追得东躲西藏，还不被后人耻笑？父皇看看霍去病不过是汉朝的一员武将，人家都有'匈奴未灭，何以为家'的决心，难道父皇还不如一员武将吗？"

人人都爱惜自己的名声，李渊也不例外，他听李世民这样一说，心中就开始纠结起来，是名声重要，还是过安生日子重要呢？

看着李渊纠结的表情，李世民补充道："如果父皇信得过儿臣，那就给儿臣几年时间，如果不能把颉利绑来，父皇再迁都。"

李渊觉得这样不错，就把迁都的事儿搁在一边。

公元 624 年，突厥再次大举起兵，这次是颉利和突利两位可汗共同带领人马杀来的。

李世民当初向李渊拍着胸脯打包票，现在突厥真来了，他当然得付诸实际行动。于是，李世民率领大军迎击突厥，双方在豳（bīn）州相遇。

这个时候唐朝可以勉强和突厥一战，后果却依然难以预料，因此，不战而屈人之兵仍是上策。

颉利是突利的叔叔，这二人之间的关系极其复杂，长话短说，简单概括一下就是叔侄之间矛盾很深，本来应该是突利当突厥的首领，可实际情况却是颉利掌握实权，二人面和心不和。对于颉利和突利之间的矛盾，李世民早就摸得一清二楚，能否充分利用这个矛盾将是能否以最小代价击退突厥的关键。

两军在豳州城外摆开阵势，李世民催马上前，指着颉利鼻子破口大骂："你这厮真是禽兽不如，这么大的人了难道不知'信义'二字怎么写吗？咱们不但和亲，而且还签订互不侵犯条约，你却三番两次地来抢我地盘，还要不要脸？今天我也懒得和你浪费唾沫，放马过来

和我单挑，要是没胆子单挑就群殴，你那几万人我也不放在眼里，看到我身后这一百来人了吗？这些就足够把你们打回老家。"（《资治通鉴》记载，世民乃帅骑驰诣虏陈，告之曰："国家与可汗和亲，何为负约，深入我地！我秦王也；可汗能斗，独出与我斗；若以众来，我直以此百骑相当耳。"）

李世民的气势再加上这段话，还真把颉利给镇住了。

与此同时，李世民派人和突利说："以前咱们不是说好了吗，同生死、共患难，现在怎么也不讲信用？"突利虽然没有明确表态，李世民也能判断出突利不会为颉利卖命，很有可能会站在自己一边。

颉利得知李世民派人和突利会晤过，再加上李世民的嚣张气焰，更让颉利以为李世民和突利已经偷偷摸摸准备合伙坑自己一把，本来唐军就不好欺负，自己这边再有人家的卧底，那这仗肯定难以打赢，还是讲和吧。

颉利再次无功而返，李世民还收获了一个兄弟，他和突利两人歃血为盟，结为异姓兄弟，这对突厥起到了很好的牵制作用。

虚则实之，实则虚之

公元625年，唐朝建立已经八年之久，内部更加稳定，国力更加强大。这个时候，西突厥的统叶护可汗派使者来大唐示好，请求和亲，李渊和大臣们一商量，和西突厥和亲再好不过了，联合西突厥的统叶护共同遏制东突厥的颉利，让他不敢太放肆。

从这时开始，唐朝对于如何处理与突厥之间的关系更加主动，颉利虽然还会隔三岔五地干点打家劫舍、杀人放火的勾当，但每次都被李靖、尉迟敬德等人迎头痛击。

不怕贼偷，就怕贼惦记。颉利一直偷不到，惦记的心却从未停息。

公元626年8月，颉利再次率领大军来到长安城外，把部队驻扎在渭水岸边，派亲信执失思力为使臣进入长安，想要看看唐朝情况如何，是否适合他来搞点儿小动作。

执失思力到长安之后甩开腮帮子开吹："我们的颉利可汗和突利

可汗两位神一样的领袖已经纠集百万神兵天将，正准备过来踏平长安城，如果你们乖乖束手就擒，说不定两位可汗能饶了你们的狗命，如若不然，哼哼……可别怪我没提醒你们！"

这一年的 6 月，刚刚发生了"玄武门之变"，现在李世民是皇帝，执失思力嚣张，李世民更不好惹，大骂突厥人背信弃义之后，将执失思力关进小黑屋。

颉利在大营之中等着执失思力，看看能否带回些好消息，当他得知执失思力已经被人家给扣下的时候，心里开始打鼓，看来李世民没被吓唬住，根本就不怕自己啊！

李世民不但扣押使臣，还亲自率领几位文武大臣到长安城外散步，一溜达就溜达到渭水岸边，跟颉利隔水相望。

李世民指着颉利鼻子喝问道："不知悔改的家伙又来闹事，朕的父皇宅心仁厚，不忍大开杀戒，不愿跟你计较，你却多次冒犯天威，朕可不像他老人家那样，今天非得好好教训你一顿。"

说完之后，李世民开始列队迎敌，唐军将士盔明甲亮，旌旗招展、彩带飘扬，各位将领驰骋于军阵之间，毫无顾忌地大肆炫耀军容。

如果按照兵法来说，现在正是颉利全力进攻的最佳时机，表面看唐军军容正盛，实际上是虚招。《孙子兵法》讲：实则虚之，虚则实之。民间通俗点儿说就是：咬人的狗不叫，乱叫的狗不咬人。

另外，按照李世民一贯的战法，他若真想和敌人火拼，那必然要埋伏奇兵，找准最佳时机让奇兵切入战场，像今天这样把实力全部亮出，不留一张底牌，这不是为了真打，而是为了吓唬。

李世民手下的大臣也不都是胆子大的，也有人出来阻拦，让皇帝不要这么张扬，根据《资治通鉴》记载，李世民给大臣的答复是："我若示之以弱，闭门拒守，虏必放兵大掠，不可复制。"

李世民如此铤而走险也是迫不得已，眼下突厥还很强盛，己方仍然需要休养生息，若是真打起来胜负难料，就算打赢也是伤敌一千自损八百。

颉利这个土包子哪里学过什么兵法，于是吃了没文化的亏，被吓得翻身下马，连忙施礼道歉。

渭水桥上，大唐和突厥再次歃血为盟，颉利带着铁骑无功而返。

突厥虽然家大业大，但也受不了颉利这么折腾，对外大规模军事行动不断，每次都没什么太大收获，再加上内部统治阶级之间的权力斗争，导致突厥开始走下坡路，日子过得一天不如一天，依附于他的各个部落也开始相继独立，有些甚至直接投降大唐。

屋漏偏逢连夜雨，船迟又遇打头风！突厥在人祸连连的同时，天灾也是不断，此时又赶上天降暴雪，足足有几尺厚，冻死了牛羊，饿坏了百姓。

突厥日渐衰败，大唐越来越强，此消彼长，李世民已经开始准备主动出击，但是，大唐和突厥之间有互不侵犯条约，每次颉利违约都会受到一顿臭骂，现如今，李世民可不想挨骂，他也不急于出兵，而是养精蓄锐，他需要等到一个合适的机会或者借口，一击要了颉利的老命。

转眼之间，两年时间过去了，李世民要等的时机终于到来。

公元 628 年夏天，颉利和突利之间的矛盾到了不可调和的地步，只能兵戎相见，突利不是颉利的对手，只好求助李世民，李世民和突利是结拜兄弟，替兄弟出头绝对合情合理。

与此同时，代州都督张公谨向李世民上奏折，这本奏折堪比学术论文，如果起个名字的话可以叫作《论可以彻底消灭突厥的五点原因》，论文主要内容如下：

第一点，颉利残暴无度，亲小人，远贤臣，政治极其腐败。

第二点，依附于突厥的诸多部落已经开始叛离，突厥已经没了保护伞。

第三点，以突利为首的一些高级官员和颉利之间矛盾越来越突出，有些甚至已经公开翻脸，这让颉利变得孑然一身。

第四点，连年自然灾害，霜冻、干旱使得突厥人困马乏。

第五点，百姓长期受突厥欺负，早就憋了一肚子气，皇帝若是出兵，大军所到之处定会应者云集。

张公谨的想法和李世民不谋而合，这本奏折把眼下突厥形势分析得一清二楚，于是，唐军进入一级战备状态，枕戈待旦，随时准备将突厥斩落马下。

公元 630 年春天，李靖率领三千精锐骑兵突袭突厥的定襄城，打了敌人一个措手不及，颉利打了这么多年的仗，始终不明白"兵不在多，而在于精"的道理，他看李世民一直没有大规模军事调动，以为没事呢，没想到，李靖带着三千人就敢来砸他的场子。

以预谋算无备，以至于突厥毫无还手之力，上下一片震惊，人心惶惶，仿佛世界末日即将来临。

李靖火上浇油，派间谍使出反间计，颉利的亲信康苏密带着隋炀帝杨广的皇后萧皇后和他的孙子杨政道投降大唐。（隋朝灭亡时，他们逃到突厥避难。）

萧皇后和杨政道的投降让李世民兴奋得三天三夜没睡着觉，有人说李世民和萧皇后有不正当关系，但是我认为令李世民兴奋的不是萧皇后，而是萧皇后带回来的东西——传国玉玺。

传国玉玺的魅力

传国玉玺可以说是中国几千年封建社会最具代表性的一件宝物，是皇权的象征，是中华正统的代名词。

传国玉玺为何有如此魅力呢？这个还得从头说起。

秦王嬴政灭六国，一统天下，自封为始皇帝，他总觉得自己恃强凌弱靠武力得到天下，于情于理都说不过去，于是和丞相李斯一商量，想出个绝妙的主意来。对百姓声称，用武力统一天下是上天安排的，秦始皇是上天的代言人，这只不过是行使上天赋予的权力。然后，他们又用天下至宝——和氏璧——做了一个传国玉玺，上书"受命于天，既寿永昌"八个篆字。（关于传国玉玺是用和氏璧做的还是用其他玉做的一直有很大争议，为了增加它的魅力，我们就姑且认为它是用极具传奇色彩的和氏璧雕刻而成吧。）

传说有一次，秦始皇乘龙舟游洞庭湖。当时也没有天气预报，没人知道天气情况，结果船行至湖中忽然狂风大作，龙舟在巨浪中无助地挣扎，眼看着游船活动就要变成游泳比赛，可在这洞庭湖的大浪中游泳，下场肯定是要喂鱼虾的。

就在这危急时刻，秦始皇祭出"法宝"——传国玉玺，将其抛入湖中。

也不知道是法宝起了作用，还是秦始皇命不该绝，传国玉玺入水，顿时风平浪静。

秦始皇丢了传国玉玺，但总算保住了性命。不过，后来发生的事还真够凑巧的，八年后，有人捡到传国玉玺，又献给秦始皇。

原计划想要千秋万代的秦始皇万万没有想到，计划赶不上变化，秦朝传了两代就被刘邦给灭了，刘邦成为传国玉玺的新主人，建立西汉王朝。

西汉的皇宫叫未央宫，未央的意思就是永远没有尽头，可惜西汉到了二百多年的时候出了个叫王莽的家伙。汉哀帝死后，小皇帝即位，传国玉玺就由皇太后掌管，王莽欺负人家孤儿寡母，想霸占汉室江山，派人去抢老太太的传国玉玺，老太太也斗不过他们啊，被逼无奈把传国玉玺扔到地上，痛斥他们："你们做这么多坏事不会有好下场的！"

王莽拿到传国玉玺之后发现这宝贝竟然被老太太摔掉一个角，只好请最好的工匠用黄金把它镶好。

王莽的传国玉玺还没捂热乎呢，便发生"绿林赤眉起义"，他的政权随之垮台，传国玉玺一度被赤眉义军占为己有。后来东汉光武皇帝刘秀继承大统，传国玉玺又重新回到汉朝皇宫。

东汉末年，天下大乱，宦官专权，袁绍入宫诛杀宦官，混乱之中，玉玺失踪了。

汉献帝时，董卓作乱。孙坚率军攻入洛阳，有人看见一口井中发出五色毫光，上空飘荡七色云彩，结果从井里捞上来个宫女的尸体，在尸体上发现传国玉玺。孙坚觉着自己机会来了，也将"受命于天"当皇帝，便私藏传国玉玺。

后来几经周折传国玉玺先后被袁术、曹操等人霸占，曹操虽然挟天子以令诸侯，但是毕竟还是汉朝臣子，传国玉玺也算又回归汉室。

曹操死后，曹丕篡权，灭汉建魏，同时也成为传国玉玺的新主人，为证明自己也是名正言顺的天子，他便私自在传国玉玺上面刻了几个字——"大魏受汉传国玺"。人能无耻到这地步真是不容易！

善恶到头终有报，老曹家的人前前后后一共当了四十多年的皇帝，魏朝就被司马家族的晋朝所取代，传国玉玺也因此易主。

南北朝时期传国玉玺落到后赵，后赵皇帝石勒是个文盲，不懂得珍惜宝贝，还爱乱写乱画，在传国玉玺上刻下"天命石氏"这几个令人发指的大字。石勒如此破坏国家顶级文物，真应该凌迟他几万刀。

两晋、南北朝之后，隋朝统一天下，传国玉玺和杨氏一起入主隋宫。昏庸无道的隋炀帝杨广被宇文化及等人勒死后，传国玉玺被太子元德带到突厥。

李世民当上皇帝之后，因为没有传国玉玺心中感到非常郁闷，就自己找些美玉刻了几个"受命宝""定命宝"之类的玉玺聊以自慰，但这些毕竟是假货，千百年来，人们只认传国玉玺才是正品，其他私刻的印章品相再好都是赝品。

如今传国玉玺光明正大地进入皇宫，这足以向天下告知：李世民是受命于天的真命天子。

不管是正统的皇帝还是私自在传国玉玺上刻字的曹丕、石勒等人，他们追求的都是名正言顺。

孔老夫子曾经说过："名不正则言不顺。"这种思想深入人心，名正言顺是做事情非常重要的因素。帝王们认为得到传国玉玺就是名正言顺，实际上，得到传国玉玺并非名正言顺，其实"上承天意、下顺民心"才是真正的名正言顺。

天　真

得到传国玉玺的李世民很兴奋，这让下属工作也格外卖力气，李靖乘胜追击，在阴山大败颉利。

颉利这时才认识到事情的严重性，狼狈逃窜的同时，派执失思力觐见李世民，表示愿意归附大唐，并且亲自负荆请罪。

其实，颉利并非真心归顺，这不过是他的缓兵之计，只要李世民撤回军队，给他休养生息的机会，待到草青马肥之时，他定会卷土重来，突厥和大唐斗了这么久，只此一败便让颉利称臣，他当然不会甘心。

不过，斗智商、斗战略，颉利跟李世民根本不是一个数量级的。

李世民一面派人好生安抚突厥，一面督促李靖全力迎敌。

李靖和李世勣的部队会合后，开始商量下一步的行动，这两个家伙可是人才中的人才，他们俩合伙算计谁，谁肯定要遭殃，颉利也不例外。

二李很快达成共识：迅速出击，再次奇袭颉利。

当张公谨这个老实人得知此次军事行动计划的时候，立刻表示反对："怎么能这样呢？皇上刚说接受突厥投降，而且我们的使者还在颉利那里呢。"

二李相视一笑，拍着张公谨的肩膀说："年轻人，你太天真了。颉利仓促之间战败，实力依然不容小视，如果这次让他跑掉，给他机会重整旗鼓，再次驰骋于草原之上，那个时候再想抓他简直比登天还难。现在他用缓兵计迷惑我们，我们将计就计，假装上当，派兵奇袭，定让他束手就擒，也别怪咱们出阴招，谁让他不明白'兵不厌诈'这么浅显的道理呢！"

天真的不止张公谨，颉利也自以为奸计得逞，此刻正在大帐之中盘算着下一步如何翻身，结果军营外人喊马嘶、金鼓齐鸣、杀声震天。原来，李靖手下大将苏定方（此人是员智勇双全的大将，在后来与西突厥和高句丽的战争中发挥巨大作用）带领二百骑兵已经杀到，他们身后还有李靖亲自率领的一万精兵。

可能是天助大唐想要亡了突厥，伴随着李靖大军一起到来的还有遮天蔽日的浓雾，那雾浓得如同牛奶一般，夜色中，伸手不见五指。

突厥大乱，唐军肆意冲杀，虽然狡猾的颉利趁乱溜走，但一万多突厥士兵再也无法见到第二天的太阳了。

如果说通过此一战还看不出李靖和李世勣的军事才能，那接下来的事情定让您佩服得五体投地。

当颉利带着残兵败将路过碛口（今山西省临县附近）的时候，李世勣横刀立马挡住去路。

原来，二李早就算好颉利逃亡路线，在此守株待兔。

颉利再次落荒而逃，不过他的很多手下已经不想继续逃亡，于是，李世勣轻轻松松抓到五万多俘虏，他带着这些俘虏凯旋回朝了。

李世勣回朝，那就不管颉利了？

当然不会，斩草必须除根，擒贼定要擒王，只不过抓颉利的任务由别人来完成。

此刻的颉利已是草木皆兵，比被顽皮的孩子放掉后又被猛追的麻雀更慌张、更害怕、更盲目，不知自己身在何处，也不知该逃到何处。

颉利思前想后，发现好像只有舅爷——阿史那苏尼失——那里可以避难，一直以来，这个苏尼失还算忠心耿耿，因此颉利落难才会跑到这来。但是，颉利又错了，当李世民派大同道行军总管李道宗和副总管张宝相进逼苏尼失部的时候，苏尼失顶不住压力，选择投降，颉利成为阶下囚。

公元630年4月，李世民在长安接见颉利，这次的情形和以往大不相同，以往是突厥可汗高高在上，现在变成李世民高高在上，不过，大家都是见过大场面的人，很快就适应这种位置的变化。

李世民翻出旧账训斥着颉利，颉利收起往日威风乖乖地听着，双方情绪稳定，现场气氛和谐。

最终，李世民下了结论："你是做过不少坏事，不过自从上次咱们在渭水桥上杀白马定盟约之后，就没再进行过大规模军事活动，再加上朕宅心仁厚，不忍杀生，因此，免你一死。"

颉利听到审判结果如释重负，本以为自己这条老命就交代在这儿了，没想到可以大难不死，感动得痛哭流涕，对李世民更是千恩万谢。身为太上皇的李渊得知颉利被擒，激动得老泪纵横，被突厥人欺负半辈子，眼看黄土已经埋到脖儿，说不定哪天就会带着突厥人给自己的耻辱离开人世，这样含恨而终的话岂不是死不瞑目。今天，这个争气的儿子替自己报了大仇，搞得突厥支离破碎，还把颉利踩在脚下。

李渊一高兴便组织了场大型宴会，朝廷重臣、王公贵族全部到场，酒至酣处，李渊弹起琵琶，李世民也不顾形象配合老爹的琵琶翩翩起舞，这一夜，大家玩儿得很开心！

庆功宴结束后，君臣们开始合计着怎么处置颉利，李世民为此并未花太多心思，封了颉利高官，赏赐财宝无数，另外还送了一套大宅院。

就这样，一代枭雄安安稳稳地生活在长安城中，四年后，颉利客死异乡，长安成为他人生的终点。

　　李世民为什么不杀颉利呢？原因就是颉利活着尤其是好好活着，对大唐更加有利。大唐要面对的不仅仅是突厥，周边还有很多或大或小的民族经常和大唐之间有着友好的往来或是小规模的冲突，善待颉利能让世界人民看到大唐处理民族问题的态度，这对于以后的工作有极大的好处。

【第三章】 有志青年走仕途

主角：你（即有志青年）

配角：张小三、李小四、白居易、阿倍仲麻吕、韩愈等

事件：假如你是有志青年，有理想、有抱负，那么，在几千年前，你将如何展示才华，实现理想和抱负？

如果有一天你穿越回唐朝，想做一个书生、官员，那么，十年寒窗，一举成名之后，如何才能步入士林的行列，你又适合当一个什么样的官？这些官都是干什么的？

（本章的写作风格与其他章有很大差异，在这里插入这样一个章节，主要是为了让大家更好地了解隋唐时期的科举制度和唐朝的选官制度以及国家机器的组成。）

坎坷仕途路

21 世纪什么最贵?

人才!

这是电影《天下无贼》中黎叔说的,话没有错,但有点片面,何止是 21 世纪,前五千年,后五千载,都是人才最贵。

古代的人才是怎么被发现并利用的呢?

《尚书》里面有这样一段记载:"古我先王,亦惟图任旧人共政。"这话是商朝的一位国君盘庚说的,意思是:从前我的先王,只考虑任用世家旧臣共同管理政事。

这段记载跟其他史料是相符的,基本可以代表当时的选官制度——世袭。

假如你是生活在夏、商、西周时期的有志之士,你勤勤恳恳、饱读诗书、才高八斗、学富五车,但出生在一个农民家庭,想走仕途之路,施展自己的才华,几乎是不可能的,当时社会没有为你提供一个摆脱既有阶级的台阶。这就如同不管你是一块多么完美的牛排都无法进入豆腐宴一样,因为,你的出身不满足他们的要求。

当然,也有例外情况,那就是虽然出身平庸,但是,你太优秀了,光芒充盈寰宇,智商奇高还勤奋如老黄牛,无论严寒酷暑手不离经卷,即使是这样,你仍然需要耐心等待时机,也就是《中庸》所说的:"君子居易以俟命。"

忙里偷闲,你大概八十多岁的时候跑到渭水之滨,在磻溪垂钓,鱼没钓到,钓到了自己的天命。西伯侯姬昌(也就是后来的周文王)听说你的光辉事迹,专程请你出山做官,辅佐他跟他的儿子开创新时代。

恭喜、恭喜!你便是颇具传奇色彩的名相姜子牙,你也终于进入国家管理层,可以尽情施展才华。

通过姜子牙当官的过程不难看出,在那个时代想要出人头地是多么的困难,像姜子牙一样的高人都要等到八十多岁才有机会崭露头角,对于一般的读书人来说岂不是进棺材那天还没摸到仕途之门。

历史的车轮滚滚向前,你终于度过难以出人头地的夏、商、西周,进入战火纷飞的春秋末年、战国时期。

乱归乱，时代还是进步了，身为有志之士的你更容易崭露头角、脱颖而出。

还有一件十分令人兴奋的事情，那就是，在这个时代你有了一个称谓——"士"。千万不要小看这个称谓，这在过去（商、西周、春秋）是贵族阶层的专有名词，如今，你终于有机会和他们划到一个行列。

士有很多种，有著书立说的学士，有为知己者死的勇士，有懂阴阳历算的方士，有为人出谋划策的策士，总之，士都是有本事的人。

除了部分奇才之外，对于一般人来说，本领是怎么来的呢？大多数是这样的：头悬梁，锥刺股，读很多很多书，这些书摞起来能够顶到棚顶，用牛车拉这些书，会把牛累得满身大汗。

当可以用"悬梁刺股"来形容你勤奋，用"汗牛充栋"来形容你读书够多的时候，你便可以出去闯荡江湖。

按照战国时期的惯例，你可以自己拦住一位国君的去路，向他展示才华，这样你就有机会直接成为国君的手下，国君会根据你的才能加封官职。

这样做成功的概率很低，而且还要冒着被当成刺客乱刀砍死的危险，不是很有冒险精神的你可以选择另外一种比较稳妥的做法——找一个身居高位、手握实权，并且礼贤下士的高官，做他的门客，直接到他家去吃饭就行。

战国四公子之一，赵国的平原君赵胜就是一个不错的高官。

你在平原君家一吃就吃了三年，平时没什么大事，基本就是看书、吃饭、睡觉、等机会。

你的运气还算不错，机会终于等来了。

秦军压境，赵国不得不去请楚国帮忙，要想说服楚王出兵绝非易事，平原君领到这份苦差事，他需要选择二十名门客辅助他前往楚国借兵。

你积极踊跃地向平原君推荐自己，浪费不少口水之后，平原君同意带你出使楚国。

到了楚国，你终于有了可以施展的舞台，为这台上的一分钟，你在台下可是足足磨了十年的剑，这十年的努力没有白白付出，在与楚王

斗智斗勇的过程中你大获全胜，楚国同意出兵，赵国转危为安。

一战成名，你终于在平原君数千门客中脱颖而出，成功走上仕途之路。

不错，你就是成语"毛遂自荐"的主角——毛遂，那个时代有很多和你差不多的人，例如，苏秦、张仪、冯谖，等等，虽然没有姜子牙那样空前绝后的才华，但仍然可以出人头地，苏秦曾经佩戴过六个相印，张仪曾经做过秦和魏的相国。

这便是新时代带给读书人的好处。

健全的制度

当了一次毛遂，你可能又要大发感慨，当官还是不容易啊，万一自己没有登台机会，那还不是白白磨剑十年？

你的想法十分正确，西汉皇帝也是这样认为的，于是，他给老百姓提供更多的当官机会。

假如你出生在一个薪俸两千石以上的大官家里，你想当官，但又不能世袭父辈官职爵位，那么你可以直接到朝廷做"郎"，郎就是官员的后备，出了空缺，便可以走马上任。

假如你家里不是当官的，也有途径做郎，那就是得有钱。西汉时期，拥有十万钱家产的非商人，也可以向官府提出申请做郎。

为什么商人不可以做郎呢？因为当时商人地位低。古时帝王和王公大臣们通过剥削百姓过上极度安逸奢侈豪华的生活，商人可以通过做生意赚很多钱，同样也能享受极度安逸奢侈豪华的生活，这让统治阶级心里十分不舒服，因此会报复性地打压商人。

假如你家不是当官的也没有钱，也不必灰心，还有一个正规途径可以当官。

各个郡县都有国家正式官员，这些官员需要助手，当时称为佐官，佐官没有编制，不算是国家官员，但是，如果他们的表现令官员满意，官员会推荐他们成为正式官员。

这些就是西汉初期选官的重要方式，普通的有志之士要做官主要靠这种方式，这种方式未形成制度，有很大的随机性，很难保证有才华的人就能有职位。

这时，你依然会发出感慨："没有健全的制度，还有诸多的限制因素，在这种情况下想要崭露头角，难啊！"

对于这些问题，皇帝和执掌国家兴衰的大臣们也能认识到，只有健全的制度才能让有志之士更好地为国家服务，于是，他们又提出更加优质高效的人才选拔方案——察举制度，这项制度被汉武帝完善并延续下去。

察举制度就是丞相、列侯以及刺史等高级官员明察秋毫，在民间发现人才并推举出来，根据人才的性质不同察举的主要科目有孝廉、秀才、贤良方正、文学、明经、明法，等等，偶尔也会根据官员的兴趣爱好加些特殊科目。

在这些科目中，最具代表性的就是孝廉，后世经常用"举孝廉"来代表察举制度。

从字面理解就可以知道孝廉是孝顺亲长、清廉之士。自汉武帝开始，中国罢黜百家、独尊儒术，孝顺成为立身之本，廉正成为做官之本，因此，举孝廉成为察举制度的代表，几乎每年都要举行一次。

对于想当官的你来说，真应该好好感谢一下汉武帝，因为，跟以往相比仕途之路平坦许多，举孝廉的过程十分简单。

各个郡每年都会有一至两个举孝廉名额，刺史会根据自己辖区内情况，将品学兼优的人才推举给朝廷，一般情况下朝廷会进行一次复试，不过，这个考试过程十分简单，有时笔试，有时面试，考试成绩作为日后分配官职的参考。

这种察举制度的确有很多优点，只要不徇私舞弊基本上可以把大部分优秀人才选拔出来，因此，这个制度延续了数百年。

东汉末年，你虽然品行不佳，在乡里乡亲中名声也不好，放荡不羁、游手好闲、欺男霸女，经常搞得左邻右舍鸡飞狗跳，但仗着家中有钱有势，仍然可以通过不正当关系被举孝廉。

很快，你仗着自己的聪明和奸猾谋得不错的官职，当时，具有火

眼金睛的许劭是这样评价你的："君清平之奸贼，乱世之英雄。"《三国志》中对你的描述是："治世之能臣，乱世之奸雄。"

你的身份就是那个"挟天子以令诸侯"的曹操，另外和你一起举孝廉的还有袁术等人。

当时的察举制度已是病入膏肓，民间流传这样一句话：举秀才，不知书；察孝廉，父别居。意思就是被举秀才的没文化，被举孝廉的和老爹分居。

如此看来，察举制度还是有很大缺陷，仍然需要更好的制度取而代之。

这种依靠察举制度的选官方式一直持续到隋朝，隋文帝杨坚终于推陈出新，总结前人经验，在未废除察举制度的同时，大大加强依靠考试选拔人才的力度。

这种制度的改进主要是受当时社会的影响，杨坚结束了持续几百年的分裂局面，实现中原一统，统治阶级主要是和杨坚一起打天下的那些人，让他们搞建设实在有难度，让他们推举人才，多半都是他们七大姑、八大姨家的孩子，为改变这种局面，杨坚加强科举考试，这种方式覆盖面广，并且公平、公正、公开，能够更好地适应时代需求。

科举制度很快得到社会各界好评，同时也能为朝廷输送大量人才，因此，这种方式被大力推广，并不断完善。

几乎历朝历代的高官子弟都可以有专门渠道步入仕途，这种方式称为门荫入仕，隋、唐也不例外。父辈被封王封爵者，其子孙可以做千牛卫或者三卫（三卫即亲卫、勋卫、翊卫），这些都是皇帝的保镖，当过几年保镖便可以根据才能出任一个适合自己的官职。例如，当年李渊就做过杨坚的千牛卫。

在唐朝有很多做官的渠道，但是大多数都是适合出身高贵、有钱有势的家庭，在这里不重点介绍那些特殊情况，主要还是说说出身平凡的你是如何通过自身努力开创出一条属于你自己的仕途之路。

用知识武装自己

下文中的"你"将无法找到历史人物作为原型，仅仅是一个为了说清唐朝科举制度和官阶制度假想出来的有志之士。你将勤奋读书，按部就班地参加各级考试，并且一路取得优秀成绩，然后开始在地方做小官，再做大官，在这之后，进入京城到户部、礼部、兵部等各大部委任职，最后，混进宰相队伍。

在这个过程中你会和很多名人擦肩而过，例如，神童刘晏是你的同窗，著名的日本遣唐使阿倍仲麻吕是你的竞争对手，诗魔白居易教你"走后门"，唐宋八大家之首的韩愈和你一起参加面试……（不必太在意时间和地点的跨度问题，这完全是为了文学创作的需要。）

在阅读过程中，你可以试着穿越回唐朝，看看能否找到作为一个书生的感觉，不过我不得不十分遗憾地告诉你，你必须是个男人，因为，在封建社会，人们并未给女子准备考场，姑娘们都在专心地做着女红。

唐朝初年，刚刚经历过血雨腥风的百姓格外珍惜眼前的太平盛世，在太宗李世民英明领导下的各级官府充分体现以民为本的思想，为国为民，全社会的有志之士都在为建设盛唐奉献出自己的青春和热血。

你作为有志气的儿童也不例外，也想加入到这场轰轰烈烈的建设运动中，看着父辈们面朝黄土背朝天在田地里辛勤劳作，你仰望天空："这不是我要的生活！"

什么可以改变你的生活？

力量！

不管是高喊"燃烧吧，小宇宙"，还是"我要代表月亮，消灭你们"都不会得到任何回应。

只有用知识武装自己，才能获得强大的力量。

对于这一点，英明的父母认识得要比年幼的你更加深刻，他们擦擦额头的汗水，接过你手中的锄头，轻声说道："去读书吧。"然后佝偻着身躯继续辛勤地耕种。

此刻你可能还认识不到，你就是全家的希望。

但是，你能隐隐约约地知道：不管是想让父母少受一些风霜之苦，还是想让自己有个轰轰烈烈的人生，甚至留名青史，现在都应该紧紧握住手里的经卷，将其背得滚瓜烂熟，然后去参加各种考试。

在父母热切的目光中，你背起书包走进学堂。

到了学堂之后你不禁发自内心地感谢国家，不管是公立学校还是民办私塾都十分人性化，充分体现出对于教育工作的重视。

这些学校分布于乡野之间，覆盖范围极广，孩子们只需步行很短的时间便能到达，教学环境也非常好，不会受到风吹日晒，更不必担心墙倒屋塌，桌椅板凳更是干净整洁，当然也无须自备。

国家提供如此优质的学习环境，你感谢完国家之后当然暗下决心努力读书，将来用实际行动回报国家。

再看看你的同学，都是左邻右舍、乡里乡亲，有张小三、李小四……赵小七……

"嗯？王小九怎么没来呢？"你向同桌询问道。

"王小九的老子王九有钱有势，人家不愿意和我们这些穷小子混在一起，请了家教在家学习呢。"这是同桌告诉你的答案。

在唐朝，参加各种考试几乎都不对考生的知识来源进行限制，从学校学来的也好，在家自学的也罢，考试成绩好就是硬道理。

像王小九一样家庭条件好的可以选择把好老师请到家中做家教，不上学也不会影响到将来报考。

在宽敞明亮的教室中，传出你和同学们的琅琅读书声，读的都是什么书呢？

以《论语》和《孝经》为主，也会读一读"五经"（即《诗经》《尚书》《礼记》《周易》《春秋》）。

如今，我们高考分文科、理科，上了大学之后又会分很多个专业，唐朝时候虽然没有这么烦琐，但同样也分科，那时的分科有点儿类似于现在的专业，有冷门、有热门。

最热门的就是秀才科、明经科和进士科。秀才是指优秀的人才；明经是指明白经典；进士是最难的，要求精通经史文学，另外还要了解时政。

这些科都需要学习"五经"，另外《论语》和《孝经》也是必考内容。

聪明而勤奋的你一心苦读，还不到十岁，便将《论语》和《孝经》背得滚瓜烂熟，同时对《诗经》也有一定了解。

于是，你可以参加人生中的第一个正规考试——童子考试。

你果然没有辜负父母的期望，顺利通过该项考试，因此获得一个光荣的称号——"童子"。

唐朝的童子跟明、清时期的童生有些类似，但并不完全相同。

明、清时期，凡是没有考中秀才之前的读书人都叫童生，有些资质愚笨的学生考一辈子试都没当上秀才，六七十岁的老童生和孙子一起参加考试，成为考场上一道靓丽的风景。

在唐朝时期，这个考试不是必须的，即使你没参加该项考试，或者考试不及格也不会影响后面的其他考试。

虽然你考中童子，但此次考试的焦点不是你，而是你的同学刘晏，仅仅七岁的他成绩实在太突出，直接被举为"神童"，到京城去做官。在小刘晏八岁的时候皇帝封泰山，他献上《颂》，皇帝对此十分满意。十岁的时候，小刘晏再次被皇帝召见，那时的他已经可以在跟皇帝对答过程中暗讽时政，之后他官运亨通，直至侍御史。（《三字经》中"唐刘晏，方七岁。举神童，作正字"说的就是这个人。）

刘晏的传奇暂且放在一边，还是继续你的学业吧。考中童子之后，你没有骄傲，也没有因为自己不是神童而气馁，一如既往地刻苦学习。

藏龙卧虎

和张小三、李小四等同学洒泪告别之后，你独自到大城市继续求学，因为，乡里的学校已经满足不了要求，大城市才有更高深的学问，求知若渴的你很快便在知识的海洋里尽情地遨游。

书中无甲子，寒尽不知年。不知不觉，十年的时间过去了，你不但能够一字不漏背下"五经"，而且对于"三史"（《史记》《汉书》《后汉书》）、《老子》、《庄子》、《孙子》等也都了然于胸。

这一日，老师把你叫到身边，说道："为师没什么可以教你的了，你已学成，下山去吧。"

老夫子这样跟你说的意思是：你已胸中有日月、腹内藏乾坤，可见参加科举考试了。

科举考试必须得参加，这才是你经历十年寒窗之苦所要面对的事情，只有通过科举考试才能步入仕途，不然，不会有人请你去做官。

你首先所要应对的考试是州试或者府试，这两个考试的级别是一样的，一般的地方州刺史举办的考试称为州试，河南、太原、凤翔等几个地方属于府，他们组织的考试称为府试，根据你户籍所在地参加当地考试即可。

这一年秋天，你凭借优异的成绩在州试中考了第一名，这样不但获得晋级参加下一个考试的权利，还能得到一个十分响亮的名号——解元，其他考试合格人员都称为乡贡进士，也称为进士。

一个解元的名号远远满足不了有志青年追求理想的愿望。

打点行装，背起行囊，你走向自己人生的终极目标——长安。

当你一只脚踏进长安的时候，彻底被眼前的繁华惊呆了，这才是真正的大城市！但是此刻的你还不能沉溺其中，明年春天还要参加省试，通过省试才算是摸到官场大门。

省试是国家级考试，由尚书省负责，故称省试。

在这个繁华的异乡你竟然遇到故人——王小九。

王小九小的时候请了优秀的教书先生在家教他学习，他也是聪明勤奋，学得还不错，长大以后，他的父亲花了些银子，把他送到国子监。

国子监是掌管全国教育的行政机构，同时又负责办学，这情形和现在的"政企不分"有些类似。

国子监的学校包括国子学、太学、四门学、书学、算学和律学。国子学和太学的学生基本都是高官子弟，四门学主要招收低级官员和平民子弟，王小九就在四门学读书。书学、算学和律学属于专业性较强的院校，分别研究书法、军事、算数和律法。

在国子监上学的学生不需要参加州试或者府试，也就是说他们不必参加全国统考，而是由学校自己出题，通过该项考试便可以和乡贡进士一样参加省试。

明年春暖花开的时候省试便会开考，到时你和王小九将同场竞技，虽来路各不相同，身份地位却无差别，于是，坐在一起开始喝酒闲聊。

喝酒过程中，你发现王小九的同学中有些长得很是奇怪，什么模样的都有，无论是相貌、肤色、发色等和你平时看到的人都有很大差别。经过王小九的介绍你才知道，原来，他们都是外国留学生，怪不得长得和中国人不一样呢。

当时的唐朝文化昌盛、国威远播，其他各国有志青年都会想方设法过来留学，唐朝也以海纳百川的宽广胸襟接纳各国留学生，毫不歧视，和本国人享受同样待遇。这些留学生主要来自高句丽、日本（当时称作倭国）、百济、新罗等。

新罗王还把自己的弟弟派到唐朝来学习先进的知识和技术，在诸多留学生中最出名的要数日本留学生阿倍仲麻吕（中文名字叫晁衡），他十九岁从日本来到中国，入国子监太学，攻读各类经典后来在唐为官，侍奉过唐玄宗、唐肃宗、唐代宗三位皇帝，为大唐建设付出过很多心血。

在唐为官数十年的阿倍仲麻吕思乡心切，想再看看一别三十多年的故乡，在唐玄宗批准下和鉴真和尚一起乘船返回日本。可能是阿倍仲麻吕与大唐缘分未尽，这支船队在海上遭遇到风暴，幸免于难的阿倍仲麻吕返回长安，再次为大唐服务，官至节度使，最终死在长安，享年七十三岁。

在与王小九闲聊后，你深深感慨长安真乃藏龙卧虎之地，要想通过省试绝非易事。

变相炒作

做好充分的考前准备，可以为自己增加一些筹码。可是，该怎么准备呢？

就在你毫无头绪的时候，一个好心人出现在你面前，他现身说法，

用自己的亲身经历为你指明方向。

此人便是鼎鼎大名的"诗魔"白居易,现如今他家喻户晓,但他初到长安的时候可是个不折不扣的无名小卒。

十六岁的白居易已是满腹才学,并且在诗词歌赋方面有很深造诣,他怀揣理想抱负从江南来到长安,初到长安的白居易人生地不熟,像他这样的年轻读书人满大街都是,随便扔个砖头都会砸到个和他差不多的人,如何才能脱颖而出,让世人认知自己的才华?

炒作——这是现代人惯用的伎俩,比如发表一些极端的言论吸引大家眼球,这种手段古人是不屑使用的。

白居易十分相信自己通俗易懂的诗篇可以为他赢得掌声,于是,不顾身份地位的差别,准备攀高枝,借助京城大文豪——顾况——的名声提高自己的知名度。

几经周折,白居易将自己的名片和诗集送到顾况手中。

顾况看了看白居易的名片,随口说道:"这年轻人叫白居易,岂不知米价方贵,居亦弗易。"字面意思说的是:长安城的米很贵,想在这里居住并不容易。深层次的含义就是:京城可是鱼龙混杂,高手如云,想要立足绝非易事。

顾况为何这样说呢?因为当时像白居易一样拜访顾况,希望他能提点一下的年轻人很多,真正有才学的并不多,顾况以为白居易和以往那些书生一样也是庸才。

顾况打开白居易的诗集,一首小诗映入眼帘:

离离原上草,一岁一枯荣。

野火烧不尽,春风吹又生。

顾况当即兴奋得从椅子上蹦了起来,说道:"道得个语,居即易矣。"意思就是说:能写出这样的诗,就可以在长安城混下去了。

有了顾况的点评,白居易名声大噪,后面的人生路便平坦很多。

你听完白居易的生平往事,立刻就明白自己该干什么了。

你将自己平生所学尽数施展,针对当时形势,以唐朝发展为议题撰写出一篇高水平学术论文。

你将这篇论文和多年积累的华丽诗篇送到省试主考官和其他相关人员手中，在这过程中，朋友善意地提醒你，是否在论文和诗集中夹带些金银珠宝之类的东西。

对于这个提醒，你相当反感，把臭钱和诗集混在一起会掩盖纸墨的芬芳。

钱本无香臭的属性，用钱做善事，这钱便芳香无比，用钱行贿，这钱便恶臭至极。

深明大义的你清清白白做人，干干净净做事，谢过朋友善意提醒之后，将文章、诗集送了出去。

这样做在某些人看来也不够光明磊落，或者说是变相炒作，但这的确是唐朝的习惯，你入乡随俗也是合情合理，大多数人都会把自己的文章提前送给相关人员，以增加自己的竞争力。

考前能做的工作也就这些，剩下的是在短短几个月时间里再复习一下经史子集，学习如逆水行舟，不进则退，成功人士都会抓紧一切时间努力学习。

十年寒窗一举成名

转眼之间过了春节，长安城内寒意未退，但迎春花已悄然盛开，考生们终于迎来最关键的时刻，十年寒窗，只为此番成名。

在万众瞩目中，省试隆重开考。

你带着笔墨纸砚和盒饭来到考场。

为什么要带盒饭呢？因为这场考试时间是一天加半夜，考场内没有超市，也不提供餐饮服务，考生只能自带干粮。

为防止考生夹带纸条在考试中作弊，进场的时候你要被严格搜身，搜完身后，还会发给你三支蜡烛，因为考试经常要持续到半夜。

考试结束后，由专业人士批卷，拟出合格者报送宰相审批，宰相敲定最终名单，能够进入这个名单的人就算进士及第，都会获得一个称号——进士出身。

不过你的名号比这个响亮，因为你是进士中的第一名，称号是状元！

你在去年的乡试中考中了解元，在今年的省试中考中了状元，大家都会来祝贺你"连中两元"。假如你生活在明、清时期，乡试第一名得到解元称号，会试第一名得到会元称号，殿试第一名得到状元称号，合起来便是令无数读书人心驰神往"连中三元"。在唐朝，由于少了一项考试，大满贯也就是连中两元，你已经登上科举顶峰。

在众多参考人员中，考中的并不多，也就十几二十个左右。王小九的成绩就不过关，和他一起落榜的还有杜甫。杜甫分别在自己二十四岁和三十六岁的时候参加省试，均以失败而告终，但唐玄宗李隆基对他的诗很感兴趣，特殊照顾了一下，安排他到集贤院待业，相当于获得个进士出身。

没有考中的举子们都各自回到家中，继续埋头苦读，等待明年的省试，刚刚高中的进士们在接下来的几天里将参加很多活动，成为长安，乃至全国的焦点，作为状元的你更是焦点中的焦点。

第一项活动是游街，你戴着大红花，骑着一匹也戴着大红花的高头骏马，后面跟着其他进士，在长安城内主要街道上游街，所到之处净水泼街、黄土垫道、锣鼓喧天、鞭炮齐鸣。

游完街后，你认为这是人生中最风光的时刻，然而，通过下面的活动你才意识到，刚才那仅仅是热身，是为了让你适应接下来的大场面。

这个大场面便是游曲江池和芙蓉园，这是唐朝的皇家园林，园内有紫云楼、彩霞亭、临水亭、水殿、山楼、蓬莱山、凉堂等，自然景观和人文景观都做到极致，阳春三月，美不胜收，那真是：池容淡而古，树意苍然僻，柳浪接双桥，荷风来八方，四面荷花三面柳，半潭秋水一房山，雨中草色绿堪染，水上桃花红欲燃……

今天因为你们的到来，花草树木便不再光鲜，人们甚至不愿意多看一眼美景，进士们完全抢走现场所有的风头。

有些时候，皇帝会亲自来到活动现场，端坐紫云阁，对各位进士点评，兴致来了还会留些墨宝。不管皇帝来不来，王公大臣们几乎无一缺席，很多王公大臣到这来是有目的的。

人生有四大喜事：久旱逢甘雨，他乡遇故知，洞房花烛夜，金榜题名时。前两项是可遇而不可求，剩下两项，你通过自身努力实现金榜题名，今天，这些王公大臣是来帮你完成洞房花烛的。

王公大臣领着女儿、侄女、外甥女等女眷和进士一起游园，情窦初开的少女相中春风得意的进士，真乃天作之合。

游完园后还要游塔，这个塔是慈恩寺内的大雁塔，进士们自认书法拿得出手的还会在大雁塔上题字。

"慈恩塔下题名处，十七人中最少年。"这便是白居易的真迹，当年一起来的十七个进士中，白居易最年轻，他也毫不隐讳地用诗句表达喜悦心情。

孟郊曾作《登科后》："春风得意马蹄疾，一日看尽长安花。"简简单单两句诗充分表现出高中进士后的情形。

在这些活动中还穿插着各种宴会，有曲江宴、闻喜之宴、探花之宴等，宴会规格也都是最高标准。当时也没有国家保护动物一说，山中走兽云中燕，陆地牛羊海底鲜，猴头燕窝鲨鱼翅，熊掌干贝鹿尾尖，应有尽有，真可以媲美天庖盛馔，王府仙醪。

经历十年寒窗之苦，你的生活发生翻天覆地的变化，这个变化究竟有多大呢？

看看宋朝一位宰相吕蒙正是怎么描述的。

吕蒙正为教育太子，曾经写下一篇文章——《破窑赋》。《破窑赋》中有这样一段：

"昔时也，余在洛阳。日投僧院，夜宿寒窑。布衣不能遮其体，淡粥不能充其饥。上人憎，下人厌，皆言余之贱也。余曰：非吾贱也，乃时也，运也，命也。余及第登科，官至极品，位列三公。有拨百僚之杖，有斩鄙吝之剑，出则壮士执鞭，入则佳人捧袂。思衣则有绫罗锦缎，思食则有山珍海味。上人宠，下人拥，人皆仰慕。言余之贵也！余言：非吾贵也，乃时也，运也，命也。"

上面这段话是吕蒙正讲述自己的亲身经历，大概意思是说：我高中状元之前很落魄，大家都讨厌我，说我低贱，但我知道我并不比别人低贱，是时运不济，命不好。等我高中状元之后，做了大官，大家

都非常喜欢我，说我高贵，但我知道我并不比别人高贵，是时来运转，命好了。

对于大多数人来说，"时"和"运"总会有好和不好的时候，外部特征主要表现在金钱和社会地位等方面。时运不济的时候，社会地位可能就会相对低下，很多人会因此而不尊重你，这个时候需要你尊重自己，挺起胸膛做人；时来运转的时候，社会地位可能就会随之提高，很多人因此而巴结你，这个时候需要你尊重别人，宽容地对待他们。有句话说得好：人与人的地位有高低之分，但人格却不应该有贵贱之别！

在你享受至高无上的荣誉之时，负责宣传的部门可忙坏了，他们把你的基本资料进行完善整理，下发到各地，数十天之内你的名字将响彻中华大地。

家乡的父母会第一时间得知你金榜题名的消息，他们激动得老泪纵横，还来不及擦干这喜悦的泪水就要迎接前来祝贺的各级官员、地主豪绅、亲朋好友、乡里乡亲，现在的你虽然还没有官职，但前途无量，很可能在不久的将来成为县令、刺史，甚至中央大员，因此，前来祝贺的各级官员会在你身为农民的老父亲面前点头哈腰。

现在的你终于可以衣锦还乡了！

家乡的庆祝活动更是难以用笔墨形容，你需要接待一拨又一拨客人，邻家的大婶会揪着自己孩子的耳朵说：看到了吗？要学他，要学他啊。

帅可以当饭吃

和家乡父老洒泪而别，你再次回到京城，这里是刚刚结束的科举考试的终点，也是下一个目标的起点。

你虽然达到科举顶峰，但这个顶峰仅仅是一个起跑线，你读这么多年书可不仅仅是为了"连中两元"，步入仕途大展宏图，才是你的最终目标。

得到进士出身后，仕途之门已经向你敞开，然而，要当官的话还有最后一步要走，那就是参加吏部组织的铨选（相当于现在的面试），顺利通过面试后你才可以等着做官。

面试内容是什么呢?

简单说就四个字:身、言、书、判。

身是指外貌,主要看仪态仪表、长得帅不帅、身体有没有缺陷,这个时候体现出长得帅还是有优势的,帅还真能当饭吃,如果长得丑,那可真是叫天天不应,叫地地不灵了。言是指语言,主要看进士的语言表达如何;书是指书法,就是说字写得是否漂亮;判是看进士的文理优点长处。

一次面试不合格也不用灰心,可以针对自身的缺点不断完善,明年继续参加面试。这个面试可不是走形式,而是实事求是地考察进士是否适合做官。

和你一起参加面试的有位牛人,唐宋八大家之首的韩愈,他这已经是第三次来面试了,令人遗憾的是,这位牛人此次仍然没有通过面试。(《明夷待访录·取士》记载:"三试于吏部无成,十年犹布衣也。")不过,是金子总会发光的,韩愈第四次参加铨选终于顺利通过,至于前三次为何没有通过,史料中并无记载。

无法通过面试也不是就不能当官了,这些人可以去给地方官或者节度使当幕僚,以后再找机会转正。

还好你是才貌双全、品学兼优,顺利通过面试,就等着朝廷给你分配官职。

如同孙悟空做过弼马温、看过蟠桃园,最后成为斗战胜佛一样,给你的官职也是从小开始,并且具有很大的随机性,根据唐朝的真实情况,一般进士和状元可能被授予的官职可以说千奇百怪,毫无规律可言,为了让大家更好地了解唐朝官阶制度,作为主角的你就从地方做起,按部就班,一步一个脚印地走完仕途之路。

你得到的第一个职务是县令,也就是通常所说的县太爷。

唐朝初年全国有一千五百多个县,县分大小,最高级别的是京城辖区的县,称为京县,其次是较大的县称为上县,再次是较小的县称为下县。

唐朝采用的是九品官阶制度,即官员的级别是一品到九品,每品

又有正、从之分，例如正一品比从一品大一级，从一品比正二品大一级，以此类推，直至从九品，共有十八级。另外，四品至九品中，每品又分上下阶，例如，正四品上和正四品下品级一样，但是正四品上比正四品下高一阶，这样算下来总共分三十阶。

京县的县太爷是正五品上，上县的县太爷是从六品上，下县的县太爷是从七品上。你还是踏踏实实从最低级的下县县太爷做起吧，也就是说现在你已经是从七品上的官员。

不过，你可能还不会当官，尤其是不知道怎么处理官、私之间的关系，不要紧，有个人可以说是楷模，学学他是怎么做的。

这人叫张镇周，是舒州同安郡（今安徽省潜山市）人，唐朝初期立下不少功劳，社会稳定后，高祖李渊派他回自己老家做官。

张镇周回到家乡后，置办好酒好菜，请亲朋好友、左邻右舍、乡里乡亲的过来吃饭，席间大家开怀畅饮，张镇周完全没有当官的架子，披头散发、席地而坐和他当老百姓的时候一个样子。

这场酒宴一直持续了十天，然后，张镇周将家中金银财宝送给亲朋好友，哭着说道："今天我是张镇周最后一次和大家这样毫无顾忌地喝酒，明天以后我就是治理这片土地的官员，再也不能和大家这样交往了，不管是我的三叔二舅还是七姑八姨，触犯律法都会按律处置。"

当官的公私分明，不徇私舞弊，那执政效果自然可想而知。

有了张镇周给你做榜样，你也知道该如何才能当个好官，于是信心满满地来到县衙，下属们已经在此恭候大驾，这些下属分别是县丞、主簿和县尉，这些都是有国家编制的官员，都有相应的品级。另外还有衙役和勤杂工等，这些人没有官员编制，但也都是为官府办事的。

下县的县丞品级是正九品下，有一至两个编制，他们是你的佐官，相当于副手，配合你工作。

下县的主簿品级是从九品上，也有一至两个编制，他们的主要工作是起草文件，管理档案和各种印章。

下县的县尉品级是从九品下，只有一个编制，他的主要工作是负责维持社会治安，抓小偷强盗。

走马上任之后，你怀揣为国为民之心努力工作，工作刚刚开展起来，你便发现，这个县太爷还真是不好当，要管的事儿实在太多，小到两口子打架，大到杀人放火，只要当事人告到衙门，你都得管，也就是说辖区内的行政、司法、审判、税务、兵役等都是你的事情，并且没有相应下属机关协助工作。

你依靠过人的才能和不辞辛苦的精神把全县治理得井井有条，百姓安居乐业，路不拾遗、夜不闭户。

一年的时间很快过去，年底你要准备迎接考核，这个考核是由吏部组织的，非常重要，直接影响到将来的升降问题。

在任期间，每年都要接受小考，任期（六品以下中低级官员的任期为四年，五品以上高级官员的任期一般为三年，唐朝后期对此有所调整）结束的时候还要有一次大考。

根据功过、品德，主考人员为你评定考核成绩，划分为上上、上中、上下、中上、中中、中下、下上、下中和下下九等，然后，将这个结果送到吏部以备升迁或者贬谪之用。

一般情况下以中中为分界线，成绩为中中的不升不降，在中中以上的会按照规定晋升，在中中以下的会按照规定降级，如果是下下，将被直接撤职。

这个成绩考核的尺度是可以调整的，考核官有极大的主动权，例如，唐高宗时期，有个运粮官因为赶上恶劣天气损失部分粮食，考核官考核他的时候说道："丢了粮食，成绩中下。"运粮官并未辩解，气定神闲地接受这个事实。考核官看他如此淡定，气度不凡，便改评为："自然灾害，非人力所能及，成绩中中。"经历这样的起落，运粮官并未受到太大刺激，依然面不改色、心不跳，考核官再次说道："宠辱不惊，成绩中上。"

在县太爷这个位置上你不断积累经验，在此期间，你的级别也不断提升，几年之后，你告别县里依依不舍的百姓，到更大的城市（唐朝称作州）当州太爷（唐朝称作刺史）。

唐朝初年有三百多个州，州按照大小划分为上州、中州和下州。

上州人口超过四万户，刺史品级为从三品；中州人口在两万户至四万户之间，刺史品级为正四品上；下州人口在两万户以下，刺史品级

为正四品下。作为刺史的你也有很多下属直接为你服务，主要有别驾、长史、司马、录事、各种参军事等。

别驾就是副刺史，为什么这个官职的名字如此奇怪呢？

任何时候，统治阶级都怕下面的人拉帮结派，结党营私，刚才说到的官员都有任期，最重要的原因就是皇帝怕地方官员勾结当地势力，做些不利于自己的事情。出于同样的原因，皇帝也担心刺史和副刺史勾结，明文规定这两个人要保持距离，出门的时候不能乘坐同一辆车，刺史坐一辆，副刺史坐另外一辆，因此，副刺史就被称为别驾。

州里人口比县里多，事情也比县里复杂，不过刺史的工作性质和县太爷类似，你也算是轻车熟路，再加上有众多得力助手的辅佐，你在州里仍然取得极佳的政绩。

国家机器

很快，你又获得升迁的机会，这次可以说是一个飞跃，由地方转到中央，中央机关设置纷繁复杂，简单概括一下就是：三省、六部、九寺、五监。

三省这个省不是省份的意思，而是当时的官府，分别是中书省、门下省和尚书省。

中书省的权力相当大，是中央的决策机关，主要工作是替皇帝写圣旨，写好之后，皇帝拿过来看看，要是觉得没问题就写一个"敕"字，表示同意，然后盖上中书省的大印下发到门下省。

门下省比中书省还要牛，因为他是审议机关，中书省和皇帝一起写好的圣旨拿到门下省之后，门下省会对此进行审议，看看圣旨内容是否合适，如果门下省认为圣旨有问题，他们可以把圣旨送回中书省，这样做可能令皇帝感到没面子，但门下省的人可不管那么多，这是他们的职责。

在唐朝，如果皇帝的圣旨没有中书省和门下省的印章就属于非法文件，皇帝的权力因此受到很大限制，对于明君来说，他们喜欢这种限制，这样可以减少自己因为冲动而犯的错误；对于昏君来说，他们实际上并不会受到这样的限制，不管有多少错误的圣旨拿到中书、门下两省都会被顺利盖章，不然，昏君会给这两个省的长官穿小鞋，甚至砍了他们"不懂事的榆木脑袋"。

中书省的最高官职是中书令，官职为正三品，副职为中书侍郎，官职为正四品上，另外还有中书舍人、右散骑常侍、右谏议大夫、右补阙、右拾遗、起居舍人等职位，每个人具体负责的工作虽然不同，但都是配合中书令做好为皇帝起草圣旨工作的高级官员。

门下省的最高官职是门下侍中，官职为正三品，副职为门下侍郎（也称黄门侍郎），官职为正四品上，另外还有给事中、左散骑常侍、左谏议大夫、左补阙、左拾遗、起居郎、城门郎、符宝郎等职位，他们和中书省下面的高官差不多。

圣旨经中书省拟定、门下省审议之后，如果都没问题，那就可以盖上两省印章送到尚书省执行。

尚书省是负责执行的，这才是最牛的机构，你们写得再好、审得再严，我若是不好好执行，你们也没辙。

尚书省的最高官职要比中书、门下两省的高一些，这里的主官是尚书令，官职为正二品，唐朝期间只有一个人当过这官，这人便是李世民，后来他当了皇帝，因此，再也没人敢当皇帝曾经当过的官。李世民当皇帝之后，尚书令这个职位一直空着，尚书省的工作均由尚书左、右仆射负责。

事情往往都是说起来容易做起来难，真正负责执行圣旨的尚书省如果和中书、门下两省设置同样的机构，的确很难执行好这些任务，因此，尚书省机构复杂很多，下设六个部。

这六个部分别是吏部、户部、礼部、兵部、刑部和工部，最高官职都是尚书，其次是侍郎，例如吏部最高官职是吏部尚书，其次是吏部侍郎，官职分别是正三品和正四品上。

吏部掌管全国官吏选拔、任免、升降、考试等；户部掌管户口、经济、财政等；礼部掌管礼仪、祭祀、科举、学校、教育等；兵部掌管武官选拔和军事行政等；刑部掌管司法行政和审判等；工部掌管各项工程建设

和后勤等有关工作。

有了这三省六部大唐便能正常运转，这也是唐朝官府的核心。

上述六个部属于政务机关，而另外还有事务机关，也就是九寺，这个寺不是寺庙的意思，是当时的官府。

九寺的地位比六部低，包括太常寺、光禄寺、卫尉寺、宗正寺、太仆寺、大理寺、鸿胪寺、司农寺和少府寺。

太常寺掌管礼乐和皇帝祭祀的事，下设郊社署、太乐署、鼓吹署、太医署、太卜署等机构。

光禄寺是负责皇帝餐桌的，保证皇帝日常饮食安全、健康是他们的主要职责，下设太官署、珍馐署、良酿署和掌醢署等机构。

卫尉寺掌管仪仗帐幕，另外还负责管理武器装备等，下设武库署、武器署、守宫署等机构。

宗正寺掌管皇族事务，管理皇族、宗族、外戚的族谱，守护皇族陵庙，另外还管理道士、僧人等宗教人士。

太仆寺掌管皇帝所用的车马，下设乘黄署、典厩署、典牧署、车府署、诸牧监、东宫九牧监等机构。

大理寺掌管刑狱案件的审理，相当于现代的最高法院。

鸿胪寺处理外宾事宜，例如处理四方民族的朝贡、宴劳、给赐、送迎等。

司农寺掌管粮食积储、仓廪管理等事务，下设上林署、太仓署、司竹、诸盐池监等机构。

太府寺掌管钱谷金帛诸货币，这样才能保证皇帝有钱花，下设两京诸市署、左藏署、右藏署、常平署等机构。

除了上述九寺之外还有五监，分别是少府监、长秋监、国子监、将作监、都水监。

所有这些机构就相当于国家这台大机器的各个部件，为了保证各个部件不出问题，或者少出问题，还需要一个监督部门，掌权者少了约束的时候很容易为所欲为，后果不堪设想，因此唐朝设立御史台作为监察机构，其主要工作是罢免不合格官员和审理部分复杂案件。

负责这台国家机器运转的两个关键人物一个是皇帝，另外一个是宰相。这两个角色用现在的观点来看一个属于皇室，一个属于官府。

唐朝时期，宰相并不是一个人，而是类似于委员会。中书、门下和尚书这三个省外加御史台的职能加起来相当于汉朝丞相的权力，宰相是和皇帝一起商量朝政的高级官员，中书令、门下侍中和尚书左、右仆射都是宰相。到了唐高宗之后，凡是参议朝政的官员要是加了"参议政事""参知政事""同知政事""同平章政事"等名号就都是宰相。

在这些机构逛了一圈之后，你会发现你并没有登上除了皇帝之外的权力顶峰，最高级别的尚书令也不过才是个正二品的官儿，那什么样的官才是从一品，乃至正一品呢？

正一品的官包括太师、太傅、太保、太尉、司徒、司空和天策上将，其中，天策上将是个特例，是当年李渊封李世民的，在此之后便无此官，另外六个虽然名位高，但都是没有实权的虚职，也就是荣誉职位，这些人的主要工作就是和皇帝谈心，不让皇帝走邪门歪道。

从一品的官和正一品的相似，正一品的是陪皇帝谈心，从一品的就是陪太子谈心，从一品官员为太子太师、太子太傅和太子太保。

这些便是唐朝的基本官员，另外还有其他一些职位，基本都是围着上述人员转，为他们服务的。

这些官你都当上一回，那便是把唐朝的官场走了个遍，不过我想这个时候你说不定会有高处不胜寒的感觉，可能更加深刻地体会到《红楼梦》中跛足道人唱的《好了歌》："世人都晓神仙好，惟有功名忘不了！古今将相在何方？荒冢一堆草没了。"

人的一辈子当过什么官、当过多大的官并不重要，重要的是你为国为民做了什么事，你的存在对社会进步有多大的推动作用，百姓是否因为你而改善了生活，官职不过都是虚名，真正让你名垂青史的是你的作为。

从隋文帝杨坚到唐太宗李世民直至后来的女皇武则天和唐玄宗李隆基等，他们对于科举制度的建立和完善起到至关重要的作用，通过不断完善的科举制度，削弱了士族、地主和地方豪强的政治特权，使封建官吏的选拔和任用权归中央所有，用依靠制度选拔人才的方法替代靠人选人的方法，使得选拔人才更加规范化，减少在人才选拔过程中的腐败

现象。

　　另外，科举制度为广大百姓提供了一条改变自己命运的大道，同时，把读书、考试和做官紧密联系起来，从根本上提高了官员的文化素质，从而提高执政能力，并且，能够更好地推动教育和科技文化的发展，这也是我国封建社会能够如此繁荣富强的一个十分重要的原因。

【第四章】倒啖蔗

主角：李世民

配角：魏徵、房玄龄、杜如晦、李靖、马周、长孙皇后、慕容伏允等

事件：好的制度是"贞观之治"的前提，但"贞观之治"的空前盛况可不能完全归功于制度，李世民的英明大度、长孙皇后的贤良淑德、魏徵的直言进谏、房玄龄的多谋、杜如晦的善断、李靖的文武双全……这些交织到一起，拉开了"贞观之治"的帷幕。

唐朝社会开始进入大踏步发展阶段，用"倒啖甘蔗，渐入佳境"来形容再合适不过了。

牝鸡之晨

玄武门之变后，太子李世民虽然没有立刻当上皇帝，但大权全部都在他手中，高祖李渊一直处于退休状态。

公元 626 年 7 月，李世民对部分高层官员进行调整，任命高士廉为门下省门下侍中，房玄龄为中书省中书令，萧瑀为尚书左仆射，封德彝为右仆射，长孙无忌为吏部尚书，杜如晦为兵部尚书，杜淹为御史大夫，颜师古和刘林甫为中书侍郎，薛万彻为右领军将军，张公谨为右武侯将军，长孙安业为右监门将军……

新提拔的这些人中一部分是跟玄武门之变相关的，例如，高士廉虽然没有直接参与事变，但他私下里给他外甥长孙无忌出了不少主意，这事儿李世民自然知道，而长孙安业是长孙无忌的哥哥。

还有李渊的亲信，例如，萧瑀就是李渊的至交，两人于公于私关系都极其密切。

还有原来天策府的人，例如杜淹是天策府兵曹参军。

另外还有中间派，例如封德彝当年帮助过李建成，同时也帮助过李世民。

除了这些之外还有原来的死敌，例如薛万彻曾经差点灭了自己的满门。

李世民这样做大有深意，通过这次官员调整也能够看出李世民考虑问题相当周全，皇帝马上就要换人，局势稳定十分重要，如今提拔的官员包括各方势力，这就相当于给大家吃了一颗定心丸——安安心心为新大唐服务吧，不会亏待你们的。

权力交接异常顺利，一个月后，李世民登基称帝，李渊提前退休，并且找到一份新工作——太上皇。此外，李世民颁布命令：凡是以前和李建成、李元吉有关系的人员一律赦免，要是谁想通过告发这些人升官发财，不但不会得逞，反倒要被判处诬告罪。有了李世民这道命令，原来站错队伍的人可以重新站队，这样的结局可以说是皆大欢喜。

李世民即位后不久便将长孙皇妃册封为长孙皇后，此举可谓明智之极，长孙皇后的舅舅是高士廉，哥哥是长孙无忌，这二人为大唐的事业作出巨大贡献。

放下这些外部因素不说，单说长孙皇后本人便和一般女人不同，虽贵为皇后，但生活节俭，不喜欢金银珠宝、翡翠玛瑙，识大体顾大局，从不争风吃醋，在她的管理下后宫一片祥和。要是我国古代后宫都这样的话，现代人基本就没有那些钩心斗角的宫廷剧可看了。

然而，这些放在一般女人身上算是优点的特点，放在长孙皇后身上根本不值一提，她值得称赞之处实在太多，这些都归于她与生俱来的智慧和后天的努力。

李世民知道自己这位皇后不是一般人，对于很多问题都有独到见解，比朝中很多大臣更加高瞻远瞩，所以，经常主动和媳妇讨论国家大事，但是，每次都是热脸贴上冷屁股。当听到李世民和自己讨论政治问题的时候，长孙皇后都会面带微笑、一言不发！

面对李世民疑惑的眼神，长孙皇后说道："公鸡打鸣儿，母鸡下蛋，这是自然规律，如果谁家的母鸡打鸣儿，那这家就快落魄，臣妾不过是个妇人，管好后宫就不错了，陛下问到国家大事，臣妾岂敢乱讲！"（《资治通鉴》记载，后辞曰："'牝鸡之晨，唯家之索，'妾妇人，安敢豫闻政事！"）

"牝鸡之晨，唯家之索"这话出自《尚书》，说的是纣王的妃子妲己诛杀大臣、扰乱朝纲的事情。后宫干预政事历来是封建社会中最为忌讳的事情，从很多历史事实来看，后宫干政都导致国家政权陷入动荡不安的局面，比如汉高祖刘邦的皇后吕雉，刘邦驾崩之后，吕雉专权，刘家的汉室江山差点儿被吕家取而代之，刘邦的八个儿子中，直接或间接被吕雉弄死的就有四个，这其中甚至包括吕雉亲生的儿子汉惠帝刘盈。

民主与专政

公元 627 年 1 月 1 日，李世民改年号为贞观，这一年即贞观元年。

贞观是澄清天下、恢宏正道的意思，这便是太宗李世民的治世思想。

在治世之前，要先分一下红利，这样大家才能再接再厉，继续努力工作，不过，分红利是个极其复杂的问题，房玄龄曾经提出过疑问：

"陛下的家底可以说都是以前当秦王时候打下的，可现在秦王府的旧部还有很多没升官的，他们没功劳也有苦劳，是不是应该适当考虑一下这个问题。"

"这个问题朕当然考虑过，君主治理国家最重要的是大公无私，要是经常受到亲情、友情的羁绊就会办事不公。人非草木孰能无情，朕和秦王府的人朝夕相处感情自然很深，但这不应该影响到治理国家。"

房玄龄对于这个回答非常满意，做臣子的能遇上这样的圣明君主实在是人生幸事。

李世民做的和说的一样，在为下属加封官职和赏赐中充分体现"民主"二字，大家有什么意见可以随时提出。

这些下属素质都高吗？

答案是否定的。

那有人该说了，在素质低的情况下怎么推行民主啊？还是专政更适合大唐基本国情。

李世民的答复是：瞎扯！这是为自己通过专政捞取好处找借口。

当时的情况是这样的：皇亲贵族和文武百官交头接耳议论纷纷，把自己生平的功劳全部吆喝出来，一时间皇宫内外简直变成了菜市场，甚至比菜市场还乱哄哄。

在诸多吆喝声中，淮安王李神通的声音最响亮，他仗着自己是李渊的堂弟，也就是李世民的堂叔，再加上立过点儿功劳，更加肆无忌惮，和李世民说道："想当年我是首先响应堂兄起兵的，提着脑袋造反，而房玄龄、杜如晦这些人不过是舞文弄墨的书生，我拼死拼活的还不如他们这些耍笔杆子的吗？"

这个时候李世民要是高坐龙椅之上，大声呵斥道："少和我叽叽歪歪，给你多少你就拿多少，在这儿我说了算，不服的话你就回家哄孩子去吧，老子还就一分钱都不给你了呢！你能怎么着？"

这就叫专政！自己说的算，靠权力欺负别人。

李世民和颜悦色地说道："叔父说自己首先起兵响应，这话不假，但是攻打窦建德的时候，你几乎全军覆没，再后来又被刘黑闼打得丢盔弃甲、抱头鼠窜，还要依靠别人救援。房、杜二人运筹帷幄之中、决胜千里之外，使我大唐得以安定，这份功劳难道不在叔父之上？您是朕的亲堂叔，论私情朕是应该格外照顾您，作为一国之君，朕却不能徇私舞弊，只有赏罚分明才能使大唐兴盛。”

这就是以理服人，以理服人这东西说简单点儿就是大家能够在一个平等的环境下，通过讲道理的方式，按照少数服从多数的原则，公开地解决问题。

20 世纪 50 年代，一位诺贝尔经济学奖获得者说过这样一段话：

“可供我们选择的是这样两种制度：一种制度是，谁应得到什么是由几个人的意愿来决定的；另一种制度是，谁应得到什么至少有一部分是由他们的才能和进取心决定的，其他部分则取决于难以预测的环境。”李世民作为一个封建社会的皇帝，虽然没有改变分配制度，却和20 世纪诺贝尔经济学奖得主有着相通之处，他的臣子在很多情况下可以根据自己的才能和进取心得到他们该得到的东西。

李世民的话合情合理，句句属实，李神通也不是个糊涂人，当场表示接受对于自己的封赏问题，毫无不满情绪。

诸位官员一看，皇帝对亲堂叔都不额外照顾，自己是没有浑水摸鱼的机会了，再看看大家的功过和奖惩也都客观，因此，不管职位高低、赏赐多少，大家全都心悦诚服。

不仅是堂叔不会被特殊照顾，对于其他皇亲国戚同样也都是论功行赏。

当初李渊执政时想用李家人治理天下，李家的远近亲戚先后有数十人被封为王。

对于父亲的观点，李世民并不赞同，他上台后将贡献大小作为封赏的唯一标准，最终，仅有几位功勋卓著的王爷保住了爵位，其余人等一律降职。

李世民对旧部和亲王的封赏问题处理得十分到位，但还有一类人的问题十分棘手，这一类人就是外戚（外戚指皇帝媳妇的亲戚），历史上很多朝代都被外戚干政搞得天翻地覆，例如西汉末年的王莽便是外戚，他的干政导致西汉走到尽头，还有隋文帝杨坚也是外戚，同样也是自己做大做强之后取代旧皇帝，当上新皇帝。总之，外戚权力过大后果不堪设想，皇帝们在处理外戚问题上都格外谨慎。

现在谁是外戚？

长孙无忌作为皇后的亲哥哥，是标准的外戚。

李世民对待人才的态度是：举贤不避亲。

长孙无忌先是担任吏部尚书，然后又做尚书右仆射。他的才能毋庸置疑，功劳更是数一数二，高居宰相位无可厚非。

李世民举贤不避亲，但长孙无忌自己心里不踏实，如今富贵至极，《周易》说："亢龙有悔。"龙飞得太高都会后悔，何况是人呢！长孙无忌担心物极而反，强烈要求退休，李世民也能体会到他心中的担忧，于是撤了长孙无忌右仆射之职，改封开府仪同三司，这个职务是个虚职，有级别但没职权。

智者用人所长

李世民对人才的选用不拘一格，当时科举制度已经比较完善，选官制度也还算合理，如果官员智商一般的话按规矩办事也不会出大错，但李世民用人则不受这些条条框框的限制，这就要求他有一双慧眼，分辨每个人的优点和缺点，这样才能把合适的人放在合适的位置上。

智者用人所长，愚者求全责备！

这个世界上没有完美的人，所有人都有优缺点。愚人希望手下是千手观音，无所不能，容不下他们有任何毛病。即使乔丹、贝利做他手下，他也会嫌乔丹不会射门，嫌贝利不会扣篮。

李世民是智者，他明白人都有优缺点，发现下属的优点并加以利用，发现缺点加以回避，这样才能事半功倍。

有一次，李世民和一些重要大臣在一起喝酒，席间讨论起大家的优缺点，李世民便对王珪说："你的火眼金睛看人很厉害，今天大家高兴，你就露一手，点评一些大家的优缺点，看你说的准不准。"

王珪也不客气，张口答道："勤勤恳恳为大唐服务，尽心竭力毫无保留，我不如房玄龄；文武全才，出将入相，我不如李靖；考虑问题细致周到，能够很好地沟通陛下和大臣之间的意见，我不如温彦博；唯恐陛下赶不上尧舜禹汤，敢于直言进谏，我不如魏徵。但是，在辨别是非，奖善惩恶方面，我倒是略有所长。"

李世民听后哈哈大笑："果然名不虚传，看得准！"

仅仅对现有人员看得准、用得好还不够，还要不断发现新人，这样才能保持队伍有活力、有后劲。

这一年，天下大旱，李世民让文武百官献计献策应对天灾。有个武官叫常何，功夫是不错，但文化水平就不用说了，差不多算是个文盲。按照以往的情况来看，这种动脑子献计献策的事情和他基本没关系，不过这次不同，此刻他的府上刚好有个人借宿，这人叫马周。

马周出身贫苦的百姓家庭，天生丽质、聪明过人、勤奋好学，二十来岁的时候便已满腹经纶，就是性格有些怪异，不太合群，有点儿放荡不羁，这样的人走仕途路一般都不太容易，费尽周折也不过才当个低级文职人员。

马周这个人和西汉的韩信有些相似，都是孔子所说"君子不可小知而可大受也"的那种类型，直白点儿说，就是这类干大事儿的人干不了小事儿。当年韩信曾经担任过很多小角色，都搞得一塌糊涂，还当了逃兵，直至被萧何追回来当上大将军才成为战无不胜的"兵圣"，跻身于"汉初三杰"的行列。

马周也是如此，也不是干小事儿的料，和上级关系闹得很僵，愤然离职，来到都城长安。

马周虽然有才华、有个性，但才华不能当饭吃啊，只好跑到别人家里蹭饭吃。

是缘分让马周和常何走到一起，常何很豪爽，跟马周也对脾气，因此马周便成了常何的食客。

想当年在战争时期，常何可是威风八面，尤其在玄武门之变中，独守城门抵挡太子亲兵，那时的他可谓风光无限，现如今天下太平，作为标准大老粗的常何只能看着文臣施展治世才华，心里相当郁闷，这次皇帝让大家献计献策，自己又得当个局外人看热闹。

马周看到常何心情低落便问原因，听常何把前因后果说完之后，马周笑道："这有何难？我替你写点儿东西，也算报答你一直以来好酒好肉的招待。"

第二天早朝，常何非常高兴地把奏折呈给李世民，他并未期待能有什么惊人结果，只是觉得这几年来自己总算能发次言。

李世民看完常何送来的奏折，直接从龙椅上蹦了起来："如此高深、透彻的东西是你常何写出来的？"

常何没文化，但并不傻，从李世民的表情来看，这奏折的分量不轻，他是个实在人，冒领功劳这种令人不齿的事情是不会干的，于是，说出马周的名字。

马周火了

用现在的话讲：马周火了！

普通的衣着服饰掩盖不住马周非凡的气质，李世民看到眼前这位年轻人，一身傲骨，却无傲气，目光中流露着悲天悯人，却无愤世嫉俗。

这样的人便是为盛世而生。

李世民也没忘奖励常何慧眼识人，赏他三百匹绢帛，然后开始和马周探讨国家大事。

面对皇帝，马周依旧从容，侃侃而谈，把从古至今为政得失娓娓道来，李世民惊为天人，立刻安排他到门下省做事，不过官职很低。

还没等马周来得及抱怨官职太低，一纸升迁令已经摆在他面前，新的职务——监察御史。这个官儿的级别不是很高，权力却相当大，大小官员都要受他监督，发现谁干了坏事可以直接报告皇帝。

就这样马周开始了自己辉煌的政治生涯。

马周官运亨通，步步高升，数年来所学本领终于有了用武之地，他没有辜负李世民的期望，高质量地完成本职工作的同时还会抽时间写奏折，向李世民讲述治国的道理。

马周给李世民写的奏折大致内容如下：

夏、商、周以及汉朝最少的有四百年，最多的达到八百年，这是因为上古帝王以恩惠凝聚人心，人们不好意思捣乱。但是，汉朝以后的历朝历代实在惨不忍睹，多的延续近百年，少得也就二十多年便垮台了，这并不是因为老百姓不好管理，而是因为统治阶级自己不好好做人，坏事做尽，搞得老百姓怨声载道。

眼下老百姓刚刚从战争的灾难中解脱出来，过上了太平日子，可是陛下又开始征集劳动力，不停地修建宫殿，他们的苦日子眼看又要到来。为不重蹈近代亡国之君的覆辙，陛下应该收敛自己的行为，勤俭节约，休养生息，让百姓富起来。

想当年，汉文帝和景帝为国家积累大量财富，经过"文景之治"，可以说是国富民强，汉武帝上台之后穷兵黩武，往死里折腾国家，国家依然能撑得住，要是接汉高祖刘邦班的不是文帝、景帝这样的帝王，而是像武帝这样的帝王，那估计汉朝也坚持不了四百年。

周幽王、周厉王这样的亡国之君都曾经取笑过夏桀、商纣的昏庸无道，隋炀帝杨广也曾取笑过前朝皇帝都是傻瓜，可是他们自己不是也和那些被他们取笑过的傻瓜一个下场吗？

看看陛下自己，贞观初年的时候闹饥荒，老百姓却毫无怨言，他们知道陛下忧国忧民，大家没饭吃不是陛下的错，是老天爷不开眼。如今年年丰收，老百姓却怨声载道，因为他们知道陛下不顾及他们的死活，只顾着自己享乐。自古以来，政权的兴亡不在于皇帝拥有多少金银珠宝，而在于老百姓是否有柴米油盐酱醋茶。

隋朝末年，李密占领洛口仓，那里的粮食堆积如山，洛阳城被围困，老百姓做饭都拿布帛当柴烧，可见物资相当丰富，但是人心散了，隋朝就亡了。

因此，陛下现在应该开展深刻的自我批评，调整状态，恢复到刚刚登基时的情形，那大唐必然兴盛。

上面说这些是针对陛下的，下面再说说太子。

陛下年轻的时候生活在民间，深知百姓疾苦，当上皇帝之后尚且经常为满足自己的私欲而役使百姓，太子从出生到现在一直深居皇宫，更难体会民间之疾苦！等陛下百年之后，太子能做个合格的接班人吗？

除了陛下和太子之外，治理国家还有一个很重要的方面，那就是底层官员的素质和执政手段。县令和刺史直接管理地方百姓，如果用人得当，他们把工作做好，陛下自然高枕无忧，如今的刺史多是武官出身，当初打天下靠他们没问题，现在治天下怎么还能用他们呢？

上面这些基本就是马周写给李世民的长篇大论，句句发人深省，句句切中要害，这些内容不但对李世民，对后来的统治阶级也都有很大的警醒作用。

其实，李世民并没有马周说的那么不堪，如果皇帝真那么不像话，做大臣的也就不敢说了，但马周的建议还是深深触动了李世民，李世民检讨一番，发现自己毛病还是太多，还需要不断地自我完善。

因为马周的出色表现，他最终进入了宰相圈（任中书令），而且还成为太子李治的老师，实现自己辅佐明君治世这个人生目标的同时，还可以作为一位出色的政治家名垂青史。

律法需要严酷吗

在盛世唐朝，像马周这样优秀的官员非常多。

官员们敢于说话是因为李世民确实是位明君，他作为秦王驰骋沙场的时候是个杀人不眨眼的魔王，当上皇帝之后发生极大转变，很多时候刀都举起来了，还是下不去手，大臣们多是虚惊一场。

公元 628 年，交州（包括今越南北、中部和中国广西部分地区）都督遂安公李寿贪污公款，生活腐化堕落，李世民直接将其革职查办，李寿的问题是解决了，但交州这个烂摊子还得有人来收拾，都督犯错误，下面的人多少都会被牵连，因此交州地区人心惶惶。

为收拾这个烂摊子，李世民派卢祖尚接李寿的官职。卢祖尚开始没想太多就答应了，结果回家一琢磨，这活不好干，干脆要赖吧，于是反悔不去。李世民数次下旨催促卢祖尚抓紧就任，卢祖尚就是不去，气得李世民牙根直痒痒，一怒之下将卢祖尚斩首了。

事后，李世民十分后悔，想起古时候的齐宣王也遇到过类似的事情，便问手下齐宣王是个什么样的人。

几位大臣当然也知道齐宣王的事情，便对李世民说：齐宣王暴躁易怒，爱和人争论，但每当理屈词穷的时候都能够听取别人的意见，不会轻易杀人。

李世民红着脸说："朕知道错了，卢祖尚虽然有错在先，但错不至死，杀他是朕不对，以后杀人之前要格外慎重。"

此事过后，李世民恢复卢祖尚子孙的名誉地位，还对刑法问题进行思考，并采取一定改革措施。

刑法中最应该慎重的就是死刑，一旦执行之后，便没有悔改的余地，人死不能复生，掉了的脑袋再也长不回来。以前规定被判死刑的案件要三次复议，但经常是走个形式，在片刻之间便完成三次复议，根本达不到减少冤假错案的目的。李世民下令，从今往后死刑案件要在相关部门两天之内进行五次复议，即使犯人真的犯了死罪，只要是有特殊情况的必须上报朝廷，根据实际情况再商量是否执行死刑。

旨意下达后，很多人死里逃生，他们捡回一条性命后格外珍惜生活，用实际行动回报社会。

另外，李世民还专门让房玄龄等人重新修订大唐律法，能宽大处理的尽量宽大处理，修订之后的律法将以往的死刑减少一大半，除了个别十恶不赦的大罪之外，以前的很多死罪几乎全部取消。

修改律法并不难，提笔写上就行，真正执行起来又如何呢？

县令裴仁轨不按律法规定，私自役使手下，这本来并不是死罪，但案件审来审去让李世民十分懊恼，于是想要简单粗暴地杀了裴仁轨了事。

人都有理性的一面和感性的一面，李世民也不例外，当感性压倒理性的时候，他便将自己以前说的话和制定的律法扔到一边。

还好有忠臣及时出手，把失去理性的李世民拉了回来，这人便是李乾祐，他对李世民说："律法的权威性是至高无上的，不管是天子还是乞丐都应该遵守，陛下虽贵为天子，也不能越过律法的准绳，必须要依法办事，裴仁轨罪不至死，就不应该杀他，不然以后大家还会依法办事吗？"

李世民冷静下来之后认识到自己的错误，依法处分了裴仁轨，嘉奖了李乾祐的直言进谏，封他做侍御史。

可能有人会说：治理百姓不是应该用严酷的律法吗？这样百姓才能老老实实地服从于统治阶级。

事实证明不是这样的。

公元630年，唐朝全国上下犯死罪的仅有二十九个人，社会治安好得令人难以置信。钱包掉在地上不用担心丢了，啥时候回去捡都行；晚上睡觉不用关门，肯定不会有坏人扰你好梦；长途旅行的商人也不用担心生命和财产安全，晚上在路边搭个帐篷就可以安心休息。完全实现

了传说中的"路不拾遗，夜不闭户。"

不如杨广

李世民越来越认识到集思广益的好处多多，群众的智慧是无穷的，一个人再英明也有考虑不周到的地方，听人劝吃饱饭，这话没错。

最近一段时间，景州（今河北省景县）录事参军张玄素进入李世民的视线。

张玄素在隋末时期就是社会名流，当年窦建德起义，抓住张玄素都没敢动他一根汗毛，因为他的百姓基础太好了，杀他要得罪很多人。

大唐建立后，张玄素做了景州录事参军，李世民招贤纳士，点名要和张玄素商议政事。

很多人都经历过隋朝灭亡，但看问题的角度不同得出来的结论也不一致，张玄素认为：隋朝灭亡是由于内部的混乱，如果能深刻认识到导致内部混乱的原因，对治理大唐将有很大帮助。

张玄素认为隋朝灭亡的原因是独裁。

杨广自恃智勇双全，实际上他们兄弟几个都是智勇双残，这样的人有个共同特点，那就是看不起别人、信不过别人，很多大事也不管自己懂不懂，都亲自负责，反正自认为是专家，典型的"专家型"。

这个世界上只有傻子才会认为自己能够以一人之力决断天下事务，只要是正常人都会明白这是不可能的，就算玉皇大帝手下也有各路神仙，遇到大事小情儿也要请太白金星、太上老君等人给参谋参谋，实在搞不定还知道请观音菩萨和如来佛祖。

事实证明杨广的做法是不正确的，作为一国之君，他应该是把合适的人放在合适的位置上，大家各司其职，皇帝要做的主要是以身作则，做好表率作用，然后就可以高枕无忧。这种治国方法和孔子、老子的思想很是相似，孔子的偶像尧、舜就是这样当君主的。

李世民很欣赏这个言论，提拔张玄素为侍御史，待在自己身边，可以经常提醒自己。张玄素是个实在人，李世民让他多纠正错误，他就纠正，也不管皇帝受不受得了。

公元 630 年，李世民准备修缮洛阳宫乾阳殿，张玄素跳出来大吼一声："且慢动手！"

李世民正兴致勃勃地准备大兴土木，张玄素扰了他的雅兴，自然不会高兴："朕是让你纠正错误，不是让你啥事都管，难道朕盖个房子都不行吗？"

耿直的张玄素答道："行！但是，后果很严重。国家刚刚经历大劫难，千疮百孔，百业待兴，这个时候陛下应该以身作则，发扬艰苦朴素作风，把精力放在工作上。现如今大唐的国力还不如鼎盛时期的隋朝，如果大兴土木那后果可能比杨广还惨。"

李世民听完这个气啊，竟然说自己还不如杨广那厮？于是就和张玄素抬起杠来，问道："你说朕还不如杨广？那和夏桀、商纣比怎么样？"

张玄素想了想，答道："现在可能还有些差别，陛下要是动手修完这宫殿，就和他们站到一个队伍里了。"

李世民听完之后慢慢冷静了下来，沉吟半晌，由气愤转成羞愧，低头认错，承认自己考虑问题不周到，不把大唐利益放在第一位，贪图个人享乐，犯了低级错误，以后一定改。

最后，李世民赏赐张玄素彩帛两百匹，再也不提修缮洛阳宫殿的事情。

李世民充分采纳张玄素的治世观点，以制度和官员治理大唐，而不是亲力亲为，决不当"专家型皇帝"，但是，这些官员们是否值得信任呢？为了搞清这个问题，李世民决定亲自测试一下。

在李世民看来，官员最重要的一项品质是廉洁，他也知道当官的权力大了就容易发生贪污受贿之事，贪官是社会的蛀虫，往大了说能危害到国家和社会的安危，往小了说也会降低百姓生活的幸福指数。

于是，李世民便想从廉政入手，考察官员是否合格。抓贪污这工作的确有些难度，虽然用了些手段，但效果都不理想，因为要想知道这些人是否受贿，就先要有个行贿的，行贿的人肯定又有见不得人的事求当官的，自然就将贿赂之事严守秘密。

李世民不仅有大智慧，还有点小聪明，他想出个"好主意"来和魏徵一起商量："朕想到一个把贪官一网打尽的方法，爱卿看是否可行。"

魏徵听到这话是打心眼里佩服，答道："陛下英明，竟然能有如

此高效的手段，臣愿闻其详。"

李世民自鸣得意地说道："我找一些心腹之人，让他们假装有事求于官员，给官员送礼，到时我看谁收就把谁抓起来。"说完之后李世民也不仅佩服自己的聪明才智。

魏徵在旁边听得冷汗直流："陛下，这馊主意太缺德了。孔子曾经说过：'其身正，不令而行；其身不正，虽令不从。'做上官的首先要端正自己的行为，自己就是个偷鸡摸狗的小人，干些见不得人的勾当，自己都不带头走正路，难道手下人能走正路吗？再说了，这样怀疑手下大臣，难免有以小人之心度君子之腹的嫌疑。"

李世民一听，当时就蔫了，心想："是啊，我怎么没想这么多呢，我自己要是用这种缺德的手段，怎么能还有脸要求别人具有高尚的品德呢？"

魏徵一看李世民的表情就明白了，于是继续说道："做上官的对下属应该给予充分的信任，用自身高尚的品德给下属做出表率，用自己超凡的人格魅力感染下属，让他们从内心深处崇拜陛下，这样陛下的言行举止就成为他们行为的准则，陛下端正了自身的行为，减少甚至杜绝贪污受贿等行为还有什么困难的吗？如果陛下不能端正自身的行为，怎能使别人端正呢？"

《菜根谭》中说："信人者，人未必尽诚，己则独诚矣；疑人者，人未必皆诈，己则先诈矣。"意思就是，一个能够信任别人的人，也许别人并不是诚实守信的，但他却能做到自己诚实；一个怀疑别人的人，别人也许并不是狡诈之徒，但他自己却已经是个狡诈的人了。

割股以啖腹

魏徵是个十分耿直的人，看到皇帝有什么不对就会说出来，这样君臣二人难免经常有些摩擦，有一次，魏徵和李世民说道："能为陛下服务是微臣今生最大的幸福，微臣能否提个小小的请求？"

"爱卿有话尽管直说，拐弯抹角不符合你性格啊。"李世民的回答很干脆。

"让我做个良臣，别让我做忠臣。"魏徵接着说道。

李世民听完很是纳闷："忠臣和良臣有什么区别吗？"

"当然有，而且区别很大，君臣能够齐心合力，共享荣耀，这便是良臣；比干直言进谏，被挖心而死，这便是忠臣。陛下说区别大不大？"魏徵如是答道。

就因为这句话，魏徵得到五百匹绢的赏赐，李世民觉得这句话值五百匹绢，自己身边需要一个这样经常敲警钟的人，大好青春用在造反打仗上，成功后又背上杀兄弑弟的恶名，现在辛辛苦苦累得跟孙子似的，不就是为了当个利国利民的好皇帝嘛，实现理想抱负的同时还能流芳千古，要是一不小心步了夏桀、商纣的后尘，实在是赔了夫人又折兵。

是否能够流芳千古是要看现在做了什么，尤其是对最普通的老百姓做了什么，李世民对这点看得非常透彻，他明白：皇帝要依靠国家，国家要依靠百姓，如果无休止地盘剥百姓来侍奉皇帝，皇帝是富了，可国家也完了，最终皇帝同样没活路。就好像一个人饿了，割下自己的肉来充饥，最后结局就是——吃饱了，但性命也没了！因此，皇帝要想过幸福生活，首先要让老百姓能够安居乐业，这样才能实现君民双赢，国泰民安。（《贞观政要》记载，太宗谓侍臣曰："为君之道，必须先存百姓。若损百姓以奉其身，犹割股以啖腹，腹饱而身毙。若安天下，必须先正其身，未有身正而影曲，上治而下乱者。"）

我们都知道：知易行难！也就是说：认识事物的道理相对容易，实行起来却很困难。李世民同样也做不到知行合一，明白以百姓为本，讲究诚信的道理，真正做起事来还是错误不断。

唐朝初年，突厥还很强盛，隔三岔五到边境地区拣点儿小便宜，另外周边其他的几个部族也都蠢蠢欲动，李世民便想增加征兵力度，扩充队伍。

封德彝这个两面派还是有点儿小聪明的，他向李世民建议道："现如今老百姓都能吃上饱饭，身体发育得很好，十八岁的小伙子已经身强体壮，完全可以当成年人一样来征兵。"

李世民听完很高兴，立刻派人写道圣旨，准备下发到全国。

然而，作为谏议大夫的魏徵不肯签字盖章（前文中介绍过，圣旨需要中书、门下两省盖章方能生效，不然是不具有法律效力的），李世

【第四章】倒啖蔗

民督促四次，魏徵不为所动，这可气坏了李世民，当即把魏徵叫到宫中理论。

魏徵怕被皇帝批评吗？

不怕！

看他高高兴兴一路小跑直奔皇宫而去的样子，就知道他不怕！

魏徵边走边想："我不去找你就不错了，你居然来找我，我可是攒了不少旧账等着和你算呢。"

君臣见面，李世民首先发难，咆哮道："现在民间很多身体健壮的成年人虚报年龄逃避徭役，朕因此降低征兵标准，这有什么错吗？"

魏徵早有成竹在胸，气定神闲地答道："涸泽而渔，明年就没鱼可捕；焚林而猎，明年就没兽可抓，把不满十八岁的小伙子都征来当兵，谁来承担租赋杂徭？再说了，兵不在多而在于精，陛下打了那么多年仗，这个道理应该比我更明白，所以咱们就不多说征兵的事了，还是说说陛下吧。"

"朕有啥可说的？"李世民感到很纳闷。

"陛下以前曾经说过：'朕以诚信治理天下，欲使臣下百姓均没有欺诈行为。'现在没过几天便已经失信数次。"还没等李世民回过神来，魏徵继续说道，"陛下刚刚登基的时候说过'百姓欠朝廷的钱都不要了，旧账一笔勾销'，但是，下面办事的人认为欠秦王府的钱不算欠朝廷的，还在继续追账，陛下由秦王变成皇帝，那秦王府的东西难道不算朝廷的吗？"

李世民听完哑口无言，稍微觉得有点儿不好意思，不过，魏徵可不管他是否好意思，继续说道："陛下还说过'关中地区免收两年的租调，关外地区免除徭役一年。'后来这些都履行了吗？"

李世民听完之后，脸已经红得跟关公似的。魏徵依然不依不饶，继续说道："这次征兵陛下又私改标准，原因是怀疑百姓使诈，这是陛下以诚信治国的态度吗？"

作为一个大臣这样无节制地批评皇帝，场面立时异常尴尬。

最终，还是李世民打破这尴尬的局面，十分虚心地接受了批评，明确表态以后一定不再犯同样错误，洗心革面。另外，还赏赐魏徵一口金瓮表彰他直言进谏。

你说我容易吗

李世民虽然想听大家的意见，但是很多大臣不太敢说，其中一个很重要的原因是君臣之间的交流有障碍。

这个障碍源于李世民自身——长得太帅！

李世民天生丰神俊朗、器宇轩昂，再加上久经沙场的磨砺，更是威武逼人，此刻他高高端坐龙椅之上不怒自威，很多心理素质不过硬的大臣给皇帝汇报工作的时候，经常是哆哆嗦嗦、手足无措，说话更是词不达意。

渐渐地，李世民也发现了这个问题，没事就对着镜子练习微笑，希望通过微笑练习改变自己的形象，变得平易近人，这样可以更好地和大臣沟通。

功夫不负有心人，李世民终于看起来比较平易近人了，大臣们和皇帝在一起讨论大事的时候心理压力也大大减轻。

（《资治通鉴》记载：上神采英毅，群臣进见者，皆失举措；上知之，每见人奏事，必假以辞色，冀闻规谏。）

李世民听到一件新鲜事便和大臣们讨论起来："听说西域有个商人得到一颗漂亮的宝珠，为了不让别人发现，他竟然在自己身上割个大口子，把宝珠藏在里面，这是真的吗？"

大臣们证实，此条消息千真万确，绝非造谣。

李世民不禁感慨道："人们对于珠宝的热爱程度竟然超过身体，不过我们在嘲笑那个商人的同时也犯着和他同样的错误，贪官污吏们冒着掉脑袋的危险收取贿赂，皇帝为了追求奢华的生活而导致国破家亡，这不是比那个商人更傻吗！"

这时，魏徵不失时机地接着说道："是啊，是啊，从前鲁哀公说有个人记性特别不好，搬家的时候把家具都搬走了，但把媳妇给落下了，孔子说还有记性更差的人，那就是夏桀和商纣这样的傻瓜君主，只记得贪恋金银珠宝等身外之物，忘记爱惜自己的身体。"

李世民当即表示，咱们不能犯那样的错误，成为后人茶余饭后的笑料，同时下决心要做一个英明的皇帝，绝不当昏君。

想当明君便面临这样一个问题：什么样的皇帝英明？什么样的皇

帝昏暗？

对于这种问题，魏徵想都不用想便直接给出答案："兼听则明，偏信则暗。"

李世民求知若渴地说道："赶快详细说说。"

魏徵也不卖关子，说道："当年尧帝体恤下情，了解民间疾苦，所以知道有苗的恶行；舜帝目明能见四面，耳聪能听八方，所以共工、鲧等人的罪行无法掩盖；秦二世不听忠臣劝告，只信赵高一人，最终被人当猴耍还丢了性命；隋炀帝自恃英明神武，后来只信虞世基一人，枉死江都城。因此，当皇帝的要广开言路，多听听大家的意见，别总是相信那些小人们拍马屁的话，那些话听着是好听，但实在害人不浅。"

对于这个道理，李世民自己也是知道的，再加上魏徵这么一说，更能认识到爱拍马屁混淆上官视听的小人对社会危害有多严重，于是，再次鼓励诸位大臣应该知无不言、言无不尽，好听的话回家跟媳妇说去，批评的话带到皇宫对着皇帝说，并且可以不加节制地随便说，大家不用担心说错了上官不高兴，对于这些批评自己肯定会做到有则改之，无则加勉。

李世民这样要求大臣，对自己可是另外一套标准，原因很简单，自己是皇帝，话不能乱说，说错话后果可能很严重，例如下了一道圣旨，或者说了一句话，大臣们按照命令去执行，结果发现可能会危害国家和百姓，只好再下圣旨反悔，久而久之大家认为皇帝是个出尔反尔的人，那国家能治理好吗！

对于李世民的这种想法，给事中知起居事（记录皇帝言行的官员）杜正伦给予证实，对皇帝说："陛下既然让我当这个官儿，就别怪我不客气，我的职责就是记录陛下的一言一行，功绩不论大小我会一一记录，错误同样不论大小我也会一一记录，可不要小看白纸黑字写出来的东西，那可是后人赞扬陛下或者嘲笑陛下的证据！"

这话惊出李世民一身冷汗的同时也让他认识到对自己的警醒作用，杜正伦因此得到二百匹帛作为奖赏。

杜正伦的话让李世民有点儿草木皆兵的感觉，当皇帝容易，当好皇帝难。高高在上，任何事情自己都可以拍板儿敲定，但是，下面无数双眼睛盯着你，很多时候，自认耍些小手段，把事情做得天衣无缝，实际上，下面无数的群众中，有很多眼睛是雪亮的，能瞒住一双，能瞒住全部吗？

为此，李世民对近臣诉苦："你说朕容易吗！表面看来皇帝当得风风光光，好像无所畏惧，实际上朕真的很可怜，上怕皇天监督，下怕群臣百姓注视，即便如此兢兢业业地工作，仍然怕有做得不好之处，辜负皇天和百姓的期望。"

说到凄惨处，李世民的眼泪差点儿掉出来。

李世民所言非虚，他的日子过得的确挺不容易，有人刚刚进贡一只上好的鹞鹰，他也非常喜欢，经常架在手臂上玩耍。有一次，他正在遛鸟，看到魏徵从远处走来，立刻紧张起来，赶紧把鹞鹰藏在怀里，谁都知道这些乱七八糟的东西容易玩物丧志，耽误国事。其实呢，魏徵早就看到了鹞鹰，他为了不让皇帝贪恋这些，故意没完没了地汇报工作，估摸着鹞鹰差不多憋死了才离开。等魏徵走后，李世民赶忙从怀中取出鹞鹰，无辜的鹞鹰已经窒息而亡，也只能苦笑了之。

仅仅不能贪图享乐还是小事，为了大唐，皇帝甚至还要吃蝗虫，而且不能经过油炸、清蒸等烹饪手法处理。

公元 628 年夏天，长安地区出现好多蝗虫，李世民发现后抓了一只蝗虫对它说："粮食是百姓们的命根子，你们吃百姓的粮食，百姓就得饿死，要不这样吧，你们不要吃百姓的粮食，朕愿意让你们吃掉朕的心肝。"说完，就要把蝗虫往嘴里放。

大臣们一看，这怎么可以啊，皇帝贵为万金之躯，怎么能吃这恶心东西呢，赶忙上前阻拦："陛下万万不可，别让这恶心东西伤了龙体！"

李世民表示要和百姓同甘共苦，坚持把蝗虫吞掉。

这一年竟然真的没有闹蝗灾。

房谋杜断

皇帝如此兢兢业业，大唐自然越来越好，总有些人吃饱喝足之后，没事干闲得难受，隔三岔五向李世民汇报：天降祥瑞！

所谓的祥瑞大多数都是比较特别的自然现象，人为强加一些特殊意义，很多皇帝喜欢这些祥瑞，觉得上天格外关爱自己，但李世民不吃这套，他认为：如果百姓安居乐业，即便没有祥瑞也不影响他成为像尧、舜、禹、汤一样的皇帝；如果天天都有祥瑞，但百姓吃不饱穿不暖，那和夏桀、商纣都是一路货色。远的不说，就看前些年，隋朝都快亡了，杨广不是还经常能接到关于天降祥瑞的奏章嘛。

李世民明白治国需要的是人才，而不是那些虚头巴脑的祥瑞，祥瑞能当粮食吃吗？能当衣服穿吗？

只有手下人和自己一起努力工作，才能国富民强。

在政务上谁对李世民的帮助最大？

大舅哥长孙无忌虽然是心腹，但他更关心的是李世民如何处理好皇亲国戚以及接班人等问题。魏徵的工作重点也不在政务上，他把眼睛紧紧盯在李世民身上，主要任务是挑毛病，大肆抨击皇帝的缺点和错误。

真正在政务上对李世民帮助最大的要数尚书左、右仆射房玄龄和杜如晦，李世民对这二位的期待也很高，为了让他们有足够的精力能够为国家选拔人才，特意调整尚书省的内部工作分工，原来由左、右仆射负责的部分工作转移到左、右丞身上。

房、杜二人也没有让李世民失望，他们都是治理国家的天才，但并不骄傲，"择其善者而从之，其不善者而改之"这句话在房、杜二人身上得到充分体现，听到别人有优点便虚心学习，发现自己有不好的地方便努力改掉。

不过，人们有些性格特点是与生俱来的，想改也改不掉。

李世民每次和房玄龄商量大事的时候，房玄龄都能谋划出近乎完美的方案，但始终不能拍板儿。谁能来帮助李世民最终拍板儿呢？那就是杜如晦。杜如晦不能谋划出完美的方案，但他擅长决断，能够预判结果，敢于当机立断。

房、杜二人各自有着各自的优缺点，他们组合在一起形成很好的互补，这对儿搭档可以说是上天赐给李世民的治世法宝，后人评价这个组合的一个词语是"房谋杜断"，这个评价简明扼要、精准无比。

人生不如意十之八九，公元630年，杜如晦病重，李世民派太子前去探望，然后又亲自慰问，"死生有命，富贵在天"，即使李世民亲自出马也没有把爱卿从黄泉路上拉回来。同年三月，杜如晦病逝，享年四十六岁。

有位诗人这样写道："有的人活着，他已经死了；有的人死了，他还活着。"杜如晦就是那种永远活在李世民心中的人。

李世民每次得到什么好东西，想要赏赐给下属的时候，都会想起杜如晦，派人送一份到他家中。

很长时间以后，李世民见到房玄龄的时候，睹人思人，潸然泪下，说道："你和杜如晦一同辅佐我，现如今只能见到你一个人了。"

士为知己者死！人的一生能碰到这样一位好皇帝虽死何憾！

封禅泰山

真正的大国、强国靠的绝不是武力，不管是过去、现在，还是将来，武力所能到达的范围都是有限的，只有以仁、义、礼、智、信为核心，以"德"表现出来的国威才能跨越一切时间和空间的限制，令古往今来、远近各国无不心悦诚服。

可以说，李世民是一位空前绝后的君主，他和他的臣子们建立了一个以德为基石的国富民强的盛唐，这样的一个大唐甚至不需要动用军队，便能使远近慕名前来朝拜。

公元 630 年，高昌王来到长安，将自家土特产献给无比敬仰的大唐皇帝。与此同时，西域很多地方想要搭高昌王的顺风车，一起到长安向大唐皇帝表达有如滔滔江水一样的敬仰之情。

李世民很享受这样的荣耀，但那个魏徵又跳出来给他泼冷水："当初东汉光武皇帝不允许西域朝拜是非常明智的，原因如下：为了招待进贡使团，我们这边要派出大量人员、花费大量金钱，这些钱都是老百姓的血汗钱，我们的官员如此挥霍于心何忍！"

李世民当即下令，西域都不要派人过来，大家的好意朕心领了，都自己在家好好过日子吧。

公元 631 年，林邑（今越南中部）进献五色鹦鹉，新罗（朝鲜半岛上的一个国家）进献两位绝世美女。魏徵还是认为不应该接受，李世

民再次听从魏徵的意见，将鹦鹉和美女都送了回去。并传下话："林邑的鹦鹉很聪明，会说话，它说：'我从南方来到北方很不适应，天气太寒冷。'鹦鹉都知道想家，人当然更会思念故土和亲人。"

（《资治通鉴》记载：林邑鹦鹉犹能自言苦寒，思归其国，况二女远别亲戚乎！）

这个时候的大唐可以说是远近臣服，大臣们闲着没事，又将一件大事提上日程——封禅泰山。

封禅泰山操作起来并不复杂：在泰山最高处修个圆坛进行祭天，这便是"封"；在泰山前的小山上修个方坛进行祭地，这便是"禅"。

仪式虽然简单，但意义重大。

第一，封禅泰山是皇帝向上天汇报工作，皇帝受命于天，天就是皇帝的领导，封禅泰山相当于皇帝述职。

第二，在皇帝的英明领导下，国泰民安，这当然也需要给苍天和大地报个喜。

第三，皇帝取得的辉煌成绩不完全是他一个人的功劳，也有苍天和大地的关照，封禅泰山是皇帝向天地表达感激之情的重要方式。

第四，上述三条都不靠谱（皇帝们自己心里最清楚），封禅泰山的真正目的是彰显自己的功德，以便后世之人传颂。

根据现在的史料记载，我们已经无法知道封禅泰山这个仪式起源于什么年代，有人说从伏羲、神农就开始了，也有人说秦始皇是第一人，这个确实无法考证，能够考证的是，宋真宗之前的历代帝王都极其重视这件事情，在他之后这个活动便不再开展。

不仅是帝王重视，大臣也都以参加封禅为荣。汉武帝封禅之时，司马迁的父亲司马谈身体不好没能参加此次活动，以致遗憾终生，临死前拉着司马迁的手说："今天子接千岁之统，封泰山，而余不得从行，是命也夫！"这是司马谈感慨自己不能参加这个活动是命不好。

这种封禅活动可大可小，要根据国力和皇帝对这事情的热衷程度，汉武帝封禅队伍多达万余人，宋真宗的队伍仅有一千多人。

帝王们选择封禅泰山，而不是封禅别的山也是有原因的，泰山是黄河下游第一高山，其附近的大汶口和龙山都是我国古代文明的发祥地，黄河流域发大水的时候，古人们会选择到泰山上躲避水灾，久而久之泰山成了他们的心理依靠，泰山也被逐渐神化起来，跟其他山相比，泰山有着与众不同的意义。

泰山有着与众不同的意义，封禅泰山也是极其风光的事情，但是，李世民还是驳回了大臣的请求，拒绝封禅泰山。

李世民虽然没有说出拒绝封禅的理由，大家还是能够看出来，皇帝是觉得这样的活动过于铺张浪费。

举办各种盛大活动，甚至大型国际活动是可以增加国际影响力，但的确劳民伤财，活动办得好会赢得热烈掌声，不过对于老百姓来说，这将增加他们的生活负担，羊毛只能出在羊身上，说不定还会有些官员趁机薅一把羊毛揣进自己兜儿里，总之，捞到好处的是统治阶级，吃苦受累的是老百姓。

如果国力足够强大，老百姓富得流油，钱多得没处花，根据国情搞些活动，丰富一下百姓精神文化生活当然是好事。不过，眼下的唐朝还没富到那个程度，羊还不够肥，羊毛也不够厚，李世民不忍心过分薅羊毛，所以拒绝封禅泰山。

过了几天，不死心的大臣们又提出封禅之事，李世民再次拒绝。

公元 632 年，刚刚过完春节，大臣们再次提出封禅泰山的事情。

这次，李世民向文武百官说出了自己拒绝封禅的原因："如果天下太平，百姓富足，即使不去封禅难道能说朕不是个好皇帝吗？当年秦始皇搞过极其隆重的封禅活动，汉文帝没有封禅过泰山，后世之人难道会认为汉文帝没有秦始皇贤德吗？再说了，如果想要敬天敬地，何必非去泰山。"李世民说的确实没错，只要心中有佛，那么处处都是灵山塔。

理由已经很充分了，但是，有些大臣就是不开窍，还是隔三岔五地撺掇这事儿，撺掇来撺掇去，李世民也有些动摇，便征求几位近臣的意见。

魏徵确定、一定以及肯定地说："不能搞！"

李："朕的功劳不够高吗？"

魏："够高了。"

李："朕的德行不够厚吗？"

魏："够厚了。"

【第四章】倒啖蔗

李："大唐不够安定吗？"

魏："够安定了。"

李："四夷未臣服吗？"

魏："臣服了。"

李："农民没有丰收吗？"

魏："丰收了。"

…………

李："那为什么不让朕风光一次，封禅泰山呢？"

魏："陛下刚才说的都没有错，但是，还有一些问题没看到，灭隋建唐之后，人口尚未恢复，我们的人口还没有隋朝正盛之时多，国力也没那时强；我们库府和粮仓还不够充足。在这种情况下若是封禅泰山，往坏处想，后果可能很严重，到时要出动大量人马车辇，花费无数，还会影响沿途百姓，另外，四夷也会要一起跟着来凑热闹，如今伊水、洛水沿岸，还有泰山地区尚未彻底恢复战争造成的创伤，人烟稀少，满目疮痍，四夷看到我国后方这个样子，难免滋生歹心，后果如何实在难以预料。"

说完这些，魏徵补充道："陛下看微臣的理由充分吗？"

李世民听完魏徵的一席话，陷入沉思，封禅泰山的事情也就押后处理了。

大唐之歌

李世民不能去泰山风光一下，只好在近处溜达溜达。

公元632年9月，李世民来到庆善宫，三十三年前，他就出生在这里，如今回到旧宅触景生情，回想起这些年来的风风雨雨，百感交集，于是在庆善宫摆开酒席君臣同乐。

酒席宴上少不了歌舞助兴，能在此演出的节目那必须是够档次的，皇家歌舞团表演了《功成庆善乐》《九功之舞》《秦王破阵乐》（也称《秦王破阵舞》）。

《秦王破阵乐》有些与众不同，这是唐朝的歌舞大曲，最初乃是唐军的军歌，李世民登基后，亲自把这首军歌编成乐舞，经过艺术家们雕琢整理之后形成一支庞大并且富丽堂皇的乐舞。

《秦王破阵乐》讲述的是李世民带领手下将士英勇杀敌，开创丰功伟绩的故事，演奏起来气势雄浑，声传百里。

当初演奏这场歌舞的时候，李世民曾经这样评价道："武功有余，文德不足。"封德彝趁机拍马屁，对李世民说道："陛下以神武平定天下，岂是文德所能比拟的！"

结果马屁没拍好，拍到了马腿上，李世民回答他的是："打天下靠武力是没错，但治理天下必须依靠文德，这个道理你都不懂吗？"

一个靠骑马射箭取得天下的皇帝能够把国家治理的如此之好，是因为他登基后完成由武到文的转变，因此，才能从一位创业圣主转变成一位治世明君。

在庆善宫的酒席宴上，还闹了点儿小插曲。

酒席宴间，群雄开怀畅饮，走斝飞觞，尉迟敬德更是在歌舞的刺激下格外兴奋，回想起自己当年英勇杀敌的情景，热血再次沸腾起来。忽然，发现竟然有人的席位在他之上，顿时勃然大怒，大吼道："你有何功劳？竟敢坐在我上面！"

坐在尉迟敬德旁边的李道宗赶忙出来劝架，没想到，尉迟敬德情绪失控暴打了李道宗一顿，李道宗也确实够委屈的，好心好意当和事佬儿，结果招来一顿胖揍。

这让李世民很没面子，酒席不欢而散。

事后，李世民把尉迟敬德叫到跟前，和他说道："朕以前看史书记载汉高祖刘邦得到天下之后大肆诛杀功臣，会暗自笑他气量狭小，有鸟尽弓藏、兔死狗烹之嫌。朕想一定不要像他一样，会和你们一起享受荣华富贵，然而，你们身居高位却不知收敛，仗着以往的功劳为所欲为，这样下去你们不都变成祸国殃民的害虫了吗？"

尉迟敬德听完李世民的训话深刻检讨自己，反省几年来所作所为，从此之后再无违法乱纪的举动。

这个事情李世民处理得非常漂亮，对待功臣不能纵容，纵容他们就是害了他们，趁着还没有铸成大错的时候，及时加以遏制，让功臣不要居功自傲，以律法约束自己，这样才能善始善终。

【第四章】倒啖蔗

《秦王破阵乐》让尉迟敬德热血沸腾，险些酿成大错，但是仍然不会影响到人们对这乐舞的热爱，萧瑀特意给李世民上书，请求将消灭刘武周、薛仁杲、窦建德、王世充等人的内容增加到歌舞中，李世民表示反对，他认为这些人也都是一时的英雄豪杰，现在自己的很多手下都是那些人的旧部，他们看到旧主受辱，能不伤心吗？

通过这件小事能够看出来，李世民做事很识大体，考虑问题周到，不会为彰显自己功德不管他人感受。

即使这样，李世民仍然无法达到无比挑剔的魏徵的要求。每次君臣一起观看演出，表演《秦王破阵乐》的时候，魏徵都会把脸扭过去不看，等到演奏其他以表现仁、德、礼、信的歌舞之时再认真观看。

魏徵的举动，李世民看在眼里记在心上，不过这个"记"不是"记恨"的"记"，而是"谨记"的"记"，谨记这样一条原则——治世靠文德，而非勇武！

不要和流氓斗智

治世靠文德，而非勇武！

这话没错，此时的大唐上下都在发展生产，没有人愿意打仗，但有些人就是不这样想，吐谷浑这几年一直没消停，最近这段时间格外活跃，闹腾得太欢，李世民想不打也不行。

说到吐谷浑，必须强调两点，第一点，"谷"是多音字，在这里不读 gǔ，而是读 yù；第二点，吐谷浑原本是个人名，后来才成为族名。

吐谷浑姓慕容，辽东鲜卑族人，4 世纪初，吐谷浑兄弟不和，原因是权力问题，吐谷浑是长子，但他妈并非正室，没地位，正室所生的儿子叫慕容廆（wěi），将要继承父业，他怕大哥捣乱，又不想闹得兵戎相见，最终只能选择分家。

就这样，慕容吐谷浑带着自己分到的七百户离开辽东，在这种情况下肯定是走得越远越好，亲兄弟因为权力问题搞到了"不及黄泉无相见"的地步，也真是人间悲剧。

慕容吐谷浑历尽艰难坎坷最终到达枹罕（今甘肃省临夏县东北），

他以此为基地向南、北、西三面拓展（他从东边来的，因此就不向东发展了）。

公元 317 年，慕容吐谷浑驾鹤西游，十几年后，他的孙子慕容叶延即位，更改自己的姓氏为吐谷浑，从此之后，吐谷浑便成为一个姓氏，一个地方政权名称。

在之后的两百多年里，吐谷浑人才辈出，将一个七百户的小部落发展壮大成一个不可小视的政权，这期间刚好赶上中原混乱，更给他提供了充分发展自己的时间和空间。

客观来讲，这样的部族想要发展好有很大限制，他没有自己的文化底蕴，靠短短几百年时间内摸索出来的社会体系当然不够先进，强大的吐谷浑还是只能做大隋朝的跟班儿。

这个小跟班儿仗着山高皇帝远总是不太听话，这也让隋朝非常不爽，公元 608 年至 609 年，隋炀帝杨广凭借老爹留下的丰厚家底联合高车国，大破吐谷浑。

这次战争几乎令吐谷浑灭亡，步萨钵可汗（慕容伏允）逃到党项，吐谷浑东西四千里，南北两千里的地盘划入隋朝版图。

按照正常情况来说，吐谷浑从此之后就应该彻底消失了，然而，两个意外因素导致这个故事写出续集。第一个因素，中原大乱，没人有闲心顾及周边民族的问题；第二个因素，慕容伏允坚强得像蟑螂，不肯在党项安度后半生，于是，几十年后，吐谷浑这个名字经常令李世民十分闹心。

刚才说慕容伏允像蟑螂，其实只说对一半，他更像蟑螂和癞蛤蟆的结合体，打他，打不死；不打他，他总跳到你面前恶心你。

唐朝的西部边境成为慕容伏允的"狩猎区"，家里缺啥就来抢点儿啥，今天抢不着也没关系，明天再来。

李世民能不闹心吗？

公元 623 年 6 月，吐谷浑组织了一次规模较大的"狩猎"活动，不过，这次他运气不好，碰到了李世民的妹夫柴绍，柴绍可谓智勇双全，让吐谷浑吃了大亏。

吐谷浑难缠的原因就是他真的很流氓，吃了大亏之后不但不拿出全部家底和你搞个鱼死网破，反倒在两个月后表示愿意投降大唐。

投降是件好事呀！

谁要是这么想，那就太不了解流氓了。

一年之后，吐谷浑拉着羌族一起再次骚扰大唐边境，这次小规模的入侵很快又被打退。又过了一年，吐谷浑表示总上你家抢东西实在不好意思，要不咱们还是公平交易吧，请大唐开放边境贸易，放下刀枪做买卖，这样其乐融融，岂不美哉。

买卖做得的确不错，唐朝和吐谷浑实现了双赢。

和流氓打交道，必然是一波三折。吐谷浑到唐朝进贡的使者在送完礼物返回的路上突然感到手痒痒，不抢点东西回去真的很难受，于是，大肆劫掠一番之后才高高兴兴地回了家。这样的流氓气得李世民牙根直痒痒，派人大骂了慕容伏允一顿，然后让慕容伏亲自到长安赔礼道歉。

慕容伏允又不是傻子，表扬也好、批评也罢都是无所谓的事情，不过到你的地盘任你宰割这样的事情他是不会干的。慕容伏允表示：十分想来长安赔礼道歉，怎奈身体欠安，久病缠身，无法出远门。

当初李渊为逃避杨广不是装过病嘛，人家慕容伏允也会。

慕容伏允不去长安赔礼道歉，根本没有谈判的诚意，为了不让李世民责怪自己没有诚意，表示要和李世民结为亲家，想让自己的儿子娶个公主当媳妇。

这招的确挺高的，但李世民更高，在多年来的斗智中，李世民还没输过。你慕容伏允不是要替儿子娶公主吗？没问题，让你儿子来长安城迎亲吧。

慕容伏允心中大骂：大唐皇帝不厚道，欺负我没文化，想把我儿子骗到京城去，就算我再没文化，也知道"人质"两个字怎么写。

斗智活动告一段落，两人都发现，靠斗智得不到什么实质性好处。

和流氓斗勇

在接下来的数年中，慕容伏允依然隔三岔五地过来"狩猎"，唐朝大军也都会给予有力回击，这种局面一直持续到公元634年，李世民终于失去耐心，想要好好收拾一下这个不知深浅的老流氓，不能和你斗智，那就斗勇吧。

公元634年夏，李世民任命左骁卫大将军段志玄为西海道行军总管，左骁卫将军樊兴为赤水道行军总管，率领边境地区军队和部分归附唐朝的部族军队主动进攻吐谷浑。

唐军把吐谷浑打得抱头鼠窜，一口气逃了八百多里。

李世民很开心，总算除掉一个心头大患。

不过，李世民开心得太早了，几个月后，喘过一口气的慕容伏允再次展现出他的癞蛤蟆属性，又去骚扰凉州（今甘肃省武威市）。

面对这样一个对手，有人可能会想：要不别搭理他，反正也不咬人，就是恶心人而已。但是，不搭理还真不行，慕容伏允活动的范围刚好是丝绸之路的途经之地，丝绸之路是中国和中亚以及欧洲联络的重要通道，凉州是丝绸之路上的重镇。

此刻，李世民正在琢磨如何彻底拔掉这根丝绸之路上的钉子，局部战场上打一场甚至很多场胜仗很容易，要想彻底解决吐谷浑绝不容易，要选一个能够担当重任的主帅才可能彻底击垮敌人，谁能担此重任？

上阵杀敌勇冠三军的猛将好找，指挥大军审时度势，根据战争发展情况能够随时制定出战略、战术的主帅的确不好找。

李靖是个不错人选，可是老人家已经六十多岁了，在家颐养天年，还愿意饱尝战场上的风霜之苦吗？公元634年11月，李世民颁下诏书，准备彻底消灭吐谷浑。李靖得知这个消息之后，主动请缨。一个月后，李世民任命他为西海道行军大总管，兵部尚书侯君集、刑部尚书李道宗、凉州都督李大亮、岷州（今甘肃省岷县）都督李道彦等分别为各道行军总管，听候李靖调遣，各路人马挺进吐谷浑。

公元635年4月，李道宗在库山大败吐谷浑军，库山地区位于青海的东南部，是鄯州通往甘州和凉州的必经之路，具有十分重要的战略意义。此刻，慕容伏允尚未认识到事情的严重性，以为这次和以往一样，自己掉头就跑，临走制造点困难，唐军也就撤退了，下一次春暖花开的时候，自己照样可以像野百合一样盛开。

慕容伏允将野草烧光，率领轻骑逃入茫茫沙漠之中。

望着被烧得光秃秃的草原，众位唐军将领没了主意，战马没草吃，

这种情况下孤军深入，会不会很危险啊？

侯君集对此表示否定："这次我们几十万大军围剿慕容伏允，他的很多手下被打怕了，军心动荡，从他们逃跑的样子就能看出来，无组织、无纪律，我们若是乘胜追击，一战可灭吐谷浑。"

侯君集所说的正是李靖所想的，唐军兵分两路，李靖和薛万钧、薛万彻、李大亮等人为北路军，侯君集和李道宗等人为南路军。

十几天后，李靖的手下在曼头山大败吐谷浑，缴获大量军事物资。几天之后，再次在牛心堆和赤水源痛打吐谷浑。

北路军进展比较顺利，南路军却遇到不小的麻烦，孤军深入两千多里，人吃马喂都出了问题，还好最终他们克服重重困难，在乌海追上慕容伏允，慕容伏允很少遇上这样被穷追不舍的情况，当时就乱了阵脚，吐谷浑军被打得稀里哗啦。

就这样慕容伏允的各路人马像无头苍蝇一样到处乱飞，唐军紧随其后，能捅一刀就捅一刀，能踹一脚就踹一脚。吐谷浑军越跑人越少，等慕容伏允停下来喘口气的时候，发现自己几乎就是光杆司令了，而唐军却不同，侯君集带领的南路军穿过星宿川（黄河源头附近）顺利与李靖军会师。慕容伏允的儿子慕容顺见大势已去，便举国投降，慕容伏允在沙漠中游荡的时候被手下砍了脑袋，这个老流氓终于再也见不到野百合盛开的春天。

此战过后，吐谷浑分裂成东西两部分，东部由慕容顺领导，投降唐朝；西部由慕容伏允的另外一个儿子领导，后来投降了吐蕃。

在之后的几百年中，吐谷浑再没有什么可圈可点之处，渐渐被其他民族融合，消失在历史的长河中。

主角：李世民

配角：魏徵、长孙无忌、褚遂良、房玄龄、李世勣、长孙皇后、李承乾、李泰、李治、侯君集、真珠可汗、唐玄奘、松赞干布、文成公主等

事件：随着时间的推移，唐太宗李世民以及诸位大臣们用辛勤汗水浇灌的种子已经生根、发芽、开花、结果，唐朝政治清明，社会空前繁荣，实力异常强大。

在处理和周边政权关系上，李世民依然十分慎重，该打的绝不手软，能和平解决的就绝不动武，唐朝社会无比和谐。即便如此，李世民仍然不骄不躁，想百姓之所想、急百姓之所急，时刻警醒自己"水能载舟、亦能覆舟"，不论何时都要老老实实地当个合格皇帝。

李世民为唐朝开了个好头儿，创造出一个令人惊叹的盛世，有人说，到今天为止人类历史上真正算得上文化中心的城市只有三个，分别是公元 7 世纪的长安、19 世纪的巴黎和当今的纽约，文化中心就是全世界的文化都集中在那儿，文化成果也都在那发布，虽然这种说法的权威性并不是很高，但不难看出人们对大唐的认可。

尘归尘，土归土

内忧外患被一个一个解决掉，唐朝在无数人的努力下日益强盛起来，然而，有强盛就有衰老。

公元 634 年，年近古稀的唐高祖李渊得了中风，恢复得不是很好，公元 635 年，李渊驾崩。

自从"玄武门之变"后，李渊很少抛头露面，也就是偶尔参加个家庭聚会，这几年日子过得还算清闲，但是，这样的清闲日子应该不是他想要的，想当年，那个英姿勃发的少年弯弓搭箭，抱得美人归，无论官场还是战场都任其驰骋，就算阴险狡诈、无比恶毒的杨广也无法伤其分毫，再之后太原起兵入主长安，多少英雄豪杰投至麾下，为其效犬马之劳。

这样的英雄人物怎能习惯清闲日子，只可惜，后来他也身不由己，只能清闲度日。

李渊是一位功勋卓著的帝王，这是毋庸置疑的，他也是一位颇具争议的人物，后世对其毁誉参半，"毁"这一半多是和"玄武门之变"有关。

李渊既是开国皇帝，又是军事统帅，深谋远虑、知人善任，这是他取得成功的重要原因，在起兵初期，他的沉稳和李世民的敢打敢拼相辅相成，既能避免冒进，又能避免保守，这才使得李家在隋末群雄中脱颖而出，开创辉煌时代。有些史书将李渊描写成一个庸碌无为的草包，把大唐建立的全部功劳归于李世民一身，这是不客观的。

李渊死了，太宗李世民怀着悲痛的心情料理后事。

在李世民的心中，他一直觉得对不起自己的老爹。"玄武门之变"让六十岁的老爹忍受白发人送黑发人的痛苦，几个月后老爹又主动要求让位，大家都明白这是出于形势所迫，父子二人都是身不由己。虽然身不由己，但毕竟是自己抢了老爹的宝座，现在老爹死了，必须厚葬！

"太上皇的陵墓要依照汉高祖的标准！"这是李世民下的命令。

给皇帝修坟是件大事，不能意气用事，此刻的李世民处于冲动状态，还好大臣们比较淡定。

秘书监虞世南上疏劝谏："薄葬亲属并非不孝，这是勤俭的美德，圣人知道孝在于内心，而不在于形式，举办葬礼与其仪式上治办周备，不如内心真正哀伤。另外，在墓室中放置金银珠宝，盗墓贼就会惦记，即使是用铜铁铸造的坟墓仍然会有缝隙，陪葬品迟早都会进入盗墓贼的口袋。陛下的德行和尧舜相近，修建陵墓上的作风却和秦始皇一个风格，这样合适吗？"

李世民冷静下来，想想这话说得有道理，和大臣们重新制定一个不太高也不太低的标准，既不太铺张浪费，也不太寒酸。

就这样，尘归尘，土归土，一代圣主李渊彻底消失在人们的视线中。

伟大的女性

公元 636 年，魏徵数次跟李世民请求办告疾，年轻时候书读的多，后来文件看的也多，眼睛累坏了，想要提前致仕，养养身体。

李世民开始不同意，后来发现魏徵是操劳过度需要休息，于是撤掉侍中的职务，改任为特进（散官名称，正二品），仍让他知门下事（意思就是他有权过问门下省的事），小事不用他费心，大事由他上报皇帝。

李世民为何如此器重魏徵？

通过一件小事我们就会知道魏徵在李世民心中的地位有多重。

两年前，李世民想要派大臣作为特使视察地方，一直找不到合适人选，就在他犯愁的时候，李靖建议他派魏徵去，李世民当即表示反对，说道："魏徵在朕身边监督朕，朕才能规规矩矩做皇帝，他一天都不能离开朕。"

通过这事既能看出魏徵对于李世民的重要性，也能看出李世民很有自知之明，知道自己有啥毛病，要是没有魏徵在身边还真说不定做出些什么不靠谱的事情。

然而，魏徵如此放开手脚地监督李世民，也会有把李世民气得抓狂的时候。

有一次，退朝之后，李世民回到后宫，气得拍桌子砸凳子。长孙皇后问："陛下这是怎么了？是谁惹陛下如此生气啊？"

李世民怒气冲冲地答道："还不是那个乡巴佬，整天找朕麻烦，早晚有一天得把他杀了。"

皇后知道他说的是魏徵，立刻跪下给皇帝道喜。李世民问道："这是什么意思？"长孙皇后答道："我听史书上说，主贤臣忠！只有君主贤明，臣子才能忠诚。魏徵敢于直言进谏，那是因为他忠诚于陛下，同时也能证明陛下是贤明之君。现在我有一个贤明的夫君，能不高兴吗？这是大唐之福、百姓之福啊。"

李世民听后龙颜大悦。

长孙皇后这样做既不算干预朝政，也替魏徵说了好话，皇后愿意为魏徵说好话是因为她很赏识魏徵的人品。

当年长乐公主（长孙皇后的亲闺女）要出嫁的时候，李世民格外准备了大量嫁妆，数量是长乐公主的姑姑永嘉长公主的两倍。魏徵知道后出来阻止，引经据典地批评李世民又做错了，批评一顿之后，得出结论：你闺女的嫁妆不应该比你爹爹闺女的嫁妆多。

长孙皇后得知此事后，不但不记恨魏徵减少自己闺女的嫁妆，反而向李世民感慨道："以前总听陛下说魏徵如何好，对陛下如何重要，一直不知道原因，现在我终于明白了，他用礼仪来抑制陛下的私情，让陛下做事规规矩矩，咱俩是结发夫妻，我说话的时候还要看陛下的脸色，他一个大臣竟然丝毫不顾及这些，说话做事只讲对错，有这样的人在陛下身边，我还有什么可以担心的呢！"

皇帝有这么一个皇后得省多少心啊！

人吃五谷杂粮，都躲不过生老病死，即便如此贤良淑德的皇后，上天也没有格外眷顾，公元636年夏天，长孙皇后病重。

看着病入膏肓的母亲，太子李承乾说："各种药都吃过了，母后也不见好，儿臣想请父皇大赦天下，并且让俗人出家当和尚，为母后祈福。"

皇后答道："死生有命，这不是人力所能干预的，如果说行善积德便能有福祉，那我一辈子都没做过什么坏事，为什么还会得此重病呢？所以说祈福是没有用的。另外，'大赦'是国家大事，不能因为我一个女人而干扰到政事，如果你们非要这样做，那我宁可立刻死去。"

李世民知道皇后的脾气，要是因此大赦天下，她还真能悬梁自尽。

李世民也没什么办法，只能安安静静地陪长孙皇后走完最后一段人生路，听着她的临终遗言：

第一，房玄龄心思缜密，是个难得的良臣，如果没有大的过错，一定不要抛弃他。

第二，我的亲属们已经因为我的关系得到荣华富贵，为能保全他们的子孙，不让他们遭受灭顶之灾，请不要把他们安排在重要位置上，他们能力有限，做不好事情反而会招来杀身之祸。

第三，给我建造陵墓的时候随便依山挖个坟，放些瓦片、木头作为陪葬就够了，千万不可浪费国家钱财。

第四，陛下还应该继续保持现在的优良作风，亲贤臣、远小人，虚心接受直言劝谏，坚决抵制花言巧语，多用心政治，少游玩打猎，这样我在九泉之下也就安心了。

几天之后，长孙皇后驾崩，一位伟大的女性离开了人世。

李世民在整理皇后遗物的时候发现一套书籍，名为《女则》，共三十卷，是由长孙皇后整理编辑的，书中尽是关于古代后妃的得失事迹，皇后在此基础上加以评论，引以为戒，使自己能够成为一个合格的皇后。令人遗憾的是，现在该书已经失传，仅在史料记载中有所提及。

李世民亲自为长孙皇后撰写碑文，表彰这位平凡而又伟大的女性。

最终长孙皇后的陵墓按照她的遗愿修建，仅用一百多位石匠，在十几天内便顺利完工，墓穴之内无任何金银器物，仅有少量用泥巴和木头做成的兵马俑和生活器皿。

长孙皇后是一个十分有趣的人，她始终强调自己绝不干涉朝政，却经常见缝插针地劝谏李世民亲贤臣、远小人，重用魏徵、房玄龄这样的良臣，由此可见，她仅仅是在形式上不干涉朝政，实质上她对李世民的帮助是有目共睹的。

除了品德高尚之外，长孙皇后的文辞也是极佳。

上苑桃花朝日明，兰闺艳妾动春情。

井上新桃偷面色，檐边嫩柳学身轻。

花中来去看舞蝶，树上长短听啼莺。

林下何须远借问，出众风流旧有名。

这首诗的作者便是长孙皇后，诗中主角也是她，可能是因为这位皇后的贤德过于耀眼，以至于遮盖了她的美貌与文采，实际上这是一位优雅大气、秀外慧中、妩媚与活泼并存的奇女子。

失去一位贤内助，李世民痛不欲生。在《答魏徵手诏》中有这样的记载："自尔以来，心虑恍惚，当食忘味，中宵废寝。"可以说字字血泪，这也侧面体现出长孙皇后的贤良淑德令李世民刻骨铭心。

爱屋及乌

长孙皇后的死对李世民造成很大打击，人在心烦意乱的时候难免做些不合规矩的事，李世民也不例外，他专门修建一座瞭望台，站在台上可以看见皇后的昭陵，李世民经常远眺昭陵缅怀长孙皇后，不但自己缅怀，还叫大臣陪他一起缅怀。

一个风和日丽的日子，李世民带着魏徵一起登上瞭望台，指着昭陵方向问魏徵："你看见了吗？"

魏徵手搭凉棚，凝神远望，然后干净利索地答道："没有！"

"多清楚啊，你为何看不见呢？"李世民很纳闷。

"年纪大了，老眼昏花。"魏徵连忙为自己辩解。

李世民更纳闷了，说道："再花也能看见啊，昭陵就在眼前啊！"

君臣二人的对话到现在为止听不出有什么不合适的地方，但是魏徵下面的回答，令李世民懊恼至极、羞愧至极。纵观古今中外，就没有像魏徵这样不懂事的大臣。

魏徵到底说了什么呢？

"陛下倒是早说啊，我还以为让我看献陵呢（献陵是李渊的陵墓，位置也在那个方向，只不过更远一些）！"魏徵说这话的时候还是一脸无辜的样子。

人们常说"娶了媳妇忘了娘"，魏徵暗讽李世民是想念媳妇忘了爹。

懊恼也罢，羞愧也罢，李世民明白事理，哀叹一声，让人将瞭望台拆除。

不能向皇后过分表达哀思，那就对皇后亲生的孩子好点吧，因此，李世民格外宠爱魏王李泰（长孙皇后和李世民生的儿子），这就是爱屋及乌吧。

这个世界上永远都不缺少那种善于察言观色的人，即使在英明的李世民身边，这种人也是层出不穷。有人向李世民打小报告，说三品以上的大臣仗着自己位高权重不把魏王李泰放在眼里，这孩子没了娘，大家更是往死里欺负他。

这小报告相当没谱，李世民手下三品以上的大臣根本不可能去欺负一个十多岁的孩子，更何况是他们无比敬仰的皇帝的孩子。

李世民护子心切，将三品以上大臣叫到宫中，不分青红皂白就开骂："在隋文帝的时代，亲王们可以随便欺负一品以下的大臣，我是不想让皇子们太飞扬跋扈，才严加管教他们，没想到你们竟敢欺负魏王，要是我肯纵容魏王的话，他难道不能随意欺负你们？"

房玄龄等人诚惶诚恐，吓得大汗直流，趴在地上磕头道歉。

这个时候，魏徵又站了出来，义正词严地说道："以我对三品以上官员的了解，没人会欺负魏王，谁向您言及此事可以让他出来当面对质，大臣和皇子谁都不应该欺负谁，陛下刚才说魏王可以欺负我们，实在是大错特错，隋文帝过分溺爱儿子，得到什么样的下场？这用我告诉陛下吗？"

话虽然说得难听，但李世民都能听明白，当即向大臣赔礼道歉，并且督促相关人员严加管教皇子皇孙们。

（后来的事实证明，李世民还真是因为爱儿子反倒害了儿子，魏王李泰和太子李承乾之间发生太多令他们老爹痛不欲生的事情，这是后话，此处暂且不提。）

吃喝玩乐那些事

公元 637 年，李世民去洛阳的显仁宫巡视。当地官员憨厚朴实，

没有刻意为皇帝准备太多吃喝玩乐的东西，皇帝不大高兴，有几个官员还因此被降职。

这又给魏徵提供了一个良好的劝谏题材，他对李世民说："陛下到各地巡视是为享乐，还是为了解民间疾苦？此次陛下嫌人家没招待好，以后陛下到哪里就会把哪里搞得鸡飞狗跳，以前的隋炀帝就是这副德行，陛下难道想和他一样吗？"

李世民听完魏徵的批评，大发感慨，对他说道："如果你不在身边，谁会这样提醒朕呢？"然后，转身便对长孙无忌说，"想当年朕还不是皇帝的时候，曾经路过这里，随便在路边饭馆填饱肚子，随便找个小旅馆睡板床，现如今已经用上这么好的东西，竟然还不知足，唉！"（《资治通鉴》记载，因谓长孙无忌等曰："朕昔过此，买饭而食，僦舍而宿；今供顿如此，岂得嫌不足乎！"）

对于这件事情，李世民还真长了记性，第二年，李世民考察薄州的时候，薄州刺史赵元楷组织百姓举行迎接活动，还特意装饰楼台观宇，准备猪马牛羊。李世民不但没表扬赵元楷，反倒批评他们铺张浪费。由此可见，李世民确实是吃一堑，长一智。

在大多方面李世民做得都很好了，但是，魏徵想要追随的是一位完美的皇帝，正所谓"君子无所不用其极"，他要求李世民必须要尽最大努力做个好皇帝，自己尽最大努力做个良臣。因此，即便李世民已经如此听他的话，他仍然上疏督促李世民要再接再厉，说他不像以往从善如流、闻过必改，现在日子过得比以前好，开始膨胀了，生活越发骄奢淫逸，这样下去迟早要走上隋朝的老路。

李世民听完魏徵的牢骚后，大大加强自己从善如流的力度，鼓励各位大臣帮他纠正缺点，有几个人认为他打猎活动太过频繁，应该适当收敛一下。李世民认为自己打打猎没影响到老百姓生活，也没影响到国家政务，如今天下太平，当皇帝的打打猎享受一下也不为过吧。于是，他便针对此事向魏徵征求意见。

魏徵表示，大家提的意见肯定不会都是正确的，陛下应该抱着"有则改之、无则加勉"的态度接纳意见，如果大臣因为提出的意见不正确而受到惩罚，那以后人家就不敢提了。李世民觉得魏徵说得有道理，奖励了提意见的大臣，自己又去打猎了。

　　这次的猎物有些不识时务，一头野猪竟敢冲撞圣驾，大臣唐俭为保护皇帝，和野猪展开殊死搏斗，李世民见惯了打打杀杀的大场面，对一头野猪自然不放在眼里，手起刀落斩下猪头，还嘲笑狼狈不堪的唐俭："对付一头野猪，不至于紧张成这样吧？"

　　唐俭义正词严地答道："汉高祖刘邦靠骑马打仗夺得江山，却不是骑马治理的天下，陛下以圣武平定四方，现如今就没必要对一头畜生耍威风了吧。"

　　经唐俭这么一说，李世民马上认识到自己的错误，收起不可一世的态度，诚心诚意表扬了唐俭一番。

　　李世民爱打猎，他的儿子也是如此，但是，他们打猎没有李世民规矩，例如，吴王李恪打猎时经常骚扰到当地百姓，被侍御史柳范告发。李世民也不手软，该怎么处置就怎么处置，并且想要治辅佐李恪的大臣权万纪的罪，理由是：他没教育好朕的儿子。

　　柳范的性格和魏徵有些相似，这会儿魏徵不在，他便站了出来，当着很多大臣的面说："陛下这样治权万纪的罪恐怕理由不充分。"

　　"他辅佐朕的儿子，朕的儿子犯了错误，难道不应该治他的罪吗？"李世民感到有些纳闷。

　　柳范高声答道："房玄龄的水平够高吧，他侍奉在陛下身边，陛下不也照样犯错误吗？！难道还要因为陛下犯错误而惩罚房玄龄吗？"

　　李世民被一个臣子这样当面数落实在很下不来台，气得满脸通红，拂袖而去。事后，他单独召见柳范，问道："你话说的是没错，但也得给朕留点儿面子，不能当面顶撞朕呀。"

　　柳范答道："陛下乃是仁德圣主，明察秋毫，我不敢不尽愚忠直谏。"

　　通过这样简单的对话，君臣之间便冰释前嫌。

　　（《资治通鉴》记载：

　　上曰："长史权万纪事吾儿，不能匡正，罪当死。"柳范曰："房玄龄事陛下，犹不能止畋猎，岂得独罪万纪！"上大怒，拂衣而入。久之，独引范谓曰："何面折我！"对曰："陛下仁明，臣不敢不尽愚直。"上悦。）

【第五章】贞观长歌

蝴蝶效应

有位科学家说过：南美洲亚马孙河流域热带雨林中的一只蝴蝶，偶尔扇动几下翅膀，数日之后，可能在美国的得克萨斯州引起一场龙卷风。

这也被称为蝴蝶效应，蝴蝶效应的意思就是说，一件小事可能会酝酿成难以预测的严重后果。

公元637年，有只蝴蝶扇动了一下翅膀，十多年后，一场暴风雨席卷唐朝。

已故荆州都督武士彟（yuē）的女儿被选入宫中做才人，才人是宫廷女官的一种，李世民赐名武媚，后世习惯称之为武媚娘。

根据《旧唐书》记载，武媚娘刚出生不久的时候赶上当时的一位牛人——袁天罡（传说他与李淳风共同编写了《推背图》）——到武府做客，袁天罡相面、算卦是准得不能再准，武家人当然不会放过这样的好机会，请他给相相面。

袁天罡看了看武夫人，说道："唯夫人骨法，必生贵子。"

既然有贵子，那就把儿子们都叫出来看看哪个更贵一些吧。

当袁天罡看完武士彟的几个儿子之后摇头叹息，觉得他们都不够贵，顶多做个三品官。

此时的武媚娘正裹着尿布在床上躺着呢，不过她穿的是男孩的衣服，袁大罡以为是个男孩，走上前去仔细一看，咧着大嘴说道："必若是女，实不可窥测，后当为天下之主矣！"（袁天罡的意思是这要是个女孩就能当皇帝啊！）

十四年后，武氏女入宫，像她这样豆蔻年华的少女被选入宫中太正常不过，可以说是件小事儿，甚至在之后的十多年中"武才人入宫"这件事都是小事儿，直至很多年以后，这件小事儿才变成大事儿，并且是天大的事儿。

在接下来的十多年里，武才人一直默默无闻地生活在宫中，毫无故事可讲，也就无须在她身上浪费笔墨，这里只能暂且埋下伏笔。

（上述关于看相的事件确实出自正史，当然，正史的真实性也有待考究，修史之人也会受到外界因素影响。在民间，袁天罡的神奇事件确实太多了，这其中最神奇的一个就是关于他跟李淳风给武则天选陵墓龙穴的。李淳风先领了旨意，用九九八十一天选好龙穴，埋下一枚铜钱。随后，袁天罡开始工作，他仅用七七四十九天便选好龙穴，并拿一根银钗插了下去。为验证二人是否一致，武则天让人挖开泥土查验，银钗正好插在铜钱孔中。）

两件喜事

公元638年，唐朝还是老样子，政治清明，百官各司其职，皇帝规规矩矩不会犯什么大错误，当然小错误还是不断，依照惯例，魏徵都会不失时机地出现在李世民面前，一次次地让他那颗躁动的心平静下来。

朝廷内部一如既往地欢乐，然而外部形势却没那么乐观，外部部族刚被李世民收拾了两个，又有新的、更加强大的冒出来，这可真够让李世民闹心的。

这次出来闹事的是吐蕃。

吐蕃的位置在今天的青藏高原一带，是西藏历史上的第一个地方政权，他们的管理者叫赞普，此时他们的赞普是第三十二代，即大名鼎鼎的松赞干布。

在松赞干布的领导下，吐蕃实力日渐强盛，他们的野心也在不断膨胀，听说突厥和吐谷浑都曾迎娶过唐朝公主，便也想娶个唐朝公主回家，于是派使臣携带大量金银珠宝到长安求婚。

大唐的公主是你随便拿点儿金银珠宝就能换回去的吗？刚刚兴起的吐蕃太高估自己的实力了，李世民没给他这个面子。

吃了闭门羹的使者回去向松赞干布汇报，松赞干布十分郁闷，憋了一肚子的气，但是又不敢对大唐怎么着，只好把这气撒到吐谷浑（这时的吐谷浑已经被唐朝彻底打残废了，处于人见人欺的状态）、党项等身上。

松赞干布欺负完这些小角色，发现自己这二十多万大军还是蛮威风的嘛，一冲动，便把剑锋指向大唐，一边派人送聘礼要迎娶公主，一

边派军攻打松州（今四川省松潘县）。

这二十万人战斗力还是相当厉害的，打了唐朝一个措手不及，唐军大败。

这可惹恼了李世民，立刻派侯君集为行军大总管，率领五万大军反戈一击。

侯君集派牛进达为先锋，以迅雷不及掩耳之势猛击吐蕃军，吐蕃留下一千多具尸体之后狼狈逃窜，这下松赞干布才认识到自己和大唐的差距，带领残部撤回老家，派人到长安请罪，借机再次提出想做李世民的女婿。

这个松赞干布确实够执着，就是喜欢老李家的闺女，李世民调查了一下，发现松赞干布还是个不错的年轻人，是一个合格的领袖，有资格当大唐的女婿，于是答应下这门亲事。

两年后，即公元 640 年，唐朝迎来两件喜事：第一件是松赞干布派他的丞相禄东赞送来大量聘礼准备迎娶公主；第二件是大唐与西域之间的一颗"小钉子"被拔了起来，从此大唐与西域之间沟通将更加便利。

这颗"小钉子"就是高昌，位于今新疆吐鲁番东南地区，地方不大、实力不强，但是非常不老实，近年来一直影响大唐和西域之间的交往，李世民本不想动武，怎奈高昌蹬鼻子上脸，越闹越凶，最终李世民只能使用下策——军事打击。

当侯君集兵临城下的时候，高昌王麴（qū）文泰竟然被吓死了，（他原来就有病，此次刺激过度所以直接挂掉。）麴文泰的儿子跟他老爹比就懂事多了，象征性地抵抗一下之后，便乖乖开城投降。

此时，大唐领土东至大海，西至焉耆（今新疆中部），南至林邑，北至大漠，东西长九千五百一十里，南北长一万零九百一十八里，这也仅仅是计算唐朝设立州县的区域，至于那些附属政权都未考虑在内，大唐的真正影响范围要远超这些。

为庆祝如此盛况，大臣们又把封禅泰山提上日程，这次李世民终于同意了，魏徵也没跳出来横加阻拦，毕竟国力在那摆着，举国上下物质生活足够丰富的时候，精神生活也需要有所提高。

于是，李世民命令相关部门开始做封禅的准备工作。

一场四赢的婚姻

李世民自己有二十几个女儿，她们一出生就是公主。

另外，李世民还有各种远近关系的侄女数十个，由于种种原因，这些侄女也可以做李世民的女儿，成为公主，这样的公主一般被称作"宗室女"。

按照正常情况来说，不管是亲生的也好，领养的也罢，这些公主很难有机会在历史上留下她们的名字。

吐蕃有数十位赞普，想要青史留名，同样也是难上加难。

当一个公主遇到一个赞普的时候，这两个人的名字便被深深地刻入史册，千百年后仍被津津乐道。

赞普就是上文中提到的松赞干布，公主便是大名鼎鼎的文成公主。（文成公主并非李世民的亲闺女，而是李渊的堂侄李道宗的闺女。）

公元 641 年春，文成公主在礼部尚书李道宗的护送下前往吐蕃。

松赞干布为了早日见到新娘，亲自带领迎亲队伍到柏海（今青海省玛多县）迎接。

松赞干布娶到这位公主的确够不容易的，当初他的丞相禄东赞到长安提亲之时，李世民可是给他出了不少难题。

第一道题是要求用一根又软又细的丝线穿过一颗有九曲孔洞的明珠，要是直接拿丝线穿的话，那绝对是不可能完成的任务。聪明的禄东赞抓到一只蚂蚁，把丝线系在蚂蚁腰上，让蚂蚁爬过九曲孔洞，这样，一只小小的蚂蚁便帮禄东赞完成了这项不可能完成的任务。

这才仅仅是第一道题，第二道题更复杂：一百匹母马和一百匹小马驹混在一起，要求禄东赞搞清这两百匹马的母子关系。当时也没有基因检验技术，根本没办法从技术着手解决问题。这个问题还是难不倒禄东赞，不能从技术着手，可以从母子亲情出发，禄东赞将小马驹单独关起来，不给它们粮草和清水，足足饿了一天一夜，第二天早上再次把这两百匹马赶到一起的时候，饿得眼冒金星的小马驹迅速跑到妈妈身边开始吃奶，就这样，第二个问题也迎刃而解。

接下来，禄东赞闯过一关又一关，最终得到李世民的赞赏，肯将文成公主下嫁吐蕃。

上面说的这些事儿在正史中并无记载，真实性微乎其微，但是在民间广为流传，这充分表现出人们对于禄东赞能够完成这样一项壮举的赞美，吐蕃和大唐联姻，从此永罢刀兵，老百姓能够安居乐业，这绝对是功德无量。

历尽千辛万苦，松赞干布终于见到年轻（十六岁）、貌美（从流传下来的绘画、雕像来看是个美女）的文成公主，激动得不得了，感慨道："想当年我的前辈就想娶个上国的漂亮公主，都没有如愿，我比他们幸福多了，今天能娶这么漂亮的公主，肯定是上辈子积了大德！"

松赞干布虽然兴奋，但也不忘礼数，规规矩矩接待李道宗，按照女婿的礼节行事，李道宗圆满完成任务，返回长安。

十六岁的花季少女知道自己肩负的使命，她嫁老公可和一般姑娘大不相同，这是一种政治联姻，这场婚姻的成败不仅关系到自己能否幸福生活，还会影响到大唐和吐蕃百姓能否幸福生活。对于这一点，松赞干布比文成公主认识得更加深刻，就这样，一对儿新人肩负着光荣的历史使命走入洞房。

新婚燕尔，小两口发现，政治联姻并非像传说中那样不堪，国事、家事并不冲突，这是一场大唐、吐蕃、国事、家事四赢的婚姻。

文成公主和松赞干布的婚姻有着非比寻常的意义，公主的嫁妆也和以往不同，俗不可耐的金银珠宝只是一小部分，大多数都是更具有实用价值的东西，这些东西包括丝绸、生活用品、医疗器械、生产工具、各类种子等等，还包括经史子集、诗词歌赋、医药书籍、历法书籍等；除了这些还有众多身怀绝技的工匠，例如酿酒师、锻造师、造纸师、制墨师等。

当松赞干布见到文成公主带来的嫁妆之时，对于大唐的敬仰之情顿时犹如滔滔江水连绵不绝，又如黄河泛滥一发不可收拾，有些东西他以前听过、见过，更多的东西他从未听过、见过，这些东西对于后来改善藏族百姓的生活起到极大作用。

松赞干布一行人在从柏海返回逻些（读音：lá sà，今西藏拉萨）的途中，文成公主将大唐先进的技术和文化沿途广泛传播，直至今日，文成公主出嫁途经的各地仍然流传着美丽的传说和一张张画像、一座座雕像，这些既体现出时代的要求，也表达出汉、藏两族百姓的心声。

东方明珠

吐蕃敬仰大唐是因为二者在生产力水平上有着相当大的差距，吐蕃当时处于奴隶社会阶段，文字（藏文）也是刚刚创立的，社会整体水平落后，而大唐在文化、科技等方面处于世界领先地位！

下面我便将唐朝的宝贝挑几样和大家分享一下。

唐朝时期医药界领军人物是孙思邈，人称药王，也被称为活神仙，为什么说他是活神仙呢？因为他长寿，活了一百多岁，具体一百多多少，各种史料记载不一，根据清代纪晓岚编撰《四库全书》的情况来看，他活了一百零一岁，根据《旧唐书》《新唐书》记载的情况来看，他活了一百四十一岁。

现在我们已经无法得到关于他年纪的确凿证据，但他在医学方面取得的成就有目共睹，各种证据都十分确凿。

"凿开径路，名魁大医。羽翼三圣，调和四时。降龙伏虎，拯衰救危。巍巍堂堂，百代之师。"这是李世民对孙思邈的评价，这样的评价绝对实至名归。

"天将降大任于是人也，必先苦其心志，劳其筋骨……"《孟子》的这段话用在孙思邈身上再合适不过。

孙思邈小的时候生过一场大病，为治此病家产散尽，病情不但没起色，反倒越来越严重，眼看着就要夭折的时候，来了一位鹤发童颜的神医，留下一副汤药便扬长而去。

孙思邈喝下汤药，很快康复，经历病魔煎熬的他深刻认识到病魔给人们带来的痛苦，于是，有了自己的人生目标——成为一代名医。

孙思邈是个天才，自幼聪明过人，少年时期便通晓诸子百家，研究经史子集，他这水平要是参加科举考试肯定也能连中两元，但他的志向不是当官，而是悬壶济世，做一位名医。

二十来岁的时候，孙思邈便可以给左邻右舍看个小病，不过这个水平距离名医还相距甚远。

俗话说：读万卷书，行万里路。第一条孙思邈已经做到，剩下要做的便是第二条。孙思邈背起行囊踏上漫漫求学路，遍访隐于名山大川中的高人，学习医学知识的同时，也能够认识更多草药。

孙思邈就这样数十年如一日地学习、实践着，他的名声也越来越响亮，然而他能够成为药王还要感谢长孙皇后。

长孙皇后怀胎十月，结果难产，太医们束手无策，只好请民间高手过来帮忙，孙思邈有幸进宫为皇后把脉。

太医们小心眼儿，怕民间高手水平比他们高，影响到自己声誉，和太监联合起来给孙思邈出难题。

封建社会男女授受不亲，尤其贵为皇后更不能随便让人把脉，可是中医讲究的是望闻问切，不把脉如何看病？这并没有难倒孙思邈，孙思邈要求把丝线的一端系在皇后手腕上，自己牵住另外一端，这种手法被称为"悬丝诊脉"。

《西游记》中孙悟空曾经给朱紫国国王"悬丝诊脉"，治好了他的病，那是因为孙悟空是神仙，所以能够"悬丝诊脉"，孙思邈一个凡人也能做到吗？

孙思邈用实际行动回答了这个问题，他在外屋，皇后在里屋，中间隔着帘子，谁也看不见谁，仅仅通过一根丝线开始把脉。

即使这样，太医们仍然不放心，怕孙思邈也像孙悟空一样厉害，又串通太监使坏，把丝线绑在凳子腿上，结果被孙思邈识破。太监一想，凳子不会动所以被他发现了，这次换个会动的，又把丝线系在鹦鹉腿上，结果又被孙思邈给识破。最终，太监发现糊弄不了孙思邈，只好把丝线系在皇后手腕上。

孙思邈"悬丝诊脉"之后，判断病情，拿出银针，一针扎下，然后转身就走。

太监在旁边拦着孙思邈，说皇后的病还没治好呢，你不能走啊，孙思邈微微一笑，刚要张嘴，那边已经听到婴儿哭声，长孙皇后顺产！

上面这段故事应该是假的，史料并未记载过长孙皇后难产，就算难产，太医也不敢为自己声誉难为孙思邈，至于太监更不敢拿皇后性命开玩笑。

故事是假的，但孙思邈的医术绝无水分，所以民间才会编出各种段子来神化他。

孙思邈治病救人的同时也非常注重对于接班人的培养，虽说后辈弟子没人能达到他的水平，但他的医术还是得到了广泛传播，初唐四杰之一的卢照邻便是他的关门弟子。

除了广收门徒之外，孙思邈还将自己的医术和对药物的理解记录下来，著书立说，他编写的《备急千金要方》和《千金翼方》流传至今，为大唐和后世中医的发展起到巨大作用。

除了医学之外，文成公主还为吐蕃的藏族百姓带去先进的制陶技术，唐朝时期最著名的陶器莫过于唐三彩。

唐三彩是唐朝盛行的陶器，在陶坯的色釉中加入各种金属氧化物，经过焙烧之后便形成浅黄、赭黄、浅绿、深绿、天蓝、褐红、茄紫等多种色彩，但多以黄、褐、绿三色为主，因此大家称其为唐三彩。这些陶器的种类包括人物、动物、碗盘、水器、酒器、文具、家具等等，有当摆设用来欣赏的，也有可以使用的。

随着唐朝物质和文化生活的丰富，部分官员活着的时候穷奢极欲，死后还想在阴间继续奢侈，便将色彩斑斓、栩栩如生的唐三彩作为陪葬的明器，这种风气越来越盛行，最后竟然形成制度，大唐下发文件，规范各品级官员可以采用唐三彩作为明器的规格和数量等。

“民风”永远追着“官风”吹，渐渐地，民间也开始采用唐三彩作为陪葬品，这是唐三彩事业蒸蒸日上的一个极其重要的原因。

这些生活用品方面的制作技术都被文成公主带到吐蕃，无偿传授给当地百姓，另外还传授他们先进的造纸术和部分锻造术。

为什么锻造术是部分传授给他们的呢？

这个不能怪李世民小心眼儿，锻造技术在冷兵器时代是不折不扣的军事技术，大唐不会把最先进的军事技术送出。

锻造技术既可以应用在农用器械、生活用品上，也能应用于兵器制造等方面，但在兵器制造上的技术含量远远高于在生活用品上的技术含量。

最先进的技术永远会首先应用在军事方面！这是一个不争的事实，

也是全人类的悲哀，古往今来，世界各国用在军事上的心思远超其他方面，小到改善日常生活、大到探索未知宇宙，这些都要给军事让步。对于这些复杂的国际政治问题，就不在这里大发牢骚，还是看看唐朝的锻造技术吧。

我们之前有过关于马槊制作的简单介绍，不难看出一根马槊里面蕴含的技术成分。那个时代刀剑等武器的用途比马槊更广泛，人们自然就会更加注重刀剑的锻造，锻造一把上等刀剑的技术含量更高、难度更大。

不管是武侠小说还是评书中，我们经常听到这样的描述：切金断玉、削铁如泥、迎风断草、吹毛离刃……就是说刀剑的锋利，能够砍断一般的金铁等硬东西，还能靠风吹的微弱力量切断草和毛发等软东西。

真有这种宝剑吗？答案是肯定的。

在唐朝以前便有，这项技术仅仅被极少的人掌握，这些人都已经成为传说，例如欧冶子、干将等铸剑大师。唐朝之后，这项技术被很多工匠掌握，甚至可以批量生产，只不过由于时间和材料的限制产量很低。

锻造这样一把宝刀要用什么材料和技术呢？

最好的材料要数大马士革钢，我们通常称其为镔铁。

技术主要有：包钢、夹钢、覆土烧刃、折叠锻打、渗碳等。

包钢是在"V"字形坚硬的高碳钢中夹入较软的低碳钢；夹钢则是在两层低碳钢中间夹上一块高碳钢，通过这些处理使得刀剑具有适当的硬度和韧性。

覆土烧刃是一种局部淬火处理方法。把用特殊方法调配的泥土覆盖在刀剑不需要高硬度的地方，将整体加热至特定温度之后放入水中淬火，赤裸的部分迅速冷却，覆盖泥土的部分温度变化会相对缓慢。钢铁的冷却速度和硬度成正比，和韧性成反比，这样，可以控制刀剑不同区域具有不同的硬度和韧性。

折叠锻打是将一块钢铁锻打到一定程度后折叠起来继续锻打，将此过程反复进行，这样可以去除钢材中的硫、磷等杂质，降低这些杂质对钢材性能的负面影响，同时还会使钢材内部的碳分布均匀。

折叠锻打在去除钢材杂质的同时，也会使其中的碳严重流失，虽然钢材更加柔韧，但是硬度就不够了，要想增加刀剑刃部的硬度还需要进行渗碳处理，就是把流失的碳再补充回去，经过渗碳淬火之后，刀剑刃部将具有极高的硬度和耐磨性，同时，整体部分仍然保持着适度的韧性。

当然，说起来容易做起来难，真正熟练掌握这些技术的工匠仍然需要无数次的操作才能打造出一把刚柔并济、削铁如泥的神兵利器。

除了锻造之外，大唐还有很多值得我们骄傲的东西，例如，今天在世界享誉盛名的丝绸、茶叶等，早在唐朝时期便已在世界各国扬名立万。

这就是盛唐，无论物质层面，还是精神层面，都取得了令世人瞩目的成绩，这些成绩凝练成一颗璀璨的东方明珠，永远都是我炎黄子孙最引以为傲的珍宝。

女儿和百姓

轻轻松松平了外邦叛乱，高高兴兴嫁了侄女，李世民心情格外舒畅，公元 641 年 4 月宣布：明年封禅泰山。

这个消息令很多人异常兴奋，但兴奋的原因不尽相同，大多数人是为这场盛大的庆典而欢呼，极个别的人是为能利用这个机会干些偷鸡摸狗的勾当，极个别的人中包括薛延陀部落的真珠可汗。

薛延陀是北方的一个民族，原来是铁勒诸部落之一，由薛延陀两个部落共同组成，一直受突厥统治，虽闹过几次独立，但始终没有逃脱突厥的魔爪。

唐朝初年，李世民把突厥的颉利可汗抓到长安以后，突厥由一只猛虎变成病猫，薛延陀终于彻底摆脱束缚，名义上归附大唐，实际上主权独立、领土比以前更加广阔，他们的地盘西起阿尔泰山、东至室韦、南起突厥、北至瀚海的草原地区，那些地方唐朝不想要，也无暇顾及。

公元 639 年之前，大唐和薛延陀关系还算友好，不过，在之后的几年中发生过一些小规模军事摩擦，双方都没什么大的损伤。

此次薛延陀的首领真珠听说大唐准备封禅泰山，立刻召开军事会议，会上真珠对下属说："李世民要去泰山，肯定要带着大批护卫，各级官员的注意力都会转移到这件事上，边界必然空虚，此乃天赐良机，我们可以打唐朝个措手不及。"

不作死，就不会死！

真珠这是放着好日子不过，自己作死。薛延陀和大唐之间并无根本上的利益冲突。大唐强而不霸，讲的是以德服人，到现在为止，李世民从未主动扩充过版图，反倒是有些小政权主动送上门来，即使这些送上门的小政权，有很多李世民也不收，他知道自己精力有限，难以管理好那些过于边远又十分有个性的民族。

从薛延陀的角度来看，更没必要和大唐闹别扭，除非自己实力足够强，能够彻底占领中原，建立一个新的王朝，否则的话，抢点儿地盘、占几座城池实在没什么意义，作为北方游牧民族，生活习惯不同，让他们住在城里改成农耕生活，他们也不可能适应得了。

我们也无法得知真珠是怎么想的，总之，他确确实实纠集了二十万大军，渡过漠南，屯兵白道川，袭击突厥。此时的突厥已经是大唐子民，攻打突厥就相当于攻打大唐。

突厥俟利可汗抵挡不住，躲到长城以东，退守朔州，派使者向唐朝告急。

薛延陀的举动让李世民十分生气，不管是谁遇到这种事都会生气，这边正操办喜事呢，结果有不开眼的来搅局，这喜事还办不了了？

薛延陀这样不识时务，李世民也就不跟他客气了，当即命令营州都督张俭率领本部人马联合奚、契丹兵马向薛延陀东部边境进发；同时，任命兵部尚书李世勣为朔州道行军总管，带领六万人马驻扎在羽方城；任命右卫大将军李大亮为灵州道行军总管，带领四万人马驻扎在灵武；任命右屯卫大将军张士贵为庆州道行军总管，带领一万七千人马出兵云中……

"战略上藐视敌人，战术上重视敌人"，面对并不强大的薛延陀，李世民丝毫没有大意，派出多路大军齐头并进，直逼敌军。

几十年前李世民就已经是两军阵前指挥若定的统帅，现如今的他更是一位运筹帷幄之中、决胜千里之外的战略家，更加能够看穿战争胜负的关键，即使不亲临一线也能找到克敌制胜的方法。

众将临出征前，李世民把他们叫到跟前，嘱咐道："薛延陀有勇无谋，自以为强盛，便想出来耍威风，他们穿过沙漠南下，长途奔袭几千里，已是强弩势末，他们趁突厥不备占到些便宜，就应该立刻撤退，现在他在那耗着，粮草已经紧张，朕已派人去放火烧山，当地野草、树皮眼看就要被啃光。你们到前线之后不要着急进攻，等敌人扛不住准备撤退的时候，你们再一鼓作气，定可大败薛延陀。"

薛延陀这边看唐军来势汹汹，心里就已经开始发虚，真珠脑子转得还挺快，派使臣向李世民请求和亲，李世民在后方处理和亲问题，李世勣在前线指挥着打仗，两边一点儿都不冲突。

李世勣审时度势，以六千精锐骑兵大败薛延陀，杀敌三千，俘虏五万，薛延陀狼狈撤回漠北。

第二年，即公元642年，被打怕了的真珠派他叔叔来大唐请求和亲，并献上三千匹马、三万八千张貂皮和一面玛瑙镜子。

唐、薛关系是件大事，需要与朝臣共同商议，李世民抛砖引玉："目前解决薛延陀问题有两个方法，一个是出兵，一个是和亲，大家看看怎么办合适。"

李世民说的这就等于废话，可不就这两个办法嘛，他之所以这样问的原因是想听听大臣们的看法。宰相房玄龄说出自己的意见："国家以安定为重，我看还是能不打就不打，和亲是上策。"

李世民点头赞成，在百姓和自己女儿这二者之间，选择送出女儿，给百姓一个安定团结的社会环境。

就这样，薛延陀的问题算是暂时解决。

闹心的一年

薛延陀的问题暂时解决了，新的问题又接踵而来，让李世民无比闹心，食不知味、夜不能寐。这个问题就是关于接班人的人选问题。

远了不说，十多年前，自己弑兄杀弟当上太子，手足相残，人间

悲剧莫过于此。现如今李世民的儿子们表面看来还都能和平共处，实际上已是暗流涌动，矛盾冲突若隐若现，推波助澜的竟然就是李世民自己。

在李世民的格外照顾下，魏王李泰的表现越来越抢眼，某些方面的风头已经胜过太子，例如，李泰刚刚主持编写了一套地理题材的书籍，名为《括地志》。

在古代，写一本书要耗费几年、几十年，甚至毕生的精力，有时甚至人死了，书还没写完，由此可见写一本书是多么不容易。

李泰主持编写的《括地志》，将大唐境内山川、城池、古迹、神话传说、重大历史事件等尽数纳入其中，吸收以往地理书籍的优点，又为后世同类书籍的编写开了先河，可以说具有相当高的实用价值和科研价值。

李世民是个识货的人，看到儿子编的书非常高兴，一高兴又做了出格的事情——支持李泰开馆纳贤，仅仅是支持开馆纳贤还不算太出格，问题就在于，支持得太过火，魏王李泰因此而产生的开销比太子李承乾还高，同时还招揽了一大批能人。

谏议大夫褚遂良向李世民进谏："陛下的做法十分危险，朝廷内外见风使舵的人很多，陛下如此偏爱魏王，难免有眼尖手快的站到他的队伍中，这让太子情何以堪！再说了，圣人讲究的是勤俭节约，陛下为魏王花费如此多的金钱，岂不是和圣人背道而驰。"

李世民听完这话惊出一身冷汗，心中暗想："历史总是惊人的相似，当年自己风头盖过大哥，以至于最后形势失控，闹出惊天丑闻，如今此事仍是如鲠在喉，可千万不能让自己的儿子重蹈覆辙！"

有些事情就像雨过后的春笋，刚刚钻出泥土便开始疯长。现在，李泰便如同雨后春笋一般，为了遏制春笋的生长势头，李世民不得不出面干涉，他问手下大臣："如今朝廷什么事情最为紧迫？"

褚遂良明白李世民的意思，无比坚定地答道："如今四方安定，太子和诸位王子的名分最为重要。"

李世民有意给心怀鬼胎的人敲响警钟："朕知道有些人私下议论太子德行不够，身体略有残疾（腿有点儿瘸），魏王则是聪明伶俐，便对皇位继承人问题有些想法，你们的想法是非常可怕，并且不契合实际的，太子的地位不可动摇！你们都知道朕最信赖魏徵，从今天开始魏徵便是太子的老师，教导太子好好做人，将来一定能够接朕的班儿做个好皇帝。"

魏徵此刻身体状况十分不好，六十多岁的人了，工作过于辛苦，积劳成疾，身体实在不允许他承担给太子当老师这份异常辛苦的工作。李世民也了解这情况，他安排魏徵当太子老师，不过是给太子造势，断了一些奸佞小人想要捧红李泰的念想，因此，魏徵便成为太子名义上的老师。

从名义上稳定太子地位还不够，实际行动也要有所体现，李世民下令：从今以后，太子从国库取用钱财物品不受限制，随便拿。

这本来是为太子着想的，可是没想到竟然害了他。

李承乾德行和素质的确不高，老爹的命令下达之后，他便开始挥霍无度，他的手下张玄素看这情形迟早要遭殃，便好心提醒，让他发扬艰苦朴素的作风，抵制骄奢淫逸的生活，居安思危，谨言慎行。太子不但不听，还和张玄素结下仇，派人暗杀他，还好张玄素命大，被打成重伤，捡了条命。

虽然暗杀张玄素未遂，但是，朝廷大臣被人袭击，这事必须得查个水落石出吧。然而，李世民不得不把这事儿押后处理，因为高句丽那边出事儿了。

公元 642 年 11 月，营州都督张俭汇报紧急军情：高句丽的泉盖苏文（也称渊盖苏文）杀了高句丽王高武，自己担任莫离支（相当于唐朝兵部尚书），掌管军政大权。

高句丽内乱和大唐有什么关系呢？

这些年来高武统治下的高句丽一直老老实实地臣服于大唐，年年都把最好的东西进贡给大唐，虽然大唐不稀罕那些所谓的好东西，但安定团结的政治局面十分有利于发展，这个泉盖苏文可不是个省油的灯，他煽动叛乱，亲手把高武剁成数段扔进臭水沟，手段之凶残令人咋舌，他扶持高武的侄子高藏为王，实际上自己独揽朝政。

有人建议李世民先下手为强，趁高句丽内乱发兵讨伐，灭了泉盖

苏文重新扶植一个政权。李世民不赞成这个做法，主要有两个理由：

第一，古往今来，仁德圣主不会趁人王丧而发兵突袭。

第二，我国东北地区民生恢复得不够好，实在不忍心再给他们添刀兵之乱。

由于这两个原因，发兵高句丽的事情也就暂时放在一边。

就这样，李世民在无比闹心中度过了一年。

一面镜子、一盏灯

令李世民没有想到的是，接下来的一年跟上一年相比更加闹心，公元643年对于他来说简直就是诸事不宜，各种倒霉事接踵而来。

刚刚过完年，人们依然沉浸在节日的喜庆气氛之中，李世民却在号啕大哭，因为，魏徵病故！

李世民一边哭一边亲自操办着魏徵的葬礼，将其葬在昭陵，前文说到长孙皇后便是葬在昭陵，李世民自己升天之后也将长眠于此。魏徵作为非亲非故的大臣，活着当皇帝的臣子，死了继续陪在皇帝身边，这样的殊荣令无数人神往，足以证明他是一位无比成功的大臣。

李世民下令九品以上官员全部要来奔丧，唐朝是九品官阶制，九品以上官员就是全部有正规编制的官员，魏徵的死可以说是举国哀悼。李世民要求魏徵的葬礼仪式、陪葬品的规格要用最高标准。然而，魏徵的夫人拒绝了皇帝赏赐的各种奢侈品，理由是魏徵是个简朴的人，不会希望自己死后如此奢华。

按照魏夫人的要求，魏徵的灵车几乎毫无装饰。

李世民登高远望，目送灵车，悲痛莫名。稍微平复了一下心绪，李世民亲自为魏徵撰写碑文，写完碑文之后，他觉得还是未能充分表达出自己失去一位千载难逢的良臣的心情，便对周边大臣说了一段流传至今、脍炙人口的名言："人以铜为镜，可以正衣冠，以古为镜，可以见兴替，以人为镜，可以知得失；魏徵没，朕亡一镜矣！"

这几句话说得浅显易懂，令人受用无穷。

古时候没有现在我们用的玻璃镜子，而是把铜磨亮当镜子，出门之前照一下，看看自己穿戴是否整齐，这样免得衣冠不整让人笑话。用历史当镜子，可以知道盛衰交替的缘由，同样也可以避免犯错误而惹人笑话甚至令自己陷入万劫不复之地。用人做镜子，可以通过"人镜"反射出自身的缺点、毛病，做错了事情，通过"人镜"便可以知道，但并非人人都能做一面这样的镜子，魏徵便是李世民的一面无比明亮的镜子，如今这面镜子碎了，李世民的心也碎了。

魏徵除了是李世民的镜子之外，还是他的工匠，《贞观政要》中有这样一段话："玉虽有美质，在于石间，不值良工琢磨，与瓦砾不别。若遇良工，即为万代之宝。朕虽无美质，为公所切磋，劳公约朕以仁义，弘朕以道德，使朕功业至此，公亦足为良工尔。"

这话是李世民对魏徵说的，虽然是李世民自谦，但也能看出魏徵对李世民的是何等的重要。

魏徵和杜如晦一样，都是永远活着的人，此等荣耀并非金银珠宝所能买得到，拥有高尚的品德和为国为民的赤子之心，后世自会给他一个公论。

魏徵对于李世民、对于大唐的贡献前文中有过一些介绍，这远非他一生的功绩，直言劝谏是他的亮点，但不是全部，他著书立说，为后世留下很多有价值的笔墨，主要有《隋书》的传序，《梁书》《陈书》《齐书》的总论等。

除了为史书做论之外，魏徵还和虞世南、褚亮等合编《群书治要》，该书为李世民偃武修文、治国安邦起到巨大作用，"贞观之治"能够取得如此辉煌的成就，这些都是不可缺少的元素。

另外，魏徵还有一篇非常具有代表性文章——《谏太宗十思疏》。（"上疏"是朝官员专门上奏皇帝的一种文书形式。）

这篇《谏太宗十思疏》是公元 637 年魏徵写给李世民的，那时李世民即位十余年，国泰民安，百姓生活逐渐富裕起来，在和周边的军事摩擦中基本都以完胜收场，大唐上下沉浸在一片祥和的气氛中，李世民的惰性和虚荣心也随之增长，就在这关键时刻，魏徵的《谏太宗十思疏》给李世民当头棒喝，令其悬崖勒马。

《谏太宗十思疏》的内容大致可以归纳为如下几点：

第一点，道德仁义是国家根本，它如同大树的树根、泉水的源头一样重要。当皇帝的骄奢淫逸、滥用职权，就会失去仁义道德，后果就像大树被砍断树根，泉水被堵住源头一样，终将走向灭亡。

第二点，当皇帝的都是受命于天，为什么会有皇帝断送江山呢？主要原因就是他们功德圆满之后就开始走下坡路，虽然开始做些好事，但不能坚持下去。困境中的皇帝能够诚心诚意对待大臣和百姓，等江山坐稳之后便喜欢铁腕政治，这样，大臣和百姓就不会和皇帝一条心，大家能捧你当皇帝，也能把你赶下台，千万不能忽视百姓的力量。（早在一千多年前，魏徵便能有此等思想境界，实在令人佩服，他虽然承认君权神授，但是，他更相信百姓才是国家之根本。）

第三点，皇位本身具有双重特点，既高高在上，也无比危险，要想坐稳皇位就要不断加强自身修养，有海纳百川的胸襟，小心谨慎地做事，亲贤臣、远小人，君臣一心，以民为本，这样才能国泰民安，千秋万代。

《谏太宗十思疏》是魏徵治世思想的集中体现，他自己也以此身体力行辅佐李世民，为大唐繁荣作出巨大贡献，为后世留下丰富的精神遗产。

魏徵的名字在唐朝以后的一千多年中广为传颂，他的精神和古圣先贤融在一起，如同一盏明灯悬挂于苍穹之上，为后人照亮前行之路。

报喜不报忧

李世民失去一面最好的镜子，并不代表就没镜子可用，人各有所长，魏徵擅长的是"照人"，褚遂良擅长文史，书法也是一绝，同时还是一面不错的镜子。

公元 643 年 2 月，李世民翻阅古籍，发现舜帝让下属制造漆器，这样一件小事竟然有十多个人出来反对，李世民因此让诸位大臣发表看法。

谏议大夫褚遂良首先发表了自己的看法："很多人不是一下就犯了大错误的，而是由开始犯小错误不断升级成大错误的。今天，舜帝觉得普通器具不够好，满足不了自己需求，才要用漆器，明天，他又会觉得漆器不够好，想要升级为金玉制品。因此，忠君爱国之士要防微杜渐，发现君主有犯错误的苗头就要加以遏制。"

李世民十分认同褚遂良的看法，鼓励他再接再厉，做一个合格的谏议大夫。

褚遂良在劝谏方面和魏徵有相似之处，去年，李世民曾向褚遂良提出过一个要求："你不是负责记录朕的言行举止嘛，能否让朕看看都记了些什么？"

乍一听这个要求好像没什么，实际上这是一个非常过分的要求。史官负责记载国家历史，皇帝是不能偷看的，也不能干涉，不然自己给自己写历史肯定都是歌功颂德的好听话，后世之人岂不是永远都无法得知过去到底发生了什么事。李世民明知这事不合规矩，但他太爱惜名声，想看看史官是怎么看待自己的。

褚遂良斩钉截铁地答道："不可！"紧接着，又给出理由，"史官根据真实情况记录君主言行，不分善恶全部记录，这样君主才不敢胡作非为。"

李世民连忙问道："朕有做得不妥之处，你也都记载了吗？"

褚遂良想都没想直接答道："都已一一记下！"

"小褚，你也忒不够意思了，这些年来朕待你可不薄啊，你下笔的时候就不能照顾照顾朕的感受，多挑点儿好的写，还有，向民间宣传朕形象的时候挑好的说，坏的都藏起来。"李世民对褚遂良不太满意。

褚遂良看出李世民对自己的不满，但他并不辩解，因为有人替他说话，黄门侍郎刘洎说道："陛下所做之事，就算史官不记下来，百姓自己就不会记下来吗？"（《资治通鉴》记载，黄门侍郎刘洎曰："借使遂良不记，天下亦皆记之。"）

古往今来，都是这样的，就算有些事情统治阶级不想记载下来，但最终都会以各种不同方式广为流传。对于统治阶级来说，与其把精力放在篡改历史、虚假宣传、禁人言路上，不如管好自己，为百姓多做实事、做好事，让百姓真正过上幸福生活，统治阶级若是天天报喜不报忧，那么真的担忧很快便会到来。

凌烟阁二十四功臣

并非所有的大臣都像褚遂良一样对李世民忠心耿耿，即便是曾经一起出生入死的战友也有变心的，例如侯君集。

公元 643 年 2 月，太子詹士张亮被调到地方做官，这仅仅是一个普通的工作调动，侯君集认为张亮是受人排挤，在皇帝面前失宠了，便煽风点火，和他说："你可是有功之臣啊，当年玄武门前宁可牺牲自己也要保住当今皇帝，凭这份大功就足够终生在中央做官，现如今是谁排挤你？以至于沦落到这般地步。"

张亮是个聪明人，他知道侯君集贪得无厌，自认为立下奇功，身居尚书高位仍不知足，如今过上几天好日子就浑身难受，刚才和自己这样说话是挑拨君臣关系，想要拉自己下水。

张亮不仅聪明，而且还相当狡猾，他摆出一副很委屈的样子说："就是你排挤我啊！"

侯君集领兵打仗还凑合，玩儿心机可不是张亮对手，不知张亮是在挖坑，于是，大大咧咧地说："我可没这个能力，自身尚且难保，哪有能力排挤别人啊？"说完之后看看张亮没啥反应，又补充道，"与其整天这样憋憋屈屈地过日子，还不如造反呢，你想造反的话我一定全力支持！"

侯君集，你的命运就此注定，要的就是你这句话，此话一出就没啥好聊的了，于是，张亮岔开话题东扯西拉地说一些不痛不痒的事情。

和侯君集分手之后，张亮立刻向李世民汇报：侯君集要造反！

按理说这是一份儿大功，可是，李世民的反应完全出乎张亮的预料，并没有想象中的那样暴跳如雷，而是非常淡定地说："我们现在没有证据，如果当面质问侯君集，他一定不承认，我们也拿他没办法，这事还得从长计议，你先不要声张，免得打草惊蛇。"

李世民为何如此淡定？

原因就是他已经知道侯君集想要拆自己的台。

前几年李世民让李靖将兵法传授给侯君集，侯君集学完兵法之后不但不感激李靖，反倒跟李世民告状："陛下让李靖教我兵法，他只教我一些简单的东西，看来他有私心想要谋反。"

事后，李世民找李靖问这其中缘由，李靖答道："想谋反的是他，我教他的兵法对付周边外族入侵绰绰有余，他非要学些高深的，不知道他想用在何处。"

李世民衡量一下侯君集和李靖的性情、品德等方面，然后选择相信李靖。

对于侯君集的事情绝不能草率处理，他是立过大功的人，尤其是在玄武门之变中更是自己的坚实拥护者，对于这样的人能让他善始善终当然最好，如果不能，也一定要有充分的理由之后才能下手，不然既会让很多功臣心寒，又会坏了自己名声。

李世民对于这些功臣的确很照顾，他可绝不是个卸磨杀驴的冷血动物，为让功臣们能够得到应有的荣誉和地位，李世民确实做了不少工作。

张亮刚刚报告完侯君集要造反，李世民便再次召开表彰大会，赞扬了这些年来为大唐立过汗马功劳的功臣们，并且令大画家、工程学家阎立本（今天，他的《步辇图》被收藏在故宫博物院，是"中国十大传世名画"之一）为功臣们画真实比例的画像，将这些画像挂在皇宫的凌烟阁内，共有二十四人享受此等殊荣，称之为"凌烟阁二十四功臣"。

这二十四人分别是长孙无忌、李孝恭、杜如晦、魏徵、房玄龄、高士廉、尉迟敬德、李靖、萧瑀、段志玄、刘弘基、屈突通、殷开山、柴绍、长孙顺德、张亮、侯君集、张公谨、程知节、虞世南、刘政会、唐俭、李世勣和秦叔宝。

侯君集名列其中，这是李世民对他的充分肯定。

这二十四幅与人物等高的画像往凌烟阁里面一挂，所能起到的作用实在太大了，可以让已过不惑之年的李世民和大家共忆峥嵘岁月，可以让功臣知道皇帝心中有他们；可以让功臣珍惜现在这来之不易的幸福生活；可以鼓励后人努力工作争取早日登上荣誉殿堂。

虽然说李世民早有这个打算，并不是为了侯君集要造反才搞的这次活动，但是，在这个节骨眼儿上搞的这次活动会触动侯君集吗？会令他悬崖勒马吗？

李世民心中也没有数。

"坑 爹"

从目前情形来看，侯君集还不具备造反的条件，李世民也不会率先有所动作，这事儿也就暂且放到一边了。

由于形势所迫，李世民也不得不把侯君集预谋造反的事情押后处理，因为有人抢在他之前造反了。

谁这么大胆子？

此人乃齐州（今山东省济南市）都督齐王李祐，李世民的第五个儿子。

这个李祐没有继承他爹的优良基因，用个刻薄词语评价他就是——残次品，智商低、性格暴躁。

这样的人要是好吃好喝供应足了，再有两个宽宏大量的老师教导的话应该也不会出什么太大的乱子，李祐之所以出了大乱子，是因为他没遇到好人，导致他走上绝路的两个人一个是他的舅舅阴弘智，另一个是他的老师权万纪。

几年前，阴弘智发现大唐接班人上存在诸多变数，这池子水很深很浑，提前做点准备，说不定将来能捞到大便宜，万一李祐当上皇帝，他这个当舅舅的可是一人之下万人之上啊！

在阴弘智的撺掇下，李祐的心开始不安分起来，智商低的人永远无法认清自己的能力和水平，以为皇帝是人人都能当上的，于是，开始积攒筹码，准备参与关于皇位继承之争的赌博。阴弘智将他的大舅哥燕弘信、燕弘亮哥儿俩推荐给李祐，李祐视其为亲信，让他为自己招揽死士，准备李世民驾崩那天用来抢皇位。

前文中提到过，李世民对皇子们的教育非常重视，在为他们选老师这件事情上煞费苦心。

李祐轻浮暴躁，李世民就为他选择了一位比较严厉的老师——权万纪。

权万纪给李祐当了一段时间的老师之后，发现这小子实在不是什么好东西，这样下去迟早要出大事儿，到时候说不定也要受牵连。

为了和李祐撇清关系，权万纪耍了点儿小手段，他让李祐总结自身以往恶习、罪行写成书面材料，递交给李世民，保证以后洗心革面重新做人。

李祐还真听话，完全按照权万纪的说法采取行动，师徒二人从齐州到京城面见皇帝，李世民表扬权万纪是个合格的好老师，痛骂自己的儿子不争气。

这让李祐十分郁闷，堂堂一个皇子被人算计了，成了人家升官发财的垫脚石，这口气只能先咽下去，但仇是记住了。

权万纪对李祐要求极其严格，禁止他外出打猎，甚至连齐州城都不让他出，还把他养的宠物全部放生，除了管教李祐之外，和李祐一起吃喝玩乐的那些手下也经常被他骂得狗血淋头。

时间久了，权万纪和李祐集团的矛盾日渐突出。

碰巧权万纪家里发生了点儿异常情况，他以为是李祐的手下想谋杀自己，因此，将那群人所干的坏事和想要刺杀自己的情况写成奏折上报给李世民，李世民派人到齐州展开调查，大部分情况基本属实，便下诏书让李祐和权万纪一起入朝。

李祐他们这伙人恨透了权万纪，早就想干掉他，经过此事之后矛盾算是彻底激化。

权万纪接到圣旨先行入朝，他前脚刚走，李祐便派燕弘亮带领二十多人随后追杀，权万纪被乱箭射死之后又被五马分尸，这下李祐总算出了胸中一口恶气。

杀权万纪容易，杀完之后又该如何？

除了造反还有选择吗？

当然没有，于是，李祐竖起"坑爹"的大旗。

亲儿子造反也得收拾，李世民派李世勣带领大队人马前去讨伐。

这边讨伐的队伍已经出发，那边还没认识到大祸已经临头，权万纪死了，李世民派去的其他辅佐大臣也死了，如今的李祐自由了，没日没夜地和阴弘智、燕弘信、燕弘亮等人喝酒吃肉，日子过得逍遥快活。

酒壮怂人胆！燕弘亮借着酒劲开始漫无边际地吹起牛："大王不必担心，李世勣带领那群酒囊饭袋是前来送死的，收拾他们我都不需要两只手，一只手端酒杯，另外一只手就可以把他们打回长安。"（《资

治通鉴》记载，弘亮等曰："王不须忧！弘亮等右手持酒卮，左手为王挥刀拂之！"）

燕弘亮可真敢吹啊，还以为自己是武圣关羽呢！就算关羽也是斩完华雄回来再喝酒，也不敢一手端酒杯，一手拎大刀去砍人啊！

有人敢吹牛，就有人敢信，李祐听燕弘亮拍着胸脯打包票，底气更足了，竟然向周边各县发布檄文，让他们跟自己一起造反，结果发出去的檄文全部石沉大海，根本没人搭理他。

大家都知道李祐和他的那群手下除了吃喝玩乐也就剩下会吹牛，齐王府的兵曹杜行敏人如其名，行动异常敏捷，还没等李世勣的大军杀到，便迫不及待地想要收拾李祐，抢个头功。

杜行敏随便一吆喝便有一千多人愿意助他，趁着月黑风高，一千多人杀入城中。

李祐正喝酒呢，听见外面人喊马嘶便问原因，身边下属也是不明缘由，告诉李祐可能是李世勣的大军已经进城。

李祐、燕弘亮等人顿时慌了手脚，绰起家伙开始迎敌。

一千多人在外面攻，李祐等人在王府守，从早晨到中午，双方僵持不下。

杜行敏一看强攻不行，便改为智取，对着王府大喊："李祐，你以前是皇子，如今可是国贼，立刻放下武器投降，如若不然我就一把火送你们上西天。"说完之后命令手下搬来大量柴草准备放火。

李祐一看，冲是冲不出去的，不投降肯定就会变成烤鸭，只得答应投降，但有个条件，就是饶了燕弘亮等人的性命。

杜行敏当即答应这个条件。

李祐等人放弃抵抗，束手就擒，杜行敏把李祐捆得像个粽子一样带到城中各处示众，叛军一看首领被擒便全部投降。

杜行敏是答应不杀燕弘亮，但是他的手下没承诺过什么，最终，平时飞扬跋扈的燕弘亮被挖出双眼，打断四肢，折磨致死。

李祐和其余主犯被押回长安，李世民含泪赐死儿子，另外诛杀了四十多个主要叛贼，其余人等概不追究。

太子是个变态

在诸皇子中，最让李世民操心的并不是李祐，而是李承乾，因为他是太子，是大唐的接班人，将来大好江山是要交到他的手里，如果他有什么差错，那可是毁了老李家辛辛苦苦打下来的江山。

李承乾真的让人这么不放心吗？

是的！无论从哪个方面比较，李承乾和以往的诸位太子、皇子比起来都毫不逊色，绝对的有过之而无不及，当然，说的不是优点，而是缺点。例如，从人类最基本的性取向方面来看，李承乾男女通吃，是个双性恋。

《旧唐书》记载："有太常乐人年十余岁，美姿容，善歌舞，承乾特加宠幸，号曰称心。"这个称心是一个漂亮小伙儿。

《资治通鉴》记载："太子私幸太常乐童称心，与同卧起。"翻译成现代文的意思就是：非法同居。

李世民知道这事之后暴怒，二话不说杀了称心，李承乾悲痛欲绝，专门收拾出一间屋子，命人做了称心的遗像，供了好多车马人偶，没事就焚香祭拜一番。

太子除了性取向跟大多数人不一样之外，性格也相当怪僻。他命人制造八尺高的铜炉和六个隔的大鼎，把从民间偷回来的牛马用这两个容器蒸煮，和下属一起大块吃肉、大碗喝酒，彪悍程度跟突厥比起来有过之而无不及。

李承乾放着大唐太子不做，却经常假扮突厥可汗。他住在砖瓦房子里也觉得不舒服，让人在东宫内搭建突厥人住的帐篷，经常住在里面。对于突厥的各种习俗他越来越痴迷，到后来竟然能说出这样的浑话："等我当上皇帝，定当率领百万骑兵狩猎于草原之上，做个真真正正的突厥人。"

至于李承乾是不是受过什么刺激才会变成这样，现在已经无从考证。

物以类聚，人以群分，和太子对脾气的大有人在，汉王李元昌（李渊的第七个儿子，也就是李世民的七弟）便是之一。

李元昌游手好闲，不务正业，经常挨李世民的骂，每次被骂完心情郁闷的时候，就去找太子玩，两个人在一起最经常玩的游戏就是"模拟战争"。一人带领一队人马身披甲胄，拿着竹竿对冲。由于场地、人员等条件的限制，这种模拟战争的规模有限，太子觉得不过瘾，便信誓旦旦地对李元昌说："等我当上皇帝，就在禁苑中设置万人营，咱俩一人带领一队，看着他们厮杀，那将是一件多么快乐的事情啊！"说完之后还补充道，"要是谁敢劝谏我就杀谁，看谁还敢来扫兴。"

李世民对太子胡作非为的情况了解得不是很具体，但大概情况还算清楚，因此，越来越不喜欢太子。魏王李泰却不同，多才多艺，又招揽了很多人替他做宣传，李世民越来越偏爱李泰。李承乾也能感觉到危机的降临，于是，私养壮士，准备寻找时机杀掉李泰。

除了李元昌和太子混在一起之外，还有一个人经常出入东宫，这人便是侯君集。他们两人走到一起的理由实在太充分了，太子知道侯君集对朝廷不满，有意拉拢他为自己做事；侯君集知道太子地位不稳，关于接班人的问题迟早都要靠武力解决，混到太子身边，这样才有可能实现自己的野心。

以盛唐的情况来看，如果没有什么特殊情况发生，要想造反实在比登天还难，自大的侯君集并不是傻子，他知道要尽量制造大的混乱，这样才有机会。侯君集怕李承乾胆小不敢闹事，便隔三岔五地刺激一下，挑拨和他李泰之间的关系，并且发誓效忠于他。

李承乾并不知道侯君集的野心，以为他是死心塌地为自己，便给他大量经费让他招兵买马。

在李承乾、李元昌、侯君集等人的努力下，越来越多的人卷入这场没有退路的政治博弈中。

齐王李祐的叛乱刚刚平息，太子就准备动手了，他对手下说："齐王那个白痴岂能成大事，我身居东宫，就在皇帝眼皮底下，找准机会一刀下去，大事便成。"

但是，并非所有的人都认为这事如此简单，太子李承乾的一个侍卫纥干承基就认为这些人不可能斗得过李世民。此人受李祐造反牵连被关进监狱，眼看就要被杀头。如今摆在纥干承基面前一个非常好的机会——举报太子，将功赎罪。

公元643年4月，纥干承基上书告发太子谋反。

李世民迅速出击，叛党在几乎毫无反抗的情况下全部落网。

如何处置太子？

面对脸色阴沉的李世民，诸位大臣没人敢吱声，最终，来护儿的儿子来济打破沉默，建议囚禁太子，让他自生自灭，李世民思前想后，采纳了来济的建议。

几天之后，李世民下诏废黜太子李承乾为平民，将其关押起来。李元昌、侯君集等主犯全部按律处斩。

纥干承基将功赎罪，得到应有的赏赐。

李世民面前的一堵墙

刚刚过世两个多月的魏徵若是泉下有知定会无比郁闷，自己简直就是太子克星，侍奉过的两位太子——李建成、李承乾——全都没有好下场。

和九泉之下的魏徵相比，活在世上的李世民根本顾不上郁闷，眼下确定太子才是最重要的问题。

有人可能会说，不是有现成的人选——魏王李泰——吗？

乍一看，李泰是最合适的人选，但仔细再想，就算把李承乾放出来重新做太子，也不能让李泰入主东宫。

李承乾和李泰的斗争与当年杨勇和杨广的斗争相似，李泰就相当于杨广，他是在处心积虑谋划太子之位，现如今这么多聪明人能让他得逞吗？

李世民以前承诺过让李泰当太子，现在长孙无忌第一个就跳出来反对，他强烈要求立宽厚仁德的三皇子李治为太子，随后，褚遂良十分坚定地站在长孙无忌一边。

长孙无忌等人于公于私都会支持李治，反对李泰。

于公来说，李治仁德宽厚、为人低调、不喜奢华，虽然并无大志，但很适合在盛世当个安安稳稳的皇帝。

于私来说，这些年李泰拉帮结派、结党营私，手下已经有不少近臣，长孙无忌这些人都不在其中，因为他们当初不想卷进太子之争，没有站到李承乾队伍中，也没有站到李泰队伍中，将来若是李泰当皇帝，这些老臣自然要退居二线，李泰的死党将主宰政治舞台。

李世民思来想去，自己虽然喜欢魏王李泰，但以长孙无忌为首的宰相集团不支持他，就算李泰能顺利坐上皇位，也会有很大的麻烦。

对中国古代历史有些了解的人都知道宰相的地位有多么重要，李世民若是坚持让李泰接大唐皇帝的班，那么必须把既有宰相集团连根拔起，暂且不说是否可行，就算能的话，那么大唐的半条命也就没了。

不懂政治的人可能会说，这有何难？手起刀落，砍了长孙无忌、房玄龄、褚遂良等人不就完事了嘛！

首先，这些人不是想砍就能砍；其次，这些朝廷重臣有着极其深厚的关系网，虽然他们并未结党营私，但由于各种原因，还是有很多很多各个级别的官员和他们有千丝万缕的联系，很难杀光。明太祖朱元璋曾经将宰相胡惟庸势力集团连根拔起，前后牵连至死者两万余人，最终还是把自己搞得灰头土脸。

宰相集团是李世民难以推倒的一堵墙，当然，以李世民极高的政治素养来看，若是想推倒这堵墙应该还是能实现的，不过也恰恰是因为他有极高的政治素养，才不会试图推倒这堵墙，一个优秀的宰相集团能够很好地制衡着皇权，这样不但不会影响国家，反倒让国家繁荣富强、百姓安居乐业。

除了李世民面前的这堵墙之外，还有一个因素极大地影响他对于太子问题的取舍。

前太子李承乾对李世民说过这样一番话："你是我亲爹，我是你亲儿子，世界上没有比这更近的关系，我身为太子，是国家名正言顺的接班人，处在这样位置上，我还有什么事情需要冒险去做吗？要不是李泰那混蛋背后捣鬼，仗着脑袋瓜子比我灵，处处算计我，我能走上这条不归路吗？你能让这样的人当太子吗？"

李世民本来心中就有这个顾忌，现在李承乾这么一说，他便更加无须犹豫。

一日早朝过后，李世民留下长孙无忌、房玄龄、李世勣、褚遂良四人。这四个人都是人精，自然知道李世民想要干啥。但是，李世民的开场白还是让这四个人精吓了一跳。

李世民无比哀怨地诉说着胸中的苦闷："儿子们接二连三地造反，弟弟和几位老臣也参与其中，我做人真是太失败了，活着还有什么意思啊！"说完就朝床头撞去。

长孙无忌等人也挺郁闷，这唱的是哪出啊？赶紧拉住皇帝，有事儿直接说事儿吧，别在这瞎折腾了。

李世民还没折腾够，又抽出腰刀准备抹脖子，褚遂良眼疾手快抢下腰刀交给站在旁边的李治。然后，大家你一言我一语地劝李世民应该想开点儿，生活还是很美好的，要向前看，不能太消极，你有啥要求尽管说，我们一定全力支持。

李世民折腾了一番，开始进入正题："朕想让晋王李治当太子，大家有什么看法？"

长孙无忌等人假装思索一下，然后表示：皇上圣明！

李世民转身对李治说："还不赶快拜谢你舅舅和另外几位叔伯，他们都支持你做太子了。"这话听起来怪怪的，但李世民的确就是这样说的。（《资治通鉴》记载，"上谓治曰：'汝舅许汝矣，宜拜谢。'治因拜之。"）

之所以说这句话很怪异，是因为有几点不合常规。

第一，立谁为太子是皇帝说的算，什么时候成皇帝大舅哥管的事了？

第二，现在讨论国家大事，哪里还有舅舅和外甥这个说法？

第三，皇帝的每个儿子都有机会做太子，李治做太子难道还需要向大臣们道谢？

李世民之所以不按常理出牌，正是因为他具有极高的政治素养，彻底看透了权力交替和朝廷内外的层层关系。

李世民说这些不合常规的话是为了强调，我本来不同意让李治当太子，是给你们面子，按照你们的意思立李治为太子，这四个人中长孙无忌地位最高，恰好又是李治的亲舅舅，大打亲情牌可以拉近君臣关系。

还有就是要把李治和这些人绑在一起——这是你们选出来的太子，你们就得好好辅佐他。

李治的个人魅力和水平都很有限，这一点李世民很清楚，要为他铺好未来的路，这样自己才能安心。

得到这四位的支持，李世民心中就算有了底，当然，其他大臣的意见也要适当参考一下。李世民召集六品以上文武大臣共同商议太子事宜，群臣到齐后，李世民也没绕弯子，开门见山："李承乾大逆不道，李泰居心险恶，都不适合做太子，你们说说谁合适啊？"

大臣们心里也都有数，不是选李泰就是选李治，现在李世民已经把李泰否了，那就剩李治了，而且李世民和四位重臣会晤过，李治是内定人选，因此，诸位大臣整齐划一地高呼李治的名字。

群臣们明白，这样做是顺应潮流，这种做法不会使他们一夜暴富，但总算能保住现有的荣华富贵。

就这样，李治可以说是傻人有傻福，啥都没干，却被天上掉下来的大馅饼不偏不倚砸在脑袋上。

后人对此有不同看法，认为这是李治的智谋，看着鹬蚌相争，自己渔翁得利，不过，根据后来的种种情况表明，李治应该没有这么高深的智谋，他应该是对太子之位没有太大欲望，没蹚这浑水，反倒占了便宜。

李治当上太子，为了避免之前悲剧再次上演，李泰被请进北苑，软禁起来。

最后，李世民对太子风波做了总结："如果朕立李泰为太子，那就表明太子的位置是可以通过处心积虑使用非法手段得到的，从今以后，只要是太子不合格的时候，诸位皇子就会各显神通争夺太子之位。另外，李泰当太子的话，李承乾和李治都难以保住小命儿，李治当太子，李承乾和李泰应该都能老死于榻上。"

太子的教育工作

有了以往的教训，李世民更加注重对太子的教导。

李治刚刚当上太子，李世民便任命长孙无忌为太子太师、房玄龄为太子太傅、萧瑀为太子太保，李世勣为太子詹事，另外马周、褚遂良、岑文本等人也都成为太子的下属。

这套阵容辅佐太子，李世民真的可以踏实一些，这些人于公于私都信得过，关系都不一般，就拿李世勣来说，以前李世勣生病的时候，大夫给开的药方需要用人的胡子烧成灰配药，李世民知道后，二话不说剪下自己的胡子用来配药。《孝经》说："身体发肤，受之父母，不敢毁伤，孝之始也。"头发、胡子在当今不算什么，放在古代那可是极其重要的东西，曹操曾经割下自己的头发来代替脑袋，可见其分量有多重。

皇帝的胡子跟一般人的胡子不一样，那是龙须，李世民用龙须给大臣配药，这把李世勣感动得不知如何是好，趴地上磕响头，直至头破血流。

后来，李世民和李世勣一起喝酒，席间对他说道："朕想找个托孤大臣，想来想去，你最合适，当年你不辜负李密，现在你也不会辜负朕。"

对于皇帝的莫大信任，李世勣再次感动得找不到北，喝得酩酊大醉，李世民怕他着凉，解下黄袍披在他身上。

李世勣本来人品就很好，李世民这样对他，足以让他以命相许，上刀山、下火海在所不辞。

李治刚刚做了几十天太子便向李世民递交一道表章，表彰的大概内容是李承乾和李泰仅有几件随身衣物可用，吃喝也由原来的玉盘珍馐换成窝头咸菜，他们不太习惯，挺可怜的，希望父皇能提高一下他们的待遇。李世民看完表章不禁大发感慨：没选错人！

为了让太子了解政事，李世民令岑文本、褚遂良、马周等人轮流到东宫和太子谈论治国之道。不仅是太子的诸位老师教导得好，李世民在教育太子上也是亲力亲为。

李世民看见李治吃饭的时候，就和他说：农民伯伯用辛勤的汗水才能浇灌出这些粮食，你要知道一餐一饭来之不易；看见他骑马的时候，就和他说：马要劳逸结合，你不能一次骑得太狠，不要把马的气力耗尽，这样才能经常骑；看见他坐船的时候，就和他说：水能载舟，亦能覆舟，君主是船，百姓是水，不想翻船被淹死，就要善待百姓；见到他在树下

休息的时候，就和他说：木从绳则正，君从谏则圣，要多听听大家的意见，这样才能少犯错误。如此教诲，李治的表现越来越好，大唐接班人的问题算是得到圆满解决。

强烈谴责，深表遗憾

公元643年，需要李世民处理的大事太多了，魏徵的死、李祐的造反、李承乾的造反、李泰的囚禁，还有一件件大事接踵而来。

去年刚刚答应薛延陀真珠可汗的婚事，今年人家已经把聘礼准备完毕，一万头牛和骆驼、五万匹马、十万只羊。

收还是不收？这是个问题。

如今大唐富得流油，绝对不差钱儿，聘礼就算再翻上十倍李世民也不在乎，问题是嫁不嫁这个闺女。

大臣契苾何力认为不应该和薛延陀通婚，李世民觉得皇帝贵为天子，说出来的话哪能不算数呢？

契苾何力早就想好怎么处理这事儿，不和薛延陀说悔婚，而是答应通婚，但是要求真珠亲自到长安迎娶，就算不到长安，也得到灵州，如此一来他一定不敢来，我们就可以名正言顺地悔婚，说不定真珠怒火攻心活活被咱们气死，到时他的两个儿子肯定闹内乱，我们便可乘机灭了他。

李世民听完契苾何力的建议，觉得可行，于是依计行事。

真珠一听大唐皇帝同意和亲，被喜悦冲昏头脑，立刻就准备动身前往灵州。他手下的大臣赶忙出来劝阻："这不会是圈套吧？万一他们要诈把您扣押了，我们可怎么办啊？"

真珠倒是比较乐观，他和大臣说："听说大唐皇帝是个圣明天子，以德服人，若是能见他一面，虽死无憾，我意已决，你们无须废话。"

真珠只知道皇上圣明，却不知道兵不厌诈，不过他这样歪打正着反倒破了契苾何力的计策。

人家真的亲自来娶亲，这个时候再悔婚那面子上太说不过去了，李世民无奈，只得在边境交接聘礼。

然而，穿越大漠的长途运输的确不容易，再加上薛延陀部落的组织管理能力比较差，到约定期限的时候，那数万活蹦乱跳的聘礼仅到了一部分，这下李世民又有借口了：你们竟然轻视我大唐，聘礼没准备齐就敢求亲，实在无礼，我们悔婚！

这明显是在要诈，明眼人都知道李世民不过是为悔婚找个借口，堂堂大唐皇帝会计较猪马牛羊的问题吗？

大唐要悔婚，薛延陀无比气愤，甚至连李世民的大臣也看不惯了，褚遂良上疏反对，他认为：薛延陀的可汗是大唐扶持起来的，当初万里大漠人烟稀少，大唐为改变这样的局面才赐给他鼓、旗，立为可汗。去年又降大恩，允许通婚，这些情况也已通知周边，现在通婚的事情内外人尽皆知，大唐皇帝为了天下百姓，忍心让自己的女儿北入荒漠，受风寒之苦，这是多么的伟大啊，可是，现在突然反悔，这叫什么事儿啊？

很多大臣赞同褚遂良的观点，不过李世民考虑问题比他们更深远，为让大家心服口服，李世民说出了悔婚的真正原因："中原和部族通婚，从汉朝以来一直如此，原因是中原不够强大，因此采用这样折中的办法，现在大唐如此强大，薛延陀才会卑躬屈膝表示臣服，他们听我们的话也是别有目的，打着我们的旗号威慑其他部落，现在薛延陀仍在不停地吸纳周边各方势力，如果朕又把女儿嫁给他，那将会有更多部落臣服于他，这就相当于我们在身边养肥一头饿狼！朕现在借机悔婚就是在给那些部落看，让他们自己留个心眼儿，别死心塌地跟着薛延陀。这样，我们便可分而治之。"

李世民这样说了，大家就不好再反对，虽然悔婚背信弃义，但为的是长治久安，这个恶名背就背吧。政治问题就是这样复杂，即使是结盟也需要制衡，不能任其发展。

跟薛延陀和亲的事告一段落，李世民也能腾出手来干点一直想干的事，前不久高句丽闹内乱，泉盖苏文掌握大权，对大唐越来越不敬，要是不及时处理，将来说不定得闹出大乱子来，因此，李世民想要出兵高句丽。

李世民说出自己想法的时候，长孙无忌表示反对："泉盖苏文知道自己罪孽深重，害怕我们出兵讨伐，肯定一级战备，此时不宜强攻，可以先示敌以弱，放纵他一段时间，他看我们不去打必然骄纵，松懈下来，到时我们出其不意攻其不备，灭他便易如反掌，这就叫欲擒故纵。"

"好！就这么定了！"李世民十分赞成这个策略，立即颁布诏令封那个傀儡高句丽王高藏为辽东郡王、高句丽王。

事情果然和长孙无忌预料的一样，高句丽莫离支泉盖苏文一看大唐承认他扶植起来的傀儡王，这就等于承认他这个莫离支的地位和谋杀君王的合法性，如此看来大唐也不过如此嘛。

泉盖苏文的性格特点是：遇到怂人就搂不住火。立刻联合百济（朝鲜半岛上的一个国家）欺负和唐朝关系非常好的新罗（朝鲜半岛上的另外一个国家）。

俗话说打狗也得看主人，泉盖苏文这样明目张胆地欺负大唐的附属国，就是打李世民的脸，而此时李世民则表现出情绪比较稳定，只是提出严正交涉和强烈谴责，并对泉盖苏文的行为深表遗憾。

"强烈谴责"和"深表遗憾"属于标准的外交辞令，这些话在泉盖苏文听来就是：我很怂，任你随便欺负吧。

就这样，泉盖苏文开开心心地过了大半年，在这大半年里，大唐有条不紊地进行着战前准备工作，李世民不是真怂，是装的，尔等敢犯我大唐尊严，还蹬鼻子上脸，绝对是活腻歪了。

公元644年底，大唐的几支先头部队陆续向朝鲜半岛进发，另外突厥、新罗、契丹等也都派出部队协助作战。

并不只是传说

转眼之间到了公元645年，李世民正积极准备着向高句丽大规模出兵，就在他忙得不可开交之时，房玄龄求见，身后还跟着一个和尚。

这个和尚在真实历史上的名头很大，但仍大不过他在小说中的名头，他就是四大名著之一《西游记》中的重要角色——唐僧，唐玄奘！

在《西游记》中，唐三藏是如来的弟子金蝉子转世，肩负着到西天取经的重要使命，最终历经九九八十一难终于从大雷音寺求得真经，这其中的艰难坎坷实在是感人泪下。

虽然《西游记》是神话故事，但唐玄奘却并不只是一个传说，真实的他甚至比传说更加让人钦佩。

公元 602 年，河南洛阳洛州缑氏县（今河南省偃师附近）的一个贫苦农民家庭喜得一子，名叫陈祎（yī）。

陈祎所继承到的基因是优良的，三皇五帝之时便有了很多关于其祖先的光辉事迹，当然，这个很难考证。不过根据《大唐大慈恩寺三藏法师传》记载，陈祎的爸爸陈惠"有雅操，早通经术，形长八尺，美眉明目"，用现代词语简单概括一下就是：美貌与智慧并重。

这样看来，陈惠应该不是个普通农民，的确，他原本是个县令，怎奈隋朝末年政治昏暗，肮脏的官场并非雅士栖身之所，陈惠做了几年官便回家务农。

有这样的父亲将是任何一个儿子的骄傲，然而造化弄人，小陈祎享受的父爱和教导要比一般孩子少很多，因为陈惠英年早逝。

母亲早已过世，失去父亲的小陈祎成为孤儿。

承受着失去双亲的痛苦，小陈祎仍不忘饱读诗书，尤其是各种佛法、佛经，在他十一岁的时候便能熟读《妙法莲华经》《维摩诘经》等佛家经典，向佛之心日益坚定。

两年之后，陈祎来到洛阳准备参加僧人剃度考试，这考试很难，当时很多人都想当僧人，因为僧人的待遇极好——上不朝天子，下不让诸侯；寸绢不输官府，斗米不进公仓。

为了控制僧人的数量，全国一年仅仅招收几十人，过程也是十分严格，前来参加考试的人几乎个个精通佛法，优秀的就有数百人之多，这些人只有通过官府组织的统一考试，才能接受官方剃度成为名正言顺的僧人。

此时的陈祎并不能加入佛考大军，他的年纪不满足招收需求，他现在只能算"驱乌沙弥"，"驱乌沙弥"是指年龄在七至十三岁之间不能担负重要任务，只能看守粮食、驱赶晒谷场上乌鸦和鸟雀的小和尚。

剃度出家成为名正言顺的僧人是陈祎的梦想，为了梦想，他独自徘徊在考场门口，久久不肯离去。

说来也巧，就在此时，陈祎生命中的贵人——主考官郑善果——

出现了。

郑善果见门口有个小孩在那来回溜达，就上前问道："小朋友，你在这里做什么呢？"

陈祎答道："我想出家当和尚，只是学习佛法时间较短，水平也不高。"（《大唐大慈恩寺三藏法师传》记载：习近业微，不蒙比预。）

郑善果又问道："一般人都想娶媳妇、生娃，你为什么偏偏想当和尚呢？"

陈祎接下来的回答让郑善果眼前一亮："我的长远目标是继承释迦牟尼佛的教法，能够让一切众生超越轮回；近期目标是将佛教发扬光大、普度众生。"（《大唐大慈恩寺三藏法师传》记载：远绍如来，近光遗法。）

郑善果虽没有孙悟空的火眼金睛，但也有一双慧眼，看出来陈祎绝非一般人物，将来的成就不可限量，于是，他顶着压力，破格录取了陈祎。

全国一年一共才招几十个和尚，竟然破格录取个十三岁的小屁孩儿，同僚们难免会觉得郑善果是不是私下收了人家好处。面对强烈质疑，郑善果从容答道："诵业易成，风骨难得！"

当时的佛考主要是考大家背诵和抄写佛经的水平，郑善果认为，这方面只要肯于勤学苦练就能有所成就，但风采、根骨是天生的，陈祎的风骨万中无一，不管别人怎么看，郑善果是铁了心地破格录取十三岁的陈祎。

有了郑善果的破格录取，陈祎心愿得偿，削发为僧，成为一名名副其实的僧人，法号玄奘。

有些人天生就是为佛而生，玄奘便是这样的人。

剃度之后的玄奘更加努力研习佛法，遍访名师，在不到十年的时间里，已然精通经藏、律藏和论藏。能够精通经藏的被尊为经师，精通律藏的被尊为律师，精通论藏的被尊为论师，三藏皆通者被尊为三藏法师，我国历史上有几位著名的僧人得到过这样的称号，例如鸠摩罗什、杜顺和尚、印顺大师等。一般情况，一个僧人一辈子都无法精通一藏，玄奘在二十出头的时候便获得了三藏法师这样一个"终身成就奖"，相当于达到僧人中的最高学位，因此，他也被称为唐三藏。

中原的佛教文化已无法满足三藏皆通的玄奘，另外，在他学习和游历的过程中积累了大量困惑，这些困惑在中原的佛经中找不到答案，也没有哪位僧人能为他解答。

没人能为玄奘解答困惑，但有人可以为其指路。从印度来的高僧波颇蜜多罗告诉玄奘，远在西方的佛国有更多的无上甚深妙法，尤其是他的老师——那烂陀寺戒贤法师——更是无所不知、无所不晓，玄奘若是能聆听他的教诲，定能解开心中疑惑，更能在佛学方面有质的飞跃。

走向如来

当今社会出国都需要有护照，通过官方渠道办理签证，否则视为偷渡，唐朝时期也是如此，当时那个类似于护照的公文叫作过所，没有过所而私自出国，被抓到就得坐牢。（过所在小说《西游记》中被描写成"通关文牒"，是由皇帝李世民下发的，经过哪个国家，哪个国家的国王就会把自己的大印盖上去，这样师徒几人才能合法离开那个国家。）

公元627年，玄奘向李世民递交书面文件，要求西行取经，当然文件都是通过大臣转呈的，到现在为止玄奘和李世民素未谋面，所以也就不可能有《西游记》中二人结为兄弟的情节。

此时是贞观元年，也就是李世民登基后的第二年，大唐国力尚不强大，和周边各国关系也十分紧张，西边的突厥、高昌、吐蕃、龟兹都和大唐剑拔弩张，纠纷不断，怎么可能让个手无缚鸡之力的和尚只身前往西方？因此，李世民大笔一挥——否！就这样驳回了玄奘的请求。

皇帝不给过所，出国就是犯法的，但世俗的律法阻止不了玄奘的求佛之心。他背着钵盂，拿着锡杖，穿着佛衣踏上西去之路，不过他带的这些东西和一般和尚用的并无差别，并不是《西游记》中描述的那样：钵盂是李世民御赐的紫金钵盂，锡杖和佛衣是观音菩萨赠送的"铜镶铁造、不染红尘"的九环锡杖和"不入沉沦、不堕地狱"的锦斓袈裟。

看过《西游记》的人可能会觉得唐玄奘是个婆婆妈妈、胆小怕事、怯懦无比、不分黑白的糊涂和尚，这个小说形象和真实的玄奘有极大出入，真实的玄奘有胆有识、大智大勇、信念坚定并有着惊人的毅力。

史料记载不一，有说玄奘是贞观元年（公元 627 年），也有说是贞观三年（公元 629 年）从长安出发的，总之他是出发了，很快便顺利到达凉州（今甘肃省武威市），迎来了取经路上的第一个大难。

面对凉州都督李大亮，玄奘说："我要做的是一件惊天地、泣鬼神，千万年后仍将传为美谈的大事，我请求你放我西行。"

李大亮的回答很直白："有过所吗？"

出家人不打诳语，玄奘实事求是地回答："没有！"

"什么美谈不美谈的，回长安拿了过所，我再让你过去。"李大亮的眼神无比坚定。

出家人是不打诳语，但没规定出家人必须听话，玄奘离开李大亮后没有回长安，而是在当地两个和尚——慧琳和道整——的帮助下绕道西行，他们昼伏夜出，在星月陪伴下离开凉州。

当时的玄奘也算是个重量级人物，在国内佛教界中有一定地位，这样的人物李大亮本应派人将他送回长安，李大亮因为工作太忙，一时疏忽竟然给忘了，等他想起来的时候发现玄奘已经不见了，这要是真跑到国外去，自己可脱不了干系，李大亮为撇清关系，下发通缉令，捉拿玄奘。

玄奘和李大亮是没关系了，和瓜州（今甘肃省瓜州县）州吏李昌的关系可大了，此时玄奘已经到达瓜州。

李昌看看手里的通缉令，再看看眼前这位僧人，抓？还是不抓？这是个十分头疼的问题！

不抓，违背国法，出了问题自己可能也会跟着掉脑袋。抓，违背信仰，自己可是个虔诚的佛教徒，玄奘西行乃是舍生取义的做法，自己非但不能帮一把，反而成为绊脚石。

思前想后，李昌撕掉公文，对玄奘躬身一揖："西行之路艰难，高僧请多多保重！"

告别李昌，玄奘买了匹老马继续西行，慧琳和道整也都返回凉州。

很快就有人填补了慧琳和道整的空白，玄奘收到了西行路上的第一个弟子——胡人石磐陀。（古代中国称汉族以外的人叫胡人，通常指匈奴、鲜卑、氐、羌、吐蕃、突厥等西方或北方的民族。）

现在部分专家、学者耗费大量人力物力，经多年苦心研究得出结论——石磐陀是《西游记》中孙悟空的原型。

面对这个结论，不知道吴承恩是怎么想的，但我深深地觉得，作为胡人的石磐陀和东胜神洲的石猴孙悟空要是有相似之处的话，那应该就是毛发都比较茂盛，至于其他方面实在难以建立起联系。

石磐陀护送玄奘所走路程并不远，刚刚到达玉门关附近，他的心便开始动摇，跟别人一起偷渡或者协助别人偷渡都得坐牢，自己这就转身离开的话，万一玄奘被抓住把他给供出来，那便再没好日子过了。

于是，石磐陀起了杀心，兵荒马乱的年代，在荒山野岭死个和尚是不会引人注意的，神不知、鬼不觉地杀了玄奘，就可以继续回家踏踏实实过日子。

这个石磐陀也算修行了一段时间，犹豫很久也没下得去手，最终，二人达成君子协议，如果玄奘被抓决不供出石磐陀，这样石磐陀才安心离去。

从此以后，玄奘的这个弟子便销声匿迹。

石磐陀走后，陪伴在玄奘身边的只剩那匹老马。

满眼黄沙，一望无际的戈壁滩，这些都无法阻挡玄奘西行，但挡在眼前的玉门关外第一个岗哨让他一筹莫展。

白天想要过关几乎是不可能的，一级战备状态的边境岂是一个和尚能闯过去的？

白天不行就晚上摸黑过。

然而，一支破空而来的羽箭宣告玄奘偷渡失败，还是被发现了！

几名士兵推推搡搡地把玄奘带到岗哨守将校尉王祥身边，玄奘把前前后后的经历如实向王祥讲述一遍，只不过省略了石磐陀那一段。

王祥确定眼前的这个和尚就是玄奘之后，无比兴奋，他也是个虔诚的佛教徒。当玄奘提出要西行出关的时候，王祥还是犹豫了，不是怕担责任，而是西行取经是个不可能完成的任务。

敌兵、强盗等等这些因素不算，仅仅是自然条件就令人不寒而栗，

出了玉门关就是莫贺延碛，这是一片足足有八百里的戈壁和沙漠。（莫贺延碛是位于今天哈密与安西之间著名的噶顺戈壁，这一带气候极端干旱，年降水量在三十毫米以下，是干燥剥蚀最强的高原区域，几乎寸草不生。）

沙漠中的天气更是变化无常，就算玄奘运气好，遇不上沙暴，他也难以渡过流沙河。这条"河"不是《西游记》中那个"鹅毛飘不起，芦花定底沉"的流沙河，里面也没有沙和尚，"河"中不是水，而是流沙，吞噬一切生命的流沙。《大慈恩寺三藏法师传》描述这条"河"是"古曰沙河，上无飞鸟，下无走兽，复无水草"。

这样看来，玄奘出玉门关必死无疑，与其让这样一位得道高僧白白送死，还不如让他多为世人讲经说法。

王祥的老家在敦煌，他建议玄奘去敦煌讲经，就不要去取什么经了。

可以说玄奘信念坚定，也可以说他死心眼儿，总之，他不在乎别人怎么评价，坚持一定要西行取经。

王祥拗不过玄奘，只好为他准备清水、干粮，然后又写了封信，让他绕过其他岗哨，直接去第四岗哨，那里的守将是他朋友，看了信后定会放他过关，出关之后，百里之外有野马泉，可以在那里补充给养。

玄奘按照王祥的指示到达第四岗哨，在这里，他受到守将王伯陇的热情款待，然后带着干粮、清水，牵上那匹老马，迈着坚定的步伐毅然走出大唐国界，走进茫茫大漠，走向西天如来。

皇兄麹文泰

进入莫贺延碛之后，玄奘发现自己所遇到的情况比王祥、王伯陇说的还要糟糕，自然环境恶劣，缺少食物和清水的补给，更可怕的是——他迷路了，没有找到野马泉。

白天的沙漠上有千奇百怪的海市蜃楼，晚上各种动物的尸体又散发出幽幽荧光，毅力惊人的玄奘饱受身体和精神的摧残，口诵佛经是他唯一所能做的事情。

意志坚定的玄奘没有屈服，继续西行，他的身体已经到达极限，昏倒在马背之上。没有神通广大的孙悟空来救他，也没有大慈大悲的观音菩萨来唤醒他。在这危急时刻，那匹老马依靠本能，驮着玄奘找到了野马泉。

斗罢艰险，又出发，再斗艰险，再出发……就这样，玄奘在鬼门关前晃悠了一次又一次，终于走出大漠，到达伊吾。

伊吾是一个受高昌控制的很小的政权，位于现在的新疆东北部。伊吾城中有一座小寺庙，里面有三个修行的汉族僧人，见到东土大唐来的玄奘法师无比热情，并请他讲经说法。

玄奘孤身一人在大漠度过无数个孤独的日日夜夜，好不容易遇到活人可以说话，自然十分高兴，便开始讲经，僧人们听得高兴，伊吾王听得也高兴，玄奘的名字迅速在当地传播开来。

玄奘讲经的事儿很快传到高昌王麹文泰耳朵里，麹文泰一听，这还了得，立刻把那和尚给我请来。

刚刚休整了几天的玄奘再次辗转到高昌。

深更半夜，玄奘一行人到达高昌王宫，他虽然有心理准备，但还是被眼前的情景惊呆了。麹文泰穿戴整齐，家属陪伴身后，文武百官列于左右，见到玄奘都乐得手舞足蹈，进到屋里之后，一双双求知若渴的眼睛盯得玄奘直起鸡皮疙瘩。

寒暄过后，麹文泰直奔主题："高僧！能否为我等讲经说法？"

玄奘面露难色。

麹文泰看玄奘这表情，急得差点没哭出来："高僧为何不肯为我讲经说法，难道是嫌我力微？"说完之后，眼泪在眼眶里直打转。

玄奘连忙解释："施主，您误会了，贫僧愿意为任何人讲经说法，只不过今天太晚了。"

次日清晨，玄奘洗漱完毕，麹文泰以及诸位官员早就收拾整齐在外恭候大驾。玄奘也不矫情，当即开讲，一连数日，高昌君臣听得如痴如醉。

日子一天天地过去，玄奘有些坐不住了，自己还有正事办呢，要去天竺求学取经，不能在这耽误太久，于是他向麹文泰辞行。

麹文泰想把这位高僧留在高昌，不想让他走，软磨硬泡，好话说尽，

怎奈玄奘去意已决。

玄奘态度十分坚定，麹文泰也放出狠话："弟子慕乐法师，必留供养，虽葱山可转，此意无移，乞信愚诚，勿疑不实。"大概意思就是说：弟子仰慕法师，一定要把您留在身边，哪怕昆仑山脉能够倒转，我的意志也绝对不会有丝毫动摇，请您相信我这愚蠢的忠诚吧。

眼下的情形可以说是针尖对上了麦芒，这个时候就看谁的意志更坚定，谁坚定谁就能取得最终胜利。

麹文泰的热情和真诚让玄奘感到非常棘手，无奈之下只得放出必杀技——绝食。麹文泰端着斋饭、清水在外侍奉，玄奘却一连三天不吃不喝。

其实玄奘也知道麹文泰的苦心，然而他此生乃为西行取经而活，无论如何都要西去。

最终，麹文泰败下阵来，和玄奘结拜为异姓兄弟，送给他几位弟子和数十仆人，还送给他数十匹马以及大量黄金、白银、袈裟、布匹等，这些足够玄奘一行人使用二十年。

除了上述丰富的物资之外，更重要的是，麹文泰为玄奘准备了几十封书信，这些书信是写给沿途君主的，麹文泰跟这些君主拉关系、套近乎，说这位高僧是他弟弟，请各位君主多多关照。很多书信写得极其肉麻，例如，给西突厥可汗的信中竟然有这样的句子："愿可汗怜弟如怜侬。"就是说希望可汗能像怜爱我一样怜爱我的弟弟。

有了麹文泰的全力支持，玄奘的路好走多了，不过沿途极端恶劣的自然环境还是让很多随从长眠于取经之路。

取经归来

麹文泰的书信起了很大作用，当时西域大部分臣服于西突厥，西突厥可汗看到信后十分给面子，派出一队骑兵护送玄奘西行。

一路上的艰难险阻不必细说，最终，玄奘奇迹般地到达天竺，并且到达了波颇蜜多罗所说的那烂陀寺，也见到了戒贤法师。

在此之前，戒贤法师曾经得过一场大病，病痛的折磨让他想圆寂，是一个梦让他活了下来，坚持到和玄奘的会面。

梦中有三个金人对戒贤法师说："你现在受此痛苦是因为之前曾经犯下的罪孽，要想赎罪也不难，过段时间会有个从东土大唐来的取经僧人，你将佛法传于他便功德圆满。"

那烂陀寺被后世认为是人类史上的第一所大学，里面划分的各个派别的佛院相当于现在大学的各个学院，僧人们在此学习各派佛学的同时还会学习数学、医学、逻辑学等知识。

那烂陀寺的景致更是如同人间天堂一般，亭台楼阁鳞次栉比、碍日摩天。虽然那烂陀寺已经在后来的数次战火中灰飞烟灭，但考古发现证明该寺庙的情形与玄奘传记描写几乎一致。

玄奘除了在那烂陀寺求学之外，还在天竺四处游历，他很快便在天竺佛教界占据了一席之地，正所谓树大招风，玄奘的优秀表现遭到部分修行不够的僧人的嫉妒。

一个自认佛学高深的婆罗门僧人来到玄奘所在寺院，在门口贴出五十条疑难经义，信誓旦旦地说谁能破解其中一条自己便砍下脑袋给人当球踢。

一般情况下，修行到一定境界的人都不会主动和人赌斗，想要赌斗的人水平又不够，所以一连过了几天，婆罗门僧人的经义还真就没人能答出来。

寺里的和尚答不出经义，婆罗门僧人就赖着不走。

这一天，玄奘经过寺门，婆罗门僧人见到他就拉住不放。

玄奘淡定地对他说道："都是佛门弟子，何必好勇斗狠？"

婆罗门和尚不依不饶："你若破解不了经义就滚回大唐，别在这里丢人。"

玄奘无奈，便随口将经义一一破解，婆罗门僧人和寺中僧人听完之后如醍醐灌顶，豁然开朗。

说话得算数啊，婆罗门僧人也是条汉子，找了把刀就要抹脖子，玄奘连忙制止，苦口婆心教育一番，那和尚总算决定不自杀了，而是拜玄奘为师，跟他修行。

过了一段时间，玄奘听说婆罗门僧人精通一部佛法，正好自己不

145

第五章　贞观长歌

是很懂，便请婆罗门僧人讲解，婆罗门僧人大惊："我是弟子，怎么可以给师傅讲经呢？"

玄奘答道："'师傅''弟子'不过是个称呼，何必过于拘泥，你比我高深的地方我就应该向你学习。"玄奘一直抱着这样一颗平和的心在天竺各地搜集和学习各种佛家经典，造诣日渐高深，就在他如日中天的时候，毅然决定回大唐，将这些经典在大唐传播。

公元 645 年，经历了近二十年的风雨历程，玄奘携带梵文经书数百部回到长安，其中大乘经二百三十四部、大乘论一百九十二部、上座部经律论十五部、大众部经律论十五部、三弥底部经律论十五部、弥沙塞部经律论二十二部、迦叶臂耶部经律论十七部……驮运这些经书的马就几十匹。另外，玄奘还带回摩揭陀的金佛像一尊、于鹫峰山金佛像一尊，以及其他舍利和佛像无数。

对于玄奘的精神和取得的成就，李世民给予高度评价："乘危远迈，杖策孤征，积雪晨飞，途间失地，惊沙夕飞，空外迷灭。万里山川，拨烟霞而进影，百重寒窗，蹑霜雨而前跃。"

对于玄奘这样的人才，李世民十分欣赏，请他还俗辅政，但玄奘志向不在于此，李世民也就没有勉强。李世民为玄奘修建寺院，让他专心研究佛法和翻译佛经。

除了佛学之外，玄奘在其他方面也取得了极高成就，由其口述，其弟子辩机执笔撰写的《大唐西域记》记载了玄奘亲身经历和耳闻的国家、地区和城邦，主要包括今天我国的新疆维吾尔自治区和东亚地区，阿富汗、伊朗、巴基斯坦、印度、尼泊尔、孟加拉国、斯里兰卡等国，书中描写了它们的地理位置、风土民情等，该书是研究西域及印巴次大陆的重要典籍，现在已经被译成英、法、日等多国文字，受到国际学者的广泛重视。

主角：李世民

配角：长孙无忌、岑文本、房玄龄、李世勣、李靖、契苾何力、李道宗、泉盖苏文、杨万春、李治等

事件：唐朝延续着繁荣，国家在各方面都取得长足发展，就在这时，唐太宗李世民做了一件极具争议性的事情——御驾亲征高句丽，对于这件事情，有人支持有人反对，究竟是对是错，历史上评价不一。

东征高句丽给李世民添了些堵，但这个时期更令他伤心的是很多和他一起打天下的老臣们相继驾鹤西游，无论多么强大的人都无法和时间对抗，黄土终归将淹没一切，虽然李世民心中高唱着"我真的还想再活五百年"，但面对阎王的请帖，还得坦然安排后事。

一位伟大的帝王，年仅五十出头便驾崩，这难免让人胡乱猜想其死因……

战火燃起

唐太宗李世民安顿好玄奘法师，便开始忙起更重要的事情。

公元 645 年 2 月，李世民亲自率领大军从洛阳出发，御驾亲征，长孙无忌、岑文本、尉迟敬德等人陪王伴驾。国家大事由太子李治全权负责，刘洎、马周等人辅佐太子，萧瑀留守洛阳，房玄龄处理国内各项政务。

李世民刚刚离开，长安就出事了，房玄龄竟敢抗旨不遵。当初李世民从洛阳出发时再三强调朝中政事让房玄龄自己决断，结果皇帝刚离开，他就不敢决断了。

有个人吃饱了撑得难受，也不知道咋想的，跑到房玄龄面前说有人要谋反，房玄龄一听这是大事啊，连忙问道："是何人？"

"装什么糊涂，就是你呀！"那人理直气壮地指着房玄龄大吼。

房玄龄立刻派人带着这位无聊人士追赶上李世民，向他汇报情况，问怎么处置。

李世民想都没想，呛啷一声抽出宝剑，咔嚓一下砍了无聊人士的脑袋，嘴里骂骂咧咧地嘟囔道："房玄龄这个笨蛋一点儿自信都没有，朕能信他会造反吗？朕的儿子能反，他都不能！"

这个东征路上的小插曲充分体现出君臣之间宝贵的信任，李世民敢于御驾亲征，说是太子监国，实际上是把朝中大小事务托付给房玄龄，他若是信不过房玄龄当然也就不会这么做，因此对于这个所谓的告密者审都不用审就直接砍了。

是年 3 月，东征的队伍到达定州（今河北省定州市），李世民向群臣说出为何要攻打高句丽和御驾亲征的原因："千百年来，辽东一直隶属于中原，后来他们闹独立，隋朝两位皇帝数次出兵都未能改变历史，这让我大汉民族情何以堪。如今朕定要亲自拿下平壤，一雪前耻，为同胞报仇。"（《资治通鉴》记载：辽东本中国之地，隋氏四出师而不能得；朕今东征，欲为中国报子弟之雠。）

说完打高句丽的原因，李世民又补充道："此次东征千万不要惊扰沿途百姓的正常生活，平时伙食以吃肉为主，绝不吃早春的蔬菜。"

现如今我们有蔬菜大棚，即使寒冬腊月在北方也能种多种蔬菜，如果北方不能种的，还可以靠方便快捷的运输从南方运过来，古时候没有大棚，也没有便捷的运输，早春的蔬菜可是特级奢侈品，简直就是可遇而不可求。

有封建君主专制制度撑腰，身为皇帝的李世民竟然都吃不上特供菜，如此有趣的事情确确实实发生在封建君主专制的旧社会。

这个世界上的事情就是这么有意思，皇帝不想给百姓添麻烦，百姓自己就会主动"找麻烦"，大批人员要求入伍，眼下唐军部队不像隋朝末年那会儿招人充数，这时候的入伍条件十分严格，不在东征名录中的一概不能入伍，民间只得组织起大批私人武装跟随正规军东征，不要军饷和粮草，也不要任何封赏，为皇帝卖命就是为表达忠心。

李世民千恩万谢之后，还是把他们打发了回去，告诉他们现在是春耕的关键时候，在家好好种地就是对大唐最有力的支持。

就这样，一支雄赳赳、气昂昂的大军挺进了辽东战场。

高句丽尚未感受到李世民大军威压的时候，唐军先头部队已经让他们惊出一身冷汗，并付出血的代价。

李世勣带领部队闹闹哄哄地直奔怀远镇而来，就在高句丽军把注意力放在这边的时候，李世勣带队暗渡辽水，直接到达玄菟（今辽宁省东部边塞区域）。

面对这从天而降的神兵，高句丽军乱作一团，各城紧闭城门。与此同时，李道宗、张俭等人也都率军杀到，高句丽军仓促应战，丢下几千具尸体后大败而归。

前线已经燃起战火，打得热火朝天，唐军收获颇丰。但是，李世民这边尚未开战便折了一位重要人物——中书令岑文本。

去年刚刚加入宰相圈里的岑文本并没有因为官至极品而得意忘形，反倒愁眉苦脸地说道："位高责重，所以忧惧。"为不辜负皇帝厚爱，他更加勤奋地工作，本次东征，李世民将军中粮草、物资、器械的文件资料都交给他管理，这个责任相当重大，岑文本不敢有丝毫松懈。

大量工作需要岑文本亲力亲为，年仅五十岁的宰相身体状态和精神状态明显出现异常，善于察言观色的李世民看到爱臣这个样子不禁感叹道："唉，看来文本和我们一起去东征，恐怕不能一起回来了。"

还真被李世民不幸说中了，岑文本身体状况不好，体质虚弱，抵

抗力大大降低，身染重病，不治身亡。

表面看来岑文本是病死的，实际上是累死的，大唐之所以能够成为我国封建社会的一个顶峰，同时也能屹立于世界之巅，正是因为无数像岑文本一样的有志之士耗尽毕生精力、呕心沥血、无怨无悔地奉献着自己的生命。

李世民妥善处理完岑文本的后事继续行军，当御驾亲征的队伍到达北平城（今北京市）的时候，李世勣、李道宗等人已经攻下高句丽的盖牟城（有说是在今天辽宁省抚顺市附近，有说是辽宁省沈阳市附近，已经无法考证），抓了两万多俘虏，收获十多万石粮食。

另外一路刑部尚书张亮率领四万三千大军、五百艘战船从水路进攻高句丽。

张亮的水军从东莱（今山东省烟台市）出海，到达卑沙城（今辽宁省大连市大黑山附近），这是一座山城，四面环水，易守难攻。即便如此，这座城池仅在一战之后便插上大唐的军旗，盛唐军队的战斗力实在恐怖。

公元 645 年 5 月初，李世民御驾亲征的部队终于接近前线，到达辽泽（当时辽东地区有二百多里的沼泽）地区。此刻的李世勣已经兵临辽东城下，辽东城具有极其重要的战略地位，高句丽赶忙派出四万多大军前来支援。

为了给敌人一个下马威，以壮唐军士气，李道宗准备率领四千骑兵迎击敌人的四万多大军，以一敌十可不是闹着玩的。按照《孙子兵法》里面所说的："用兵之法，十则围之。"也就是说，正常情况下，兵力达到敌人的十倍便可以考虑围歼对手，这样看来李道宗是去送死的。

手下纷纷向李道宗建议："皇帝的大队人马随后就到，不如我们坚守营寨，等大部队来了再开打吧。"

李道宗对于这种提议嗤之以鼻："你们这些当下属的遇到困难就想起上官，上官是来替你们冲锋陷阵的啊？作为一个合格的下属应该替上官收拾好烂摊子，让上官舒舒服服过日子。"（《资治通鉴》记载，道宗曰："当清道以待乘舆，乃更以贼遗君父乎！"）

《孙子兵法》是死的，人是活的，兵法要活学活用，《孙子兵法》说"用兵之法，十则围之。"但也说"兵非贵益多也，惟无武进，足以并力、料敌、取人而已。"这句话的意思就是打仗不在于兵力越多越好，只要不轻敌冒进，并集中兵力、判明敌情、取得部下的信任和支持，这就足够了。

《孙子兵法》不能生搬硬套，李道宗敢于以一击十必然有他的道理，现在敌人仗着人多有轻敌心理，认为唐军人少不敢主动出击，准备必然不足，再加上高句丽这四万多的援军长途奔袭而来，人困马乏，正是突袭的最佳时机。

李道宗手下的果毅都尉（六品左右武官）马文举立刻表示支持："打仗只挑软柿子捏，哪能看出我们的厉害，要通过打大仗、打硬仗来彰显我大唐军威，我大唐士兵都不是孬种！"

谁都不想当孬种，那就别往后面缩，赶快冲吧。冲着冲着发现对面高句丽军实在太多，行军总管张君临阵退缩，这一退使得唐军陷入困境。

关键时刻，李道宗带领几十个孔武有力、骁勇无比的骑兵反冲敌阵，力挽狂澜，随后李世勣带领部队前来助战，高句丽军大败。

仁德圣主

李道宗以少胜多，为皇帝的到来做好准备工作，几天之后，李世民渡过辽泽，亲临辽东城下督战。

对于李道宗的工作，李世民给予充分肯定，犒赏三军之后，破格提拔马文举为中郎将（四品左右武官），一次提拔两品，这在正常时期几乎是不可能的，特殊时期就要特殊处理，体现出赏罚分明的治军策略。

该赏的赏了，该罚的就得罚，临阵退缩的孬种张君没有死在两军阵前，而是被斩首在军营之中。

李世民亲临一线进行督战，效果非常明显，仅仅用十二天时间，这座重兵把守的辽东城便收入大唐囊中。清点战果：杀敌一万多，俘虏一万多，另外还有四万多百姓归顺大唐。

唐军暂作休整之后，继续进攻下一个目标——白岩城（今辽宁省辽阳市下辖灯塔市铧子镇附近）。在攻城战中，右卫大将军突厥人李思摩中了高句丽人的冷箭，鬼门关前走了一圈。

大难不死必有后福！为了给李思摩医治箭伤，李世民亲自为他吸出脓血，这样的举动让突厥人感动得不知所措，其他将士也都异常感动，能为这样的皇帝出生入死，那是莫大的荣幸啊。

白岩城告急，高句丽人从乌骨城（今辽宁省本溪市南）派出一万多大军增援，契苾何力率领八百精锐骑兵前去阻击。

有人该问了，大唐不是来了十万大军嘛，为什么总要以少打多呢？

两军交战，兵贵神速，为了能在最佳时间、最佳地点与敌人交战，行军速度就是一个非常大的问题，有时候，由于时间紧迫，只能采用精锐部队急行军的方式涉险一战。

八百对一万，又是一场人数相差悬殊的恶战。契苾何力一马当先冲入敌阵，就在他杀得性起之时，忽然觉得腰间一疼，低头一看已是血流如注。

薛万备（薛万钧、薛万彻的弟弟）发现主将受伤，立刻单枪匹马前来救援，在万军之中救出契苾何力，回到后方包扎。

契苾何力是个十分要强的人，打败仗这种事是坚决不能接受的，他一贯奉行的是轻伤不下火线的原则，刚才腰间那点伤在旁人看来可能够重的，但在他看来不过是被蚊子叮了一下而已，包扎一下就没问题了。

包扎好伤口之后，契苾何力绰起家伙再次冲入敌阵，在他的带动下，唐军士气大振，高句丽军被吓得乱了阵脚，一万来人开始溃散，几百凶神恶煞紧随其后疯狂追杀。

白岩城没了外援，难以支撑，识时务的城主孙代音缴械投降。

对于白岩城的投降，并非所有人都感到欢欣鼓舞，李世勣就有反对意见。

李世勣为什么反对呢？要想了解这其中的原因，还得翻翻旧账。

当初辽东城破的时候，孙代音派人秘密和李世民接触，请求投降，李世民对于这样识时务的人十分欣赏，答应他们的投降请求。谁承想孙代音不讲信誉，过几天又反悔了。李世民很生气，说下狠话："白岩城破之日，城中人畜财物全部赏赐给将士。"

现如今白岩城摇摇欲坠，眼瞅着就要破了，孙代音再次要求投降，李世民准备接受投降，李世勣站出来替手下人讨公平："当初陛下答应城破之后，城中所有人畜财物赏赐大家，众将士拼命攻城，眼看就要胜利，陛下却接受投降，这岂不是辜负了大家攻城作战的决心？"

李世民叹了口气，答道："你说的没错，但朕不忍心看着城中百姓家破人亡，才接受投降。不过，朕绝不会让将士们的鲜血白流，这笔账暂且记下，班师回朝之日朕从国库拿出同等数量财物作为补偿。"

李世民不愧是一代仁德圣主，他的英明决断使得事情得到妥善处理，白岩城更名为岩州，孙代音继续做这里的最高长官——刺史。

白岩城的问题得到圆满解决，契苾何力的伤却让李世民很揪心，这可不是蚊子叮一口那么简单，被长矛扎了一个大口子能轻了吗！李世民亲自为他上药，并调查是哪个敌军伤了自己的爱将。

调查结果很快就出来了，令李世民高兴的是，这人现在已经是唐军的俘虏。李世民二话不说，让人绑着凶手送到契苾何力面前，让他亲自处置。契苾何力看了看眼前这员伤了自己的猛将，说道："两军交战，各为其主，我们并无私人恩怨，并且我很敬佩这样的勇士，放了他吧。"

牛人、高人和自信的人

唐军队伍继续东进，十几天后到达另一个目标——安市城（今辽宁省鞍山市附近），这座城池和以往拿下的那些城池没有太大区别，唯一的区别就是守将是一个牛人。

这个牛人是哪路神仙？历史上都没有记载，根据民间传说此人名叫杨万春，他究竟有多厉害也没有记载，虽然没有记载，但我们还是能够通过简单对比看出他是多么厉害。

杨万春的牛不是吹出来的，而是有事实作为依据的，衬托他的人就是泉盖苏文。前几年，泉盖苏文弑君摄政，自封莫离支，上下尽在其掌握中，随后大举进犯周边，攻城略地，势不可挡，由此可见，他绝非泛泛之辈。

刚才说到"上下尽在其掌握中"其实不确切，安市城就不认泉盖苏文这个莫离支。刚刚夺权的泉盖苏文势头正盛，立刻派人攻打安市城，杨万春以一城之力对抗泉盖苏文之兵，最终泉盖苏文夹着尾巴撤了兵，默许杨万春的合法地位。这件事情足以说明杨万春是一个牛人。

如今，面对李世民的数万大军，杨万春依然挺起胸膛迎难而上。

李世民很快就发现这个杨万春确实让人头疼，小小一个安市城比辽东城还难搞，城墙坚固无比，城中粮草充足，更要命的是这城中的人心齐，以杨万春为首，誓死要和大唐军队死磕。

这边已经让李世民头疼无比，那边又来了添乱的，高句丽两员大将高延寿和高惠真带领十五万大军前来增援。

面对强敌，李世民冷静下来细细分析，然后笑了。众位大臣在旁边感到十分纳闷：在这个节骨眼儿上还笑得出来？

李世民接下来的分析解开了大臣们的疑惑。

高延寿、高惠真前来增援，朕替他们想了三条策略：

第一条，占据高山险地安营扎寨，与安市城遥相呼应，等我们久攻不下想要撤退的时候，断我们后路，这是上策。第二条，联合城中军民连夜撤退，虽达不到打击我军的目的，但能自保，这是中策。第三条，仗着人多势众，自不量力前来挑战，这是下策。根据朕的推断，二高定会选择第三条，也就是下策。

事情果然也像李世民预料的一样，二高选择了下策。

高句丽就没个人提醒一下二高？

有！高句丽军中一位对卢（参谋类官员）对高延寿说："李世民英明神武，我们若是硬碰硬乃是下策，不如按兵不动牵制敌人，和他打持久战，等他粮草吃光揭不开锅的时候我们再去捡便宜，岂不美哉。"

二高认为自己就是高人，全天下最高的高人，并且还姓高，当真正有高人向他献计献策的时候，他们根本就听不进去。

高延寿马不停蹄，急急忙忙来到战场证明自己。在二高距离安市城四十里的时候，李世民怕他万一脑袋一转弯退了回去自己可就无法捡到便宜，因此，派出一千多名突厥兵引诱高延寿，就好像给驴子面前摆根胡萝卜一样要把他逗过来。

这一千多突厥兵都是演技派，刚一交战就撒丫子开跑，狼狈样跟真的似的。高句丽人乐开了花，奔走相告。整个高句丽军中弥漫着欢乐祥和的气氛，至于唐军曾经取得一些战绩的原因就是他们以往遇到的敌人太弱，今天遇到他们，唐军的神话将被终结。

这群准备终结唐军神话的高句丽兵终于被李世民牵着鼻子拎到安市城外的，大大咧咧地排开阵势。

李世民年轻时候最喜欢用的一套战术就是战前给敌人灌足迷魂汤,让他们最大限度地轻敌,接下来在正面战场安排战斗力偏弱的军队牵制敌人,然后侧方奇兵突袭,如果敌人够强大,那就再用最精锐的骑兵彻底把他们打蒙,最后各路人马开始收割。

迷魂汤的预期效果已经达到,李世民开始排兵布阵:李世勣带领一万五千人马正面迎敌,长孙无忌带领一万一千精锐作为奇兵埋伏在侧方,自己带领四千精锐中的精锐在附近制高点埋伏好,其余各路人马听见鼓声号角一起出击。

李世民安排好各路人马,又特意让人准备好接受敌人投降时候需要用到的各种道具,免得到时过于仓促,投降仪式不够隆重,显得大唐礼数不周。(《资治通鉴》记载:因命有司张受降幕于朝堂之侧。)

这就是自信!

王侯将相宁有种乎

高延寿看李世勣开始列阵,惆怅的心情变得十分激动,为什么惆怅呢?因为他原本担心李世民不敢出来和他打,自己捡不到这个大便宜,现在看到唐军开始列阵,心里总算踏实了。

再次交锋,高句丽军立刻就傻了,唐军不像上次那样弱了,反而变得异常凶猛,这是为什么呢?

此刻,高句丽军已经来不及思考这个问题,长孙无忌的一万一千人如潮水般涌了出来,同样是异常凶猛。

就在高句丽军有点儿扛不住的时候,李世民最后的四千人马如同闪电一样划破战场,高句丽军顿时崩溃。

历史上著名的"驻跸山大战"就这样很快结束了,和李世民预料的几乎一样,唯一有一点出乎他的预料,那就是本来应该平淡无奇的战斗竟然有个亮点——薛仁贵。

薛礼,字仁贵,山西绛州龙门修村人(今山西省河津市修村),生于公元614年,从出身来看就是最普通的农民,从族谱来看,在此之前,薛家最出名的人物是薛仁贵的爷爷的爷爷的爷爷薛安都,南北朝时

期做过大官，传到六世孙薛仁贵的时候已经彻彻底底回归到农民阵营。

王侯将相宁有种乎？

没有！

薛仁贵给出无比坚定的答案。

薛仁贵家里穷，命也苦，很小就死了爹，不过这些都没有影响到他的远大志向，农闲的时候不忘习文练武，凭借过人的天赋和刻苦努力，终于学有所成。

薛仁贵的功夫是练成了，但依旧是个默默无闻的普通农民。有人对他说："你没有出人头地是因为你家祖坟风水不好。"薛仁贵扛起铁锹就准备把祖坟搬到风水好的地方去，他的妻子柳氏拦住去路，说道："如今皇帝准备东征，正是用人之际，你应该去从军，依靠这身本领定能取得富贵，到时衣锦还乡再迁祖坟也来得及。"

一语惊醒梦中人，薛仁贵打点行装进城从军。

薛仁贵在本次东征之时，刚刚三十出头，保持着青年的血性，但少了浮躁，多了沉稳。两军阵前，他一身"非主流"的装扮，手持方天画戟，嗷嗷乱叫着冲入敌阵，杀得高句丽人丢盔弃甲、胆战心惊，给李世民留下深刻印象。（《资治通鉴》记载：龙门人薛仁贵著奇服，大呼陷陈，所向无敌。）

此番大战，薛仁贵展现在李世民面前的是一柄锋芒乍现的宝剑，虽然还有些毛躁，但假以时日必成大器。

李世民阅人无数，十分看好这个年轻人，一是看好他的本事，二是看好他的年纪，年轻就是最大的资本，目前，李世民手下能征惯战的统帅都是和他打天下的人，年纪都不小，下一代武将问题一直让他很头疼，薛仁贵的出现让李世民无比兴奋，这样的人才可遇不可求。

后世有很多以薛仁贵为主角的戏曲、小说，这也充分反映出他的一生是极具故事性和传奇色彩的。

风险与效益并存

一战过后，高延寿、高惠真被彻底打服了，二高没让李世民失望，带领三万六千多人投降，早早就准备好的受降仪式如期举行，李世民为归降高句丽将领加封官职，对于投降的高句丽士兵，愿意回家的放其回家，不愿意回家的编入唐军。

二高的十五万大军战败投降的消息很快传遍高句丽大地，附近军民连夜收拾东西向东逃去，放眼数百里几乎没有人烟。

此时，孤零零的安市城显得格外扎眼，面对这座孤城李世民感慨万千，当初打完白岩城后，他就曾经对李世勣说："听说安市城地势险要，守城兵将骁勇无比，城守杨万春更是智勇双全，要不我们绕开此城去收拾建安城（今辽宁省盖州市青石岭镇附近），拿下建安城后再集中兵力对付安市城，这也符合《孙子兵法》所说的'城有所不攻'的道理。"

李世勣表示反对，理由也很充分："越过安市城攻打建安城，在兵法上讲应该是没有问题，但现在陛下是御驾亲征，我们不能冒这个险。我军粮草都在辽东城，万一攻打建安城受阻，安市城的人出来断咱们粮道，后果不堪设想。"

李世民想了想，决定听李世勣的，步步为营向平壤推进。

如今的李世民是皇帝，已经不再是几十年前那个秦王，在很多战术应用上都会受到限制，就在前不久，高延寿和高惠真带领大军支援安市城的时候，李道宗曾经向李世民建议，率领五千精兵避过敌人主力直取平壤，打敌人个措手不及，同样也是出于御驾亲征的队伍不能太冒险的原因，没有被采纳。

令李世民十分气愤的是安市城军民竟然用谩骂欢迎这位大唐皇帝，他盛怒之下下令攻下安市城后，不分男女老幼全部坑杀！安市人知道后，抵抗更加顽强。

安市城久攻不下，唐军有点儿沉不住气了，又有人献计献策，中心思想还是绕开安市城，攻打乌骨城（今辽宁省凤城市边门镇），然后渡过鸭绿江直取平壤。

长孙无忌不赞成这个方案，理由还是不能太冒险。谨慎起见，唐军还是只能在这和安市城死磕。

转眼之间几十天过去了，安市城数次都险些被攻破，但最终还是掌握在杨万春手里。

公元 645 年 8 月，天渐渐变凉，李世民权衡再三，再这样耗下去，

157

到了冬天更难办，趁着现在还能全身而退，见好就收，于是下旨班师回朝。

就这样，大唐的第一次东征不是很圆满地结束了。虽然没有取得最终胜利，但依然占领了包括辽东城在内的十余座城池，击杀高句丽军四万有余，招降七万多百姓，战利品也缴获不少，唐军损失不大，总算是个还能接受的结局。

李世民的御驾亲征为什么没有取得最终胜利呢？原因是多方面的。

第一，此时的高句丽已经从几十年前"杨广三征"中恢复过来，总体国力还算不错，打仗拼是国家综合实力，因此，高句丽还能抵挡一下。

第二，杨万春的确是个不可多得的人才，安市城军民同仇敌忾，把唐军挡在城外，最终让安市城成为李世民东征的终点。

第三，打仗讲的是"以正合，以奇胜"，不管是局部战场还是全局战略都应该充分贯彻这个思想。隋末时期，李渊起兵西取长安的路上，李世民就是绕开屈突通以奇兵突袭长安的。

事情都有两面性，风险与收益并存，用奇兵往往就要承担风险，现在身为皇帝的李世民不能承担这种风险了，因此，从战略上讲唐军并无过人之处，并未高人一等，当然也就很难取得全面的胜利。

善后工作

从高句丽返回来的路上，李世民对于没有取得最终胜利感到十分郁闷，情不自禁地说了这样一句话："要是魏徵还活着的话，肯定不会让朕出兵。"

说完这句话李世民才想起来，前两年，前太子李承乾造反的时候，侯君集等人受到过魏徵大力推荐，自己误以为魏徵结党营私，一怒之下砸了人家的墓碑，现在想起来真是后悔。于是，李世民连忙派人重新修复魏徵的墓碑，又将魏徵的妻子儿女叫到行宫好言安慰一番。

安慰完魏徵的家人，还需要安慰更多的人，此次东征数千大唐好儿郎战死，李世民亲自撰写祭文祭奠亡灵，摆下牛羊进行祭祀，并且亲自哭灵。

这些士兵的家属知道自己的亲人虽然不幸战死沙场，但是可以得到皇帝亲自哭灵的待遇，也实在没什么好遗憾的。

处理完善后工作，李世民的心情总算稍微舒畅一些，把此次东征发现的人才薛仁贵叫到身前，对他说："朕手下的各位将领都老了，用人之际刚好有你这么个后起之秀，令朕感到无比欣慰，以后加倍努力，定会有一番大作为。"

薛仁贵能够得到皇帝赏识，激动不已，发誓子子孙孙效忠大唐。

此次东征收获不少战利品，金银珠宝什么的好处理，李世民根据大家的军功合理分配，但有一种战利品不太好分——活人。

清点俘虏，还有一万四千多人，这些俘虏本应该分给将士们做奴隶，李世民不忍看着他们妻离子散家破人亡，于是由官府出钱买下这些奴隶，把钱分给将士，然后把这些高句丽人全部放走。

高句丽俘虏高兴得不知道该如何表达感激之情，磕完无数个头之后回到高句丽去传播李世民的美名。

这样李世民终于从战争不是很成功的阴影中走了出来，心情大好，但是，偏偏有不识时务的人跑出来添堵。

当李世民路过易州（今河北省易县）的时候已是11月份，寒冬腊月，中原地区根本种不出庄稼，然而，易州司马陈元璹（shú）竟然把新鲜的水果蔬菜摆在李世民面前。

难道陈元璹是神仙，从玉皇大帝的菜园子里偷了些水果蔬菜送与皇帝尝鲜？

当然不是，陈元璹不是神仙，也没有本事调动各路神仙，但他能奴役百姓，他命令百姓在地下烧火增加土地温度，在上面种些瓜果蔬菜。

见到这些瓜果蔬菜的时候，李世民大怒，要是吃了这些东西自己岂不是比杨广还昏庸，于是二话不说，摘掉陈元璹的乌纱，贬为平民，给那些喜欢不择手段拍马屁的人一个惨痛的教训。

从陈元璹献媚的手段来看，人类的思维真是无极限，从李世民处理这件事情的态度来看，一位英明的皇帝是不会被小人钻了空子的。

脑子小，胆子大

本次东征，李世民对配合出兵的突厥、新罗等几个民族政权给予

充分肯定，对没有出兵配合的薛延陀也比较满意。

在唐朝准备东征的时候，刚好赶上薛延陀派使者前来进贡，李世民吓唬使者，对他说："回去告诉你家主子，朕准备去收拾高句丽，他要是想趁机搞点小动作可要把握住这个时机哦。"

当使者把这话转达给真珠可汗后，真珠吓得不知如何是好，再次派出使者向大唐请罪："圣明的大唐天子啊，我胆子再大也不敢在太岁头上动土啊，怎么可能触犯您的龙威，听说您要教训高句丽那群不知死活的东西，我愿意派出精锐部队为您效犬马之劳。"

李世民告诉他："我大唐士兵个个孔武有力，你把你自己的人看好就行，不用参与这次军事行动。"

李世民的震慑效果很明显，唐军东征期间，真珠果真老老实实在家待着，一点儿歪脑筋都没敢动。

驻跸山大战之后，高延寿和高惠真兵败投降，泉盖苏文慌了手脚，想去薛延陀那搬点救兵，可是，无论泉盖苏文开出什么样的丰厚条件，真珠都没答应帮他这个忙，他是铁了心地不和大唐闹翻。

天有不测风云，几个月后，真珠可汗驾崩了，他是跑到极乐世界去躲清静了，留下来的烂摊子确实不好收拾，根据他在世时候的安排应该是让嫡子拔灼当肆叶护可汗，居住在西部，统领薛延陀本部；让庶出的长子曳莽做突利失可汗，居住在东部，统率除了薛延陀本部之外的各个部族。

令真珠死不瞑目的是，这两个儿子关系不好，不好到动刀子的程度，曳莽心狠手辣杀了亲弟弟，自立为薛延陀唯一的可汗颉利俱利薛沙多弥可汗（简称多弥可汗）。

多弥和他爹真珠不一样，脑容量小，胆子却很大，趁着李世民东征未归之际，带兵骚扰唐朝边境。

《孙子兵法》说："无恃其不来，恃吾有以待之；无恃其不攻，恃吾有所不可攻也。"意思就是说，不能抱敌人不会来的侥幸心理，而是要依靠我方有充分准备，严阵以待；不能抱敌人不会攻击的侥幸心理，而是要依靠我方坚不可摧的防御，才能不被别人欺负。

当初李世民跟真珠说：我去打高句丽，有胆子你就放马过来吧。这可不是单纯的吓唬，而是做足了充分准备。兵法中说得清清楚楚、明明白白的东西李世民当然知道，他在和真珠放狠话的同时，派右领军大将军执失思力带兵驻扎在唐、薛边境，防备薛延陀偷鸡摸狗。

执失思力没等到真珠，等到了他的儿子多弥，对付这样一个毫无用兵常识的家伙，执失思力表示毫无压力，用了个诱敌深入的计策就把多弥打得屁滚尿流，唐军乘势追击六百里，之后凯旋。

多弥一点儿记性都不长，收拾一下残部继续过来捣乱，这会儿李世民已经从东征战场上回来了，当即派出李道宗、薛万彻等人奔赴边境地区，拉开架子要和薛延陀把新仇旧恨清算一下。

公元 646 年 1 月，多弥又出来招灾惹祸，再次被打得狼狈逃窜。他这么穷折腾，让薛延陀官民都很有意见，内部开始闹起内乱。

对于这样的内乱，多弥并没有放在心上，对付不了唐军，难道还对付不了平民吗？残忍的多弥在内部掀起一场血腥杀戮。

杀戮不会带来安宁，只能使民怨更加沸腾。一个政权从内部开始瓦解所产生的破坏力远大于来自外界的因素，要想消灭这样一个危如累卵的国家，唐朝随便派点儿人过来就行。不过，李世民丝毫没有大意，战略上可以藐视敌人，战术上必须重视敌人，他还是派出大队人马由李道宗、执失思力、契苾何力、薛万彻、张俭等人带领，分兵多路，齐攻薛延陀。

还没等唐军打来，薛延陀的各个部落已经开了锅，多弥一看也收拾不了这个烂摊子，只好匆匆忙忙带着几千骑兵逃到阿史德时健部落避难，附属于唐朝的回纥攻陷阿史德时健部落，杀了多弥，抢得头功。

其余薛延陀残部还有七万多人，拥立真珠的侄子咄摩支为伊特勿失可汗，伊特勿失还算有脑子，当儿天可汗过了过瘾，然后自己摘掉封号向大唐称臣。

就这样，薛延陀黯然退出历史舞台，从此之后再无作为。

皮肤病者想当王

薛延陀的最后一任可汗有自知之明，愿意接受退出历史舞台这个结局，有人却想在舞台上尽情表演一番。

这个人现在已经足够风光，大唐的舞台上有其一席之地，但是，他想当主角。

这人便是"凌烟阁二十四功臣"之一的张亮，目前担任刑部尚书一职，可谓位高权重。

然而，人心不足蛇吞象！再高的职位都满足不了张亮的需求，他想当皇帝。

张亮想当皇帝是不是有当皇帝的资本呢？

没有！

但是，他自己认为有！

张亮能成为"凌烟阁二十四功臣"之一是有一定水平的，但这个水平远远当不了皇帝，远的不说，就说刚刚结束的东征，他率领四万多大军从水路进攻高句丽，打了几个胜仗，其中有一场胜的很有戏剧性。

张亮带军路过建安城的时候，尚未扎好营寨，很多士兵就出去溜达，砍点儿柴，抓点儿野味，准备搞个野炊，炊烟尚未升起，高句丽兵杀来了。

张亮平时胆子就不大，这会儿已经被吓傻了，坐在床上腿肚子直抽筋，眼睛直勾勾地盯着前方，嘴也不好使，说不出话来。下属们不了解张亮啊，以为这位统帅大人临危不乱、镇定自若呢，于是信心暴涨，击鼓进兵，个个勇不可当，大破高句丽军。（《资治通鉴》记载：壁垒未固，士卒多出樵牧，高句丽兵奄至，军中骇扰。亮素怯，踞胡床，直视不言，将士见之，更以为勇。）

通过这件事儿来看，张亮并不具备当皇帝的资本，心埋素质实在太差。

张亮自己认为有这个资本，理由有两点：

第一，江湖术士说张亮的名字应了图谶（chèn）。图谶是什么玩意儿呢？这玩意儿完全是超自然的产物，宣扬预言的书籍，人们相信它能预测出皇帝是谁，江湖术士说了，取代李唐的是姓张的人，不管别人信不信，反正张亮是信了。

第二，张亮身体有与众不同的地方。之前我们说过李渊体有三乳，就是说特殊的人都天赋异禀，张亮的身体特征比李渊的"体有三乳"还要牛一些——胳膊上长出"龙鳞"，中国古代龙和至高无上的皇帝有着密切联系，例如，皇帝穿的衣服叫龙袍，人家张亮多厉害啊，竟然长出

"龙鳞"，这下连龙袍都省了。（《资治通鉴》记载：吾臂有龙鳞起，欲举大事，可乎？）

应了图谶这个说法还可以接受，毕竟那个时候大家迷信这些东西，但是，张亮觉得自己胳膊有"龙鳞"就能当皇帝，实在是吃了没文化的亏，按照现代医学来看他这"龙鳞"应该是一种皮肤病，现代人称为鱼鳞病。生病就应该去找大夫，而不是想着怎么样能当皇帝。

张亮为篡权收养了五百个干儿子，动静闹得这么大，李世民也有所察觉，公元646年2月，他派马周调查张亮谋反事件。

马周把事情查了个底朝天，谋反证据确凿，唯独张亮自己不承认。

谋反这种大事即便当事人矢口否认，只要有一定证据便不需考虑，李世民下令将张亮斩首示众。

多民族大融合

短短几年时间，"凌烟阁二十四功臣"已经有两人谋反，这让李世民感到有些郁闷，不过，他的心情很快又好了起来，因为，有人来表忠心、献殷勤。

公元646年5月，高句丽王高藏和莫离支泉盖苏文上表谢罪，献上两位高句丽美女，请求宽恕他们曾经犯下的罪行。李世民退回美女，告诉他们好好做人，不然唐军还会再次光临那片贫瘠的土地。

李世民的心情刚好几天又郁闷了，原因还是高句丽。

泉盖苏文说一套做一套，刚刚谢完罪就开始犯罪，窥视大唐边境，还不停地攻打新罗，李世民大怒，再次把讨伐高句丽这件事提上日程。

集思广益之后，大唐制定出对高句丽新的作战策略——消耗。基本思路就是不大规模出兵，而是采用小股部队持续骚扰的方式，使得高句丽人无法从事正常的生产和生活，本来就小，刚刚又打了一年硬仗，现在再这样不停骚扰，几年下来，估计他们就垮了。

李世民根据这一策略制定了具体战术，分派将领开始执行，高句丽被折磨得苦不堪言，实力也是日渐衰弱。

和高句丽比起来，敕勒族（我国北方地区的游牧民族之一，也称

为高车）各个部落的表现令李世民十分满意，年年纳贡，岁岁称臣。

公元 647 年 1 月，李世民根据敕勒族各个部落掌控的地盘设置州、府，封各部落首领为都督、刺史等官职，然后赏赐他们大量金银珠宝和绫罗绸缎等物品，各族首领纷纷到长安叩谢圣恩，在他们准备返回领地的时候，李世民摆下送行酒席，大家喝得不亦乐乎。

酒足饭饱，各位首领均表示愿意做大唐子民，没事就回京城拜见一下皇帝，就像离家在外的子女逢年过节要回家看望父母一样，李世民对于大家的态度十分满意，希望他们没事常来玩。

敕勒族各部居住地到大唐的路不是很好走，这个问题难不倒热情高涨的首领们，他们要求重新开辟一条道路便于参见皇帝，这条路的名字都想好了——天可汗道。

为什么叫天可汗道呢？因为，他们自己都是可汗，大唐皇帝是更大的可汗，就是天可汗，拜见天可汗的道路就叫天可汗道。

送走各位热情的北方民族首领，李世民激动的心情久久不能平复，和大臣们讨论起相关问题来。

李世民向大臣问道："自古以来，很多皇帝能够平定中原，但很少能收服北方部族，因为他们民风彪悍，行踪不定，的确不好收服。那为什么我的才能比古代帝王差（这句话谦虚的有点假，但的确是李世民说的），成就反而比他们高呢？大家说说看，这是为什么？"（《资治通鉴》记载，上御翠微殿，问侍臣曰："自古帝王虽平定中夏，不能服戎、狄。朕才不逮古人而成功过之，自不谕其故，诸公各率意以实言之。"）

众位大臣能说什么？肯定是挑好听的说呗，因此齐声答道："陛下英明神武，功德有如天地，当然可以取得如此辉煌的成就。"

李世民被大臣们拍了一记漂亮的马屁，心里很高兴，但并不晕乎，十分严肃地说："和你们讨论问题，你们却说些不实之词，让朕来告诉你们原因吧。"

看着略显尴尬的众位大臣，李世民接着说道，"朕之所以能收服北方各个部族，主要有五点原因：第一，大多数帝王都会嫉妒能力、水平比自己高的人，朕看到别人的长处不但不嫉妒，反而让他充分发挥出来；第二，人无完人，每个人都有优点，也有缺点，朕善于使大家扬长避短，让他们发挥出自己的最高水平；第三，大多数帝王用人经常有很大偏见，喜欢的就重用，不喜欢的就扔到一边，朕却不这样，不会浪费人才；第四，大多数帝王讨厌正直的人，因为他们说的话不好听，喜欢巧言令色之徒，因为他们拍的马屁很舒服，朕恰好相反，鼓励直言劝谏，讨厌阿谀奉承；第五，历代帝王都有种族歧视的毛病，喜欢中原人，瞧不起部族，朕对各个民族都没有偏心，从而实现各个民族大融合。这五点才是朕取得今日成绩的重要原因。"

李世民说完之后，向褚遂良问道："爱卿遍读史书，朕说的对吗？"

褚遂良想了想，答道："不完全对，刚才的五点不能完全概括陛下的优点，陛下太谦虚了。"

天　命

李世民对外可操心的事情少了，内部同样也是安定团结、繁荣富强，这样他便有更多的精力用来教育太子。

公元648年1月，李世民专门为李治写了十二篇文章，这十二篇文章都是围绕如何能当个好皇帝展开论述的，分别是《君体》《建亲》《求贤》《审官》《纳谏》《去谗》《戒盈》《崇俭》《赏罚》《务农》《阅武》《崇文》。

这十二篇文章写得极好，从各个角度讲述如何当个好皇帝，修身齐家治国平天下的道理尽在其中。李世民把这些文章赐给太子的时候是这样说的："你应该以历代先哲圣主为师，别跟朕学，跟朕学不会有什么太大出息。古人说：'效法上等的，仅能学到中等的；效法中等的，仅能学到下等的。'朕当皇帝以来犯的错误太多，穿戴离不开锦绣珠玉，住的地方更是盖一个宫殿又一个宫殿，虽然不太沉溺于声色犬马，但骑马遛狗、放鹰逗鸟的事也没少干，这些你可千万别都学去。朕和众位大臣们一起干了些正事，使得大唐还算辉煌，但距离尽善尽美差的实在太远。现在的问题是，你没有朕的功劳和勤奋，却继承如此富贵，这样很容易害了你，因此，你更要勤奋简朴，千万不要懒惰骄奢，否则后果不堪设想。"

李世民如此下功夫地教育太子是为了老李家的江山能够千秋万代，

但是，负责观天象的官员向李世民汇报："金星多次在白天出现，预示着女主将会兴起。"（天象是门很复杂的学问，我也搞不懂"金星"和"女主兴起"有什么联系，但这确实是史料记载的。）与此同时，民间广为流传的《秘记》说："唐朝传三代之后，女主武王将取代李氏据有天下。"

《秘记》也是一种预言未来的书籍，和之前提到的图谶属于一类东西，至于此类东西的真实性实在无从考证，若是我们对史料百分百信任的话，那么《秘记》、图谶基本上可以分为两类：

第一类是人为编造的，例如，秦朝末年，陈胜、吴广揭竿而起，他们在鱼肚子里塞块布，布上写着"陈胜王"三个字，然后通过卖鱼的把这"神奇"的事情公布于天下，为自己制造强大的舆论攻势。

第二类是没有证据表明是人为编造的，也就是说真的存在这种神奇而精准的预言，例如，同样也是秦朝时期，流传这样一句话——"亡秦者胡也"，结果秦朝亡在秦二世胡亥手里。

根据新、旧《唐书》和《资治通鉴》等史料记载的情况来看，"唐三世之后，则女主武王代有天下。"该《秘记》没有人为造假的痕迹，不过这种东西和目前我们所掌握的科学知识相违背，无法给出合理解释。

这种超自然的预言现在仍然有很多在广泛流传，最出名的几个要数姜太公的《乾坤万年歌》、袁天罡的《推背图》和刘伯温的《烧饼歌》，这几个预言的跨度大概都在几千年到一万年之间。至于其成书年代和真实性无从考证。

现代人对这种预言可能是半信半疑，古人对此却是深信不疑，李世民同样如此。

当时，左武卫将军、武连县公、武安人李君羡掌管玄武门宿卫，他的小名叫五娘，李世民对这个和"武""五"有密切关联的人十分忌讳，但也不能因为星相和《秘记》就把他杀了，于是将其打发到外地当刺史。

这个李君羡也是自己作死，行为毫不检点，跟一些和尚、道士混在一起，没事就讨论那些跟《秘记》相关的"形而上"的东西，被李世民抓住把柄定个图谋叛乱的罪名给杀了。

李世民杀完李君羡，心里还是不踏实，向太史令（掌管天文历法、祭祀等的官员）李淳风问道："《秘记》上的谣传是真的吗？"

李淳风答道："我仰观天象，俯察历数，发现《秘记》中所说的人已经在陛下宫中，还是陛下的亲属，从今往后不超过三十年，此人便会称王，而且会将陛下的子孙祸害得所剩无几。"

这话听得李世民心惊肉跳，连忙追问："那你看朕把所有有嫌疑的人全部杀了如何？"

李淳风答道："这是天命，不是人力所能抗拒的，若是非要逆天而行，后果可能更加严重。三十年之后，那人应该已经年老，人老了会有慈悲心肠，祸害可能小一些，如果你现在把那人杀掉，说不定上天会再次派下更加强悍的人来折磨大唐，结局可能更加悲惨！"

李世民想了想，觉得李淳风的话有道理，便不再追究此事。

关于这件事儿看起来确实挺玄乎儿，但在《新唐书》《旧唐书》《资治通鉴》中均有记载，假如这些记载都是真实的，那么或许这个世界上真有能预知未来、窥探天命的高人吧。

平凡而又伟大的人

李世民能够接受天命，但心里仍然会感到堵得慌，再加上近年来添堵的事情还挺多，近臣们接二连三地离他而去，这让他无比伤心。高士廉、马周、萧瑀等刚刚驾鹤西游，房玄龄也显出阳寿将尽的迹象。

古稀之年的房玄龄小病不断，病情愈发严重，李世民是个很重感情的人，听说房玄龄的病情有所好转就会喜形于色，听说他病情加重就会唉声叹气。

房玄龄对李世民也是忠心耿耿，自己已经时日无多，还操心着国家大事，他对儿子说："如今天下太平，只有东征高句丽这一件事令我担忧，众位大臣都不敢劝谏，还是由我来当这个坏人吧。"于是，房玄龄上表劝谏，请求李世民不要再想着东征的事情。

李世民接到表章后十分感动，对自己的闺女高阳公主（房玄龄的儿媳妇）说："你公公都已经病成这个样子，还不忘朝廷大事，实在难得，朕要亲自去他家探望一下病情。"在房玄龄的府上，李世民紧紧握住房玄龄之手，四目相对，君臣泣不成声。

公元 648 年 7 月，房玄龄病故。

"太液仙舟迥，西园引上才。未晓征车度，鸡鸣关早开。"该诗

名为《赐房玄龄》，作者是李世民，也就是说，这是李世民专门写给房玄龄的诗，大意是说房玄龄没时间享乐，忙着为朝廷招揽人才，天没亮的时候各地的人才就争着来为朝廷服务，鸡还没有打鸣，房玄龄却已经早早打开大门迎接各路人才。

除了这首诗之外，李世民还为房玄龄写过一首《赋秋日悬清光赐房玄龄》：

> 秋露凝高掌，朝光上翠微。
>
> 参差丽双阙，照耀满重闱。
>
> 仙驭随轮转，灵乌带影飞。
>
> 临波光定彩，入隙有圆晖。
>
> 还当葵藿志，倾叶自相依。

这首诗的大致意思是：秋天的早晨，露水凝结在宫殿上，朝阳照耀着翠微宫的重重宫门，紫气东来，万物呈祥，日形如轮，万物生息，喜鹊在天空中飞翔。潺潺的流水在阳光的照射下闪闪发光，水波荡漾，五光十色。当太阳落山的时候，才能真正看见圆圆满满的太阳。我们就像那葵菜与藿菜一样，一心向着太阳。

通过这些，不难看出房玄龄在李世民心中的地位。

不管是在唐朝，还是后来的历朝历代，都有很多人给予房玄龄高度评价。唐朝文学家皮日休在《七爱诗·房杜二相国》中赞扬房玄龄和他搭档杜如晦的美德和功绩；明朝时期所制作的《历代古人像赞》中，房玄龄像的旁边有这样一副对联："辅相文皇功居第一，遗表之谏精忠贯日"。这些便是对一位贤相的最高褒奖。

尽管有这么多人如此赞誉房玄龄，但要想列举出一件他做过的惊天动地的事情，还真不容易，因为，他看起来太平凡了。

因此，可以用这样一句话来评价房玄龄，那就是——他是一位平凡而又伟大的人。

名将归天

高士廉死了，马周死了，房玄龄死了……

将来能够辅佐太子李治的人越来越少，李世民此时也感觉到自己的身体一天不如一天，寻找几个托孤之臣便是眼下的当务之急。

李世勣是个不错的人选。可惜，李世勣和李治之间没什么交情，紧要关头他能愿意为新皇帝抛头颅洒热血吗？

李世民把李治叫到跟前，和他说道："李世勣是个人才，但他目前享受到的荣华富贵和你没关系，没有得到过你的恩惠，朕怕等朕升天之后他拆你的台。"

李治听老爹这样一说心中立刻就不踏实了，连忙问如何是好。

李世民当然早就想好了，他对儿子说："早已为你想好办法，朕现在就降他的职，让他去地方做官，假如他能立刻去上任，那便说明他没有二心，能够老老实实当个臣子，等你接了班之后再提拔重用他；假如他犹犹豫豫，不想离开京城，那便说明他有其他想法，这样朕会立刻把他杀了。"

李治对于老爹的政治手腕佩服得五体投地，也深深感到要想做一个好皇帝所需要承受的压力是如此之巨大。

假如李世民不是皇帝，凭他这些年来和李世勣的交情绝对不会做出这样的事情，然而他是皇帝，他要考虑安定团结，要考虑李家子孙能够继承大统并且将这事业发扬光大，那么，他就要抛弃一切个人情感，别说是朋友，就是亲儿子该杀也得杀。

李世勣是个明白人，能够体会到李世民的苦心和身不由己，因此没有丝毫的抱怨，接到李世民将其降职为叠州（今甘肃省迭部县）都督的命令后，家都没回直接去上任了。

李世勣的表现让李世民很欣慰，这些跟着自己打天下的老臣们总算还是懂事的多，添乱的少。

老臣好是好，但岁月不饶人，再好的人也都得去阎王那里报到。

公元 649 年 5 月，李靖去世，享年七十九岁。

李靖在军事方面的成就无须多说，前面已经介绍过一些他指挥的经典战役，例如夜袭阴山等，我们在这里可以再学习一下他做人的哲学。

年轻的李靖意气风发，锋芒毕露，在他取得一定成绩之后立刻便收敛起来，深知"知足不辱，知止不殆"的道理。

"知足不辱，知止不殆"出自《道德经》，另外，《道德经》里面还写道："富贵而骄，自遗其咎。功成身退，天之道也"。通过字面就能看出这两句话的意思，根本无须解释。

《道德经》在唐朝的地位极高，李渊号称自己是《道德经》作者李聃（也就是老子）的后人，在唐朝很多人都读这书，李世民还让玄奘法师把《道德经》翻译成梵文将其推向世界，由此可见《道德经》在当时是广为流传的，很多人为了迎合统治阶级都会认真研读，但是能学以致用的并不多，李靖便是应用极好的人之一。

李靖曾经担任过宰相职务，任期刚满（四年）立刻向李世民递交辞呈，他辞职不干并不是因为君臣有矛盾，而是担心自己身居高位时间久了容易出差错。李世民明白李靖的心意，再加上李靖的脚确实有毛病，多多少少影响点行动，因此准许李靖辞职，过几天清闲日子，同时，让中书侍郎岑文本转达对他的口头表扬，根据《旧唐书》记载，表扬内容如下："朕观自古以来，身居富贵，能知止足者甚少。不问愚智，莫能自知，才虽不堪，强欲居职，纵有疾病，犹自勉强。公能识达大体，深足可嘉，朕今非直成公雅志，欲以公为一代楷模。"

除了口头表扬之外，李世民还特意赐给他一根拐棍，名曰灵寿杖，普天之下拐棍虽多，但没有哪根能和这根相媲美。

李靖的清闲日子没过几天，吐谷浑就来闹事，李世民想要讨伐吐谷浑，李靖是统帅的最佳人选，他二话不说顶盔掼甲主动请缨。

等到李世民亲征高句丽的时候，特意把李靖叫入宫中征求他的意见，此时李靖已经七十多岁，身体也不好，走路是一步三摇，但他仍想陪李世民驰骋沙场，李世民衡量一下他的身体状况，没同意他一同出征。

李靖没有亲自参加东征，但对东征保持着密切关注，事后还和李世民讨论此战得失。

李靖就是这样一位赤胆忠心、有勇有谋的忠臣、名将，他为大唐乃至中国的贡献不仅仅是活着的时候建功立业，死后留下的书籍、兵法都是中华民族永远的瑰宝。

李靖著有《李靖六军镜》《阴符机》《玉帐经》《霸国箴》等，

另外还有《李卫公兵法》，这些书籍、兵法涉及了治军、行军作战、安营扎寨等方方面面，在后世的军事学领域中有着十分重要的地位。

死生有命

李靖死了，李世民非常难过，但并未难过太久，因为，他自己也收到阎王的请帖。

公元649年5月，李世民病重，他感觉到自己时日无多，便把长孙无忌和褚遂良叫到床前千叮咛万嘱咐让他们辅佐好太子，交代完后事，李世民终于安心地离开人世。

对于李世民的死因，后世争论不休。李世民身为马上皇帝，年轻时身强力壮，当上皇帝之后也经常骑马打猎，为何年仅五十出头就驾崩了呢？

根据正史记载李世民是得了疟疾病死的，症状为上吐下泻，关于这一点没什么好讨论的。

除了生病之外，另外一个因素也是人们讨论的焦点——丹药。

李世民英明神武，这是客观事实，不管你是否喜欢这位皇帝，他的功绩都摆在那里，英明神武的李世民一直以来很瞧不起秦皇汉武那些追求长生不老的帝王，认为他们追求这种虚幻的东西，并且吃些乱七八糟的药丸实在愚不可及，那他自己是否也吃过那种号称可以长生不老的药丸呢？

答案是：吃过！

根据《资治通鉴》记载，公元647年高士廉死的时候，李世民前去哭灵，长孙无忌极力阻止，说了这样一句话："陛下饵金石，于方不得临丧"。这句话的意思就是：陛下您正在吃长生不老的药丸，根据药方规定，在此期间不能哭。

李世民这样聪明的人为何会效仿自己鄙视的人，也吃长生丹呢？

正史中并无明确交代，不过，李世民四十岁之后经常生病，再加上杀了自己的儿子，囚禁了前太子李承乾之后心情一直不好，郁郁寡欢，身体状况很差，在这种情况下，李世民很有可能是有病乱投医，常规治

疗方法不管用，就搞起旁门左道，恰好一个天竺和尚号称自己有长生丹，包治百病，还能强身健体、延年益寿，外来的和尚会念经嘛，因此，李世民才在晚年开始服用长生丹。

长生丹显然起不到长生的效果，但应该也不会对李世民造成致命伤害，因为李世民死后，那个天竺和尚照样逍遥快活，如果李世民死于丹药中毒，太医们自然会发现，天竺和尚也必然难逃一死。（后来的唐宣宗李忱就是吃丹药中毒而亡，太医们很容易便能分辨出来，负责炼丹的道士也全部成为陪葬品。）

另外还有一种说法，李世民东征高句丽之时，被人射中一箭，箭上有毒，几年以后毒发身亡。

这种说法简直就是无稽之谈，鉴于近年来被部分人传得活灵活现，还是把这说法拿出来简单分析一下吧。

韩国某电视台在 2006 年至 2007 年间播放了一部一百集电视连续剧《渊盖苏文》，剧中渊盖苏文（即前文中提到的泉盖苏文）一箭射瞎了李世民的一只眼睛。

这部电视剧的雷人程度已经超出人类想象，因为整场战争渊盖苏文都没有到过前线，难道他在平壤射出一箭，这边的李世民便应弦而倒？

高句丽人为何非要"射李世民一箭"呢？

古时候，朝鲜半岛一直生活在中国的阴影之下，他们打心眼儿里痛恨低人一等的出身，经常通过假设自己打败强大的对手来寻求心理安慰，这样看来，他们杜撰出射盛唐皇帝一箭实在合情合理。

退一步讲，假设李世民东征的时候真的中了高句丽的一支毒箭，并且出于好面子的原因正史中隐瞒了，那么为何野史也无记载？再退一步讲，野史也隐瞒了事情的真相，那为何公元 645 年中了一支毒箭，公元 649 年才毒发身亡？

如此看来，这种说法的确不靠谱。

综上所述，关于李世民的死永远不可能有人说得清楚，与其这样争论不休，不如用一句《论语》中的话来做个总结——死生有命，富贵在天！

太宗的一生

一位帝王离我们而去，他用自己短暂的一生书写了无上的辉煌，他的功绩始于唐朝而流传千古，发于中国而远播世界。他便是大唐皇帝，唐太宗李世民。

李世民的一生精彩纷呈、轰轰烈烈。

公元 617 年，李世民劝服父亲李渊在晋阳起兵，一路势如破竹，几个月的时间便攻取长安，第二年，隋恭帝杨侑禅位于李渊，大唐建立，李世民的戎马生涯开始了一个又一个的高潮。

浅水原之战，李世民大破薛家军，一鼓作气消灭薛举，陇东集团覆灭，唐军取得开门红。

河东争夺战，李世民追击宋金刚，逼走刘武周，收复晋阳，河东地区尽入大唐囊中。

洛阳城下，李世民率玄甲军驰骋沙场，所向披靡，致使王世充情急之下请窦建德助战，虎牢关一战，李世民生擒窦建德，王世充在内无粮草、外无救兵的情况下选择投降，大唐江山也因此基本稳固。

刘黑闼作乱，窦建德旧部死灰复燃，李世民再次跨上战马，在两个月时间里，令刘黑闼主力丧失殆尽，至此，中原烽火尽灭。

令李世民想不到的是，当他再次弯弓搭箭之时，需要瞄准的竟然是自己的亲哥哥，玄武门之变让李世民成为太子并最终坐上皇位，也使其永远无法摆脱弑兄杀弟、逼父让位的骂名，虽然这其中有难言之隐，但作为最终的胜利者在享受赞誉的同时必须要接受这些指责，况且，在这过程中他也的确存在过失。

公元 626 年，李世民称帝。

公元 627 年，唐朝改国号为贞观，李世民开始施展治世才华。

当上皇帝之后，首先要摆正统治阶级和老百姓之间的关系。《荀子》中说道："水则载舟，水则覆舟。"后世能深刻体会这句话并用来实践的统治阶级并不多，李世民则是这为数不多中最突出的一位。老百姓不仅是一个国家的基石，更是一个国家的主体，统治阶级看似掌握了整个国家，但他若不能做个合格的皇帝，老百姓定会令其堕入万劫不复的深渊。

以人为本！这是李世民治世的指导思想，他嘴上这样说，心中这样想，身体力行这样做，这是唐初兴盛的核心。

仅有指导思想远远不够，要有具体的技术路线和工作方法，李世民在方方面面改革创新：减少农民赋税劳役，为农民提供良好的生产和生活环境；推广并完善科举制度，提高官员队伍的道德水平和执政能力；减轻刑罚，以教化为主，惩罚为辅，在执法过程中铁面无私，做到王子犯法与庶民同罪；注重科学技术在各个领域的应用，提高全社会生产力水平；恩威并举处理跟周边的关系，保证大唐的外部环境长治久安……

能够做好这些事情除了李世民英明神武之外，还有一个重要原因，就是他不刚愎自用，而是虚怀纳谏、从善如流，据不完全统计，魏徵在公开场合直谏李世民过失有二百余次之多，有些过于尖刻的指责甚至令其颜面扫地，李世民大多都能接受。

另外，李世民在书法、文学等方面也有一定成就，《全唐诗》中收录他的诗有八十九篇之多。

后世很多名人都给予李世民高度评价，例如欧阳修、司马光、苏辙，等等，不过，一个真正的伟人并不需要用别人的评价来证明自己，摆在眼前的客观事实比任何赞美的语言都更有说服力。

俗话说：一个篱笆三个桩，一个好汉三个帮。李世民也不是一个人在战斗，他的手下灿若群星，在创业过程中，有尉迟敬德、秦叔宝、程知节、李世勣、刘文静、长孙无忌、房玄龄、杜如晦等人辅佐他取得辉煌战绩；在守业过程中，有魏徵、长孙无忌、李靖、房玄龄、杜如晦、高士廉、马周、王珪、褚遂良、李道宗等人陪伴左右，在他们共同努力下，盛唐才能达到我国封建社会的顶峰，屹立于世界之巅，成为中华民族永远的骄傲。

主角：李治

配角：武媚娘、褚遂良、长孙无忌、李勣、苏定方、薛仁贵、李义府、许敬宗、王勃、刘仁愿、刘仁轨等

事件：随着李世民的驾崩，"贞观之治"也落下帷幕。太子李治即位，庙号高宗。刚刚上任的李治表现出一个好皇帝的基本特征——亲贤臣，远小人；勤俭节约；爱民如子；明辨是非……但是，当一个女人占据他心灵的时候，他还会这样吗？

暂且把朝廷内部的纷争放在一边，看看驰骋沙场的唐军将士，例如，智勇双全的苏定方、三箭定天山的薛仁贵、颇有君子之风的刘仁愿和刘仁轨……他们都有什么精彩的表现呢？

新皇上任三把火

一代帝王离开人世，世人还得生活，大唐还得有人作主。

公元 649 年 6 月，太子李治即位，庙号高宗。

刚刚当上皇帝的李治表现非常出色，任命长孙无忌为太尉，兼中书令，另外掌管尚书、门下两省事务。

同时掌管三个省，压力既大，又不符合规矩，长孙无忌强烈要求皇帝为自己减轻工作量，最终李治任命长孙无忌为太尉、同中书门下三品。这个同中书门下三品也是个官名，意思就是虽然不是中书省、门下省的尚书，但和他们具有同样的权力。

除了提拔长孙无忌之外，李治按照跟老爹约定好的方案，提拔李世勣（不过以后，我们不能再叫他李世勣了，因为他的名字和李世民有些相似，犯了忌讳，从此以后改名为李勣）为开府仪同三司、同中书门下三品。

几天之后，唐太宗李世民被葬于昭陵。

李世民刚刚被安葬完毕，有两位部族的大臣就要把家乡的恶习带到中原，突厥人阿史那社尔和契苾何力这哥儿俩要求为李世民自杀殉葬，追随英明神武的先皇。李治连忙制止这种行为，告诉他们李世民生前说过坚决不能搞活人殉葬这种令人发指的事情。

李世民的旨意不能违抗，因此，两位部族将领的心愿无法得偿。

有人可能认为这两人是作秀，究竟是作秀还是发自内心，外人是无法知道的。对比当今社会，有人会因为自己崇拜的歌星、影星等而变得疯狂，在某些特殊情况下选择自杀的也屡见不鲜，以此推之，两位部族将领愿意为敬爱的皇帝自杀殉葬也是合情合理。

李治没有用活人给父皇殉葬，而是雕刻了颉利等被李世民收服的各个部落首领的石像，刻上名字埋入昭陵之中。

处理完父皇的后事，李治也得忙忙自己的事情，当皇帝可比当太子辛苦得多，有很多事情要做，例如，原来用的"贞观"这个年号就得换成新的，公元 650 年，李治改年号为永徽。

俗话说：新官上任三把火。新皇帝上任也是一样，李治干劲十足，继承老爹的优良传统，严格贯彻落实"以人为本"的方针政策，召集各地官员前来汇报工作，凡是有对老百姓不利的事情都要找出来，加以改正。

李治忙得热火朝天，也有人闲得无聊。洛阳人李弘泰诬告长孙无忌谋反，李治想都没想，派人砍下李弘泰的脑袋，让那些无聊人士闭上自己的鸟嘴。

长孙无忌十分感谢这份信任，和褚遂良一起尽心竭力地辅佐李治处理朝政，朝廷内外大小事务处理得井井有条，大唐运转的情况和贞观期间相比有过之而无不及，百姓生活富裕，仓库里也堆满金银珠宝。

然而，金银珠宝并不是好东西，会使人心狂乱，负责宫廷巡查的卢文操经受不住诱惑，跑到国库里偷东西，被抓个正着。

李治对于卢文操这种监守自盗的行为十分气愤，一怒之下就想把他砍了。

谏议大夫萧钧（萧瑀的侄子）站出来履行自己的职责，谏议大夫就是要批评指正皇帝的错误，他对李治说："根据大唐律法，卢文操所犯的不是死罪，陛下不能因为痛恨他这种行为就改变执法尺度。"

在纳谏方面李治和他老爹表现得同样优秀，表扬萧钧是名合格的谏议大夫，根据相应律法处罚了卢文操。

李治除了纳谏方面和老爹差不多，其他方面做的也不错。

公元651年，李治颁布诏令："从今以后，不论什么官员，只要进献鹰犬等令人玩物丧志的东西一律定罪。"

在李治的英明领导下，大唐继续走着上坡路，周边国家也都识时务地表示臣服。

公元651年，百济派使者前来进贡，李治趁机告诫使者："回去之后和你的主子说，老老实实守着自己的一亩三分地儿，不要再和高句丽一起欺负新罗，否则就别怪朕不客气。"

第二年春天，吐谷浑、新罗、高句丽、百济都派使者来大唐进贡，表示愿意唯大唐马首是瞻。

落霞与孤鹜齐飞

唐高宗李治的表现可圈可点，但并非所有的李家子弟都这么懂事，

金州（今陕西省安康市）刺史滕王李元婴（李世民的亲弟弟）骄奢淫逸、腐化堕落，在为李世民守丧期间仍然无节制的游玩打猎，严重影响当地百姓生产生活。

对于这样不像话的叔叔，李治也不客气，了解完情况之后立刻修书一封严厉批评，并表示：你是朕的叔叔，朕实在不忍心将你绳之以法，但你的行为令皇族蒙羞。

除了行为不检点之外，李元婴还比较贪财，积攒金银珠宝是他的爱好之一，对此，李治也很不高兴。

有一次，李治赐给每位王爷五百匹绢，唯独没给李元婴和蒋王李恽（李世民的儿子，同样也是敛财无度）。李治这人没啥大智慧，但小手段应用得还不错，没给这两位王爷绢不说，反倒送给他们两车麻绳，对他们说："你们平时搜刮不少钱财，送你们点麻绳串钱用吧。"

（《资治通鉴》记载：滕叔、蒋兄自能经纪，不须赐物，给麻两车以为钱贯。）

李元婴虽然有很多毛病，但对辖区百姓还算凑合，并且有自己的长处——擅长诗词歌赋和书画，画蝴蝶更是他的绝活，《滕王蛱蝶图》更是传世佳作。

李元婴很有才气，李世民很喜欢这个弟弟，结果喜欢过头给惯坏了，等到李治当上皇帝之后，看这个叔叔横竖都不顺眼，找个机会就把他贬到洪州（今江西省南昌市）当都督。

李元婴到了洪州之后完全没有被贬的郁闷，依然过着"琴棋作伴、诗酒随身"的生活，不但如此，还专门修建一座高楼用来搞聚会。

此楼便是大名鼎鼎的滕王阁，它与湖北的黄鹤楼、湖南的岳阳楼并称为"江南三大名楼"。李元婴建好滕王阁，文人墨客们便有了去处，大家经常聚在滕王阁把酒言欢，讨论诗词歌赋。

说到滕王阁，不得不提起一个人——王勃，他与杨炯、卢照邻、骆宾王齐称"初唐四杰"。"落霞与孤鹜齐飞，秋水共长天一色。"如此脍炙人口的句子便是王勃所写，出处就是《滕王阁序》。

关于《滕王阁序》，还有一段非常精彩的故事。

二十多岁的王勃路过洪州之时，正赶上地方大员阎伯屿都督搞活动，请了很多名儒雅士，王勃有幸也能参加盛会。

席间，阎公表示滕王阁乃皇子所建，意义非凡，楼虽好，但缺个配套的诗文，今天来这么多抱玉怀珠的文人，谁露一手，写篇序，刻在碑上，和此楼流传千古岂不美哉。

笔墨备好，谁来写呢？

大家都互相谦让，谁也不好意思动笔，就这样，纸笔从前排座位传到后排座位，最后传到王勃手中。为何王勃在后排呢，因为此时的王勃年仅二十多岁，虽然文才好，但资历低，只能坐后排。

王勃也没多想，提笔就写。

阎公看王勃接过纸笔开始写起来，顿时就不高兴了，他本来是想让自己的女婿借此机会出出风头，结果被个黄毛小子给抢了机会。

阎公甩着袖子回到里屋，但他又好奇王勃写得怎么样，于是，让手下人替他传达写了什么。

手下人说："开始写了。"

阎公答道："嗯。"

手下人又说："豫章故郡，洪都新府。"（《滕王阁序》的第一句，译文为：汉代的豫章旧郡，现在称洪都府。）

阎公十分不屑地答道："老生常谈，谁不会写？"

手下人又说："星分翼轸，地接衡庐。"（此地处在翼、轸二星的分管区域，与庐山和衡山所在的州接壤。）

阎公仍然不屑地答道："大家都知道。"

手下人又说："襟三江而带五湖，控蛮荆而引瓯越。"（以三江为衣襟，以五湖为腰带，控制荆楚，连接闽越。）

阎公不吱声了。

手下人又说："物华天宝，龙光射牛斗之墟；人杰地灵，徐孺下陈蕃之榻。"（物产华美，天生珍宝，宝剑的光气直射牛、斗星宿之间；人物英杰，山川灵秀，徐孺子在太守陈蕃家中下榻。）（《世说新语》记载，徐孺子家贫，但德行被世人敬重，豫章太守陈蕃不接待世俗宾客，唯独赏识徐孺子，专门为其在家中设置了榻，当徐孺子来的时候，将榻放下来，徐孺子走后再将榻吊起来。王勃这样写也有称赞阎公欣赏才俊的意思，希望他能像陈蕃对待徐孺子一样对待自己。）

阎公略有所思地答道："看来他是想见我啊。"

手下人又说:"雄州雾列,俊彩星驰。台隍枕夷夏之交,宾主尽东南之美。"(雄伟的州郡在云雾中若隐若现,杰出的人才像星星一样闪耀。城池倚据在荆楚和中原交接的地方,宴会上的客人和主人都是东南地区有才华的俊杰。)

阎公掩饰不住爱才之情,微笑着答道:"才子!"

…………

手下人又说:"腾蛟起凤,孟学士之词宗;紫电清霜,王将军之武库。"(文章的辞彩如蛟龙腾空、凤凰起舞,那是文辞宗主孟学士;紫电和清霜这样的宝剑,收藏与王将军的武库之中。)(紫电和清霜都是传说中的名剑,其中紫电为三国时期吴王孙权的藏品。)

阎公拍案而起:"绝!"

…………

就这样,王勃写一句,手下人传达一句,阎公夸一句。

当手下人说到"落霞与孤鹜齐飞,秋水共长天一色。渔舟唱晚,响穷彭蠡之滨;雁阵惊寒,声断衡阳之浦"(晚霞与野鸭一起在天际起舞,秋天的江水和辽阔的天空浑然一色。傍晚时分渔船中传出的歌声,响彻彭蠡湖滨,雁群感到寒意而发出的惊叫,回荡在衡阳水边)的时候,阎公终于坐不住了,整理一下衣服走到堂前,嘴里还说着:"此子下笔有如神助,真乃当世奇才!"

不一会儿,王勃将《滕王阁序》写好,传给大家,请大家帮忙修改。

墨迹未干的文稿在大家手中传来传去,但没人敢拿笔,一个个惊得面如土色,除了赞叹之外还能做些什么?

从王勃放下笔墨那一刻起,滕王阁和《滕王阁序》便凝成一体,千百年来再无人能将其分开。

上面这段关于《滕王阁序》的成文过程应该存在一定的杜撰成分,但它在文学界的地位却是看得见、摸得着的,王勃的才气和成就更是让后人难以企及,然而,天妒英才,王勃在二十七岁的时候掉到海里,惊吓致死。

王勃的人生比大多数人都短暂,取得的成就却远远高于大多数人,流传到现在的诗有八十多首,赋、序、表、碑、颂有九十多篇。

唐朝时期的诗词歌赋在中国乃至世界历史上都有着极高的地位,

正是有无数才子文人共同努力才能取得如此辉煌的成就，在这座永不灭的丰碑上，王勃用短暂的一生写下了浓墨重彩的一笔。

宫廷纷争

滕王阁和《滕王阁序》是很精彩，但身为皇帝的李治实在无暇关心，太多的国家大事困扰着他，尤其是国事和家事搅在一起更让人头疼。

历朝历代都少不了宫廷政变，李治刚刚当了几年皇帝便有幸亲身经历一次，这次的主角是他的妹妹和妹夫——高阳公主和房遗爱。

高阳公主是唐太宗李世民的女儿，房遗爱是房玄龄的儿子。

房遗爱与高阳公主的婚姻是典型的政治婚姻，皇帝将女儿下嫁于爱臣之子，君臣之间除了工作中的上下级关系还多了一层亲家关系，可以使大官更加稳固，这样的婚姻也并非都没真感情，但房遗爱和高阳公主之间确确实实没有真感情，不但没有真感情，两人还各过各的，高阳公主跟辩机和尚搞婚外恋，明目张胆给房遗爱戴绿帽子，房遗爱也不在乎，反正身边的美女多的是，想跟谁好就跟谁好。

当事人可以不在乎，但皇室的生活作风问题还是有人在乎的。当初李世民知道高阳公主跟辩机和尚私通，当即下令腰斩辩机，并把和这事相关的十多个奴婢一起砍了。（《新唐书》记载：初，浮屠庐主之封地，会主与遗爱猎，见而悦之，具帐其庐，与之乱，更以二女子从遗爱，私馈亿计。）

高阳公主深爱着辩机和尚，她永远也无法原谅老爹腰斩自己的爱人，就连老爹死的时候都没流一滴眼泪。

李世民驾崩之后，高阳公主以为没人管得了自己，便为所欲为，挑唆老公跟他的亲哥哥房遗直分家产，又是闹得沸沸扬扬，李治对他们很不满意，将房遗爱贬到地方当刺史。

令李治更恼火的是，自己这个妹妹喜欢和尚的毛病不但没有改，还变本加厉地喜欢上道士，弄来一大群和尚道士和自己鬼混。（《新唐书》记载：浮屠智勖迎占祸福，惠弘能视鬼，道士李晃高医，皆私侍主。）

房遗爱和高阳公主心里都非常虚，和皇帝关系不好，心能不虚吗？

同样心虚的还有薛万彻，他和李治关系也不好，被贬到宁州当刺史。

几个跟皇帝有矛盾又心虚的人凑到一起能做什么？当然是讨论造反问题。

经过几次密谋，房遗爱、高阳公主和薛万彻决定找机会发动一次政变，把李治赶下台，让荆王李元景（李世民的弟弟）当皇帝。

这个想法得到李元景的支持，这小子一直惦记着当皇帝，甚至做梦都朝这个方向努力，为增强房遗爱等人的信心，李元景对他们说："我曾经梦到过手捧日月，这是暗示我将执掌乾坤啊。"

有人敢忽悠，就有人敢信，除了房遗爱等人，柴令武（柴绍的儿子）和媳妇巴陵公主（李世民的闺女）也入伙了，随着这支队伍的不断壮大，他们的自信心也不断膨胀，高阳公主试图要找机会罢免房遗直的官职和爵位，房遗直为自保向李治汇报了那帮人的情况。

李治派长孙无忌调查此事，长孙无忌顺藤摸瓜，把这群乱党全部揪出。

房遗爱被抓之后，挖空心思研究着怎样才能躲过一刀。他犯的可是谋反的大罪，要想保住条命实在不容易，除非戴罪立功，揪出更大的角色，说不定自己将功赎罪能躲过一劫。

谁会是房遗爱选中的倒霉蛋呢？

吴王李恪！

李恪具备这样几个条件，让李治和长孙无忌对相当他不放心。

李恪的母亲是隋炀帝杨广的亲闺女，也就是说他的出身不好，有个令人发指的外公，身体里流着前朝皇帝的血，这可以理解成不安定因素。不过这个理由有些牵强，李恪根本没有必要为素未谋面外公报仇，何况杀他外公的也不是他爷爷和老爹。所以，这只不过就是借口，真正让李治和长孙无忌不放心的是李恪的才华。当初李世民觉得李恪像自己，甚至有要立他为太子的打算，最终长孙无忌带头强烈反对，李世民也认识到自己百年之后，要是没有位高权重的大臣扶持李恪，后果可能很严重，因此，放弃立李恪为太子的打算。

李恪没当上太子，但成为李治和长孙无忌的眼中钉，这二人一直在找机会除掉他。

房遗爱一口咬定李恪是同谋，是真正的幕后主使，李恪也被划入乱党行列关押起来，但房遗爱也没有因此得到什么好处。

公元 653 年 2 月，李治下令将房遗爱、薛万彻、柴令武斩首示众，荆王李元景、吴王李恪、高阳公主、巴陵公主一并赐死。

就这样，一场宫廷纷争以皇帝大获全胜而告终。

通常来说，这种宫廷政变是最佳洗牌时机，此时铲除异己既轻松，又不会被人说闲话，江夏王李道宗一直和长孙无忌关系不好，长孙无忌趁机将其列为反贼同伙，发配象州（今广西象县），这位文武全才的王爷身体和精神都受到极大伤害，病死路上，享年五十四岁。

爱的种子发芽了

宫廷纷争不局限于朝廷内，后宫的女人们斗起来比男人们还要狠。

有人可能会问李世民当皇帝那会儿后宫为什么就没有争斗呢，那是因为李世民英明神武，虽然喜欢美女，但不沉迷，嫔妃们吹枕边风根本迷惑不了皇帝；另外还有长孙皇后贤良淑德、母仪天下，后宫之人自然就不敢闹事。

李治当皇帝之后，册封自己的原配王氏为皇后。

王皇后没儿子，这对一个后宫的女人来说实在是太残酷了，没儿子就没前途、没指望，只能看着别的女人的儿子将来当皇帝。

和王皇后形成鲜明对比的是萧淑妃，人家膝下儿女双全，深受李治宠爱。这样，萧淑妃便成了王皇后的眼中钉，王皇后要想靠自己的力量拔掉这根眼中钉很有难度，必须得寻找帮手。

这个帮手不好找，得年轻漂亮，深受李治宠爱，自己还没儿子。

思前想后，一个人浮现在王皇后脑海中——武氏。

这个武氏就是之前提到的武才人，即武媚娘，沉寂十多年后，中国历史上赫赫有名的大人物终于登上了属于她的舞台。

按辈分算，武媚娘是李治的后妈，但二人年龄相差不大，武媚娘比李治大四岁，算是同龄人。以前李治当太子的时候便和武媚娘有些感情纠葛，不过这当然是私下的，要是让李世民知道还不把他们两个都砍了，宫廷内部乱伦，这要传出去严重伤害国体。

至于李世民在世之时，李治和武媚娘是只有眼神交流？还是已经做出苟且之事？各种史料记载不一，现如今已没人能给出准确说法，总之，爱的种子是埋下了。

李世民驾崩之后，众位没有子女的嫔妃都到感业寺去当尼姑，武媚娘也在其中，有一次，李治到感业寺烧香拜佛，命运安排他和武媚娘邂逅，四目相对，涌出万点泪花。

在热泪的浇灌下，爱的种子发芽了。

李治想把武媚娘召回宫中，但这事不好操作，娶先帝的妃子，也就是自己的后妈当媳妇，这话好说不好听啊。

这些情况王皇后基本也都了解，便想把武媚娘培养成自己的帮手。她暗中让武媚娘蓄发，有了头发才好在宫中走动啊，不然每天晚上皇帝和一个光头尼姑睡在一起叫什么事儿啊！

武媚娘是真心喜欢李治？还是自己不想过青灯古佛的无聊日子？我们依然无法得知，总之，当她听说又有机会可以回宫，笑得眼泪都流了出来。

武媚娘留长了乌黑靓丽的秀发回到宫中，刚开始的时候，对王皇后十分尊重，言听计从。

王皇后也觉得自己把武媚娘从寺里接回宫中简直就是她的重生父母、再造爹娘，她肯定死心塌地拥护自己，结果，令其没想到的是，李治和武媚娘爱情的种子迅速生根发芽，疯狂成长，没过多久，武媚娘被封为昭仪（嫔妃中的第一级，仅次于皇后），王皇后和萧淑妃全部失宠。

王皇后痛恨自己有眼无珠养虎为患的同时，不得不和昔日的死敌结成盟友，王、萧二人摈弃前嫌，携手对付武昭仪。

王皇后和萧淑妃两人抓住一切时机在李治面前说武媚娘的坏话，但效果十分不理想，一个恋爱中的男人智商趋近于零，除了爱人之外，任何人的言谈举止都不会放在心上。

武媚娘不是个省油的灯，收买了皇帝、王皇后、萧淑妃身边的很多宫女太监，及时准确地掌握他们的最新动向，并采取相应动作。

没过多久，王皇后和萧淑妃彻底失宠了。

自残骨肉

王皇后失宠，但仍然是皇后，李治也没有废掉皇后的打算，毕竟皇后是后宫之主，想换也挺麻烦的。

区区一个昭仪远远满足不了武媚娘的野心，皇后，甚至更高的地位才是她的目标，为实现这个目标，她可以牺牲一切，甚至自己的女儿。

公元654年，李治和武媚娘有了爱的结晶——一个漂亮的小女儿。

有一天，王皇后来看这个小公主，还逗着玩了一会儿，令人难以想象的是，王皇后离开之后，武媚娘亲手掐死自己的女儿，又用被子盖好，她知道，按照惯例李治马上就要来了。

武媚娘刚刚布置好犯罪现场，李治就到了。两口子说说笑笑，武媚娘还特意提起今天小公主很乖、很听话，但是，当李治掀开被子的时候，他看到的是一个死婴。

武媚娘大哭大闹寻死上吊，身边的人向皇帝汇报："王皇后刚刚和小公主玩了一会儿。"

李治勃然大怒："好个狠心的皇后啊，竟然能做出如此丧尽天良的事情。"

武媚娘见缝插针，狠狠诽谤王皇后一番。

事情到了这个地步，王皇后浑身是嘴也说不清啊，谁会想到一个温柔贤淑的女人能杀自己的亲闺女啊？这事儿肯定得是和武媚娘有矛盾的王皇后干的啊。

上述情节完全出自正史，《资治通鉴》记载："后宠虽衰，然上未有意废也。会昭仪生女，后怜而弄之，后出，昭仪潜扼杀之，覆之以被。上至，昭仪阳欢笑，发被观之，女已死矣，即惊啼。"

对于这段历史，可信度还是比较高的。王皇后又不傻，她完全没必要杀一个公主，要是个皇子说不定还能让她起杀心，皇子将来可能被立为太子，但公主在政治斗争中不会有太大作用。

刚才咱们不是说过嘛，恋爱中的男人智商趋近于零，李治也不动脑子想想事情的蹊跷之处，完全相信武媚娘的说法，于是，有了废掉王皇后立武皇后的想法。

废立皇后这事说是家事可以（人家爱娶什么样的媳妇，别人当然

管不着），说是国事也行（因为你是皇帝，你的媳妇是皇后，既要管理后宫事务，又是全国妇女的表率），因此，李治和武媚娘便开始做大臣的工作。

有一次，李治和武媚娘到长孙无忌家里做客，长孙无忌好酒好肉招待皇帝，席间，李治送了好多金银珠宝和绫罗绸缎给长孙无忌，并且说王皇后没有子女，将来大唐继承人会是个大问题。

长孙无忌是多聪明的人啊，从李治和武媚娘一进屋，他就看出这两口子为何而来，但他不同意立武媚娘为皇后，这女人才智有余，德行不足，李治看不出武媚娘女儿的死有隐情，大臣们心中都是明镜的。另外，武媚娘曾经是先帝的嫔妃，当现在皇帝的皇后多让人笑话啊。

因此，长孙无忌也不接话茬儿，顾左右而言他，就是不说废立皇后的事。

最终，酒席不欢而散，皇帝与武媚娘还白白破费一笔。

既然暗示无效，那就挑明说吧，武媚娘让自己的亲娘多次到长孙无忌家里做工作，长孙无忌是个很有原则的人，坚决不松口，皇帝执意换皇后我是拦不住，但要征求我意见，我就是不同意。

除了让自己的亲娘做工作之外，武媚娘还收买一些大臣做长孙无忌的工作，礼部尚书许敬宗根据主子的指示，多次和长孙无忌说起废立皇后之事，每次都被长孙无忌痛斥一顿。

耿直的褚遂良

李治发现废立皇后这事，私下做工作是不会有用的，干脆摆在台面上当国事议论一番吧。

有一天，退朝之后，李治招长孙无忌、李勣、褚遂良和门下侍中于志宁到内殿讨论工作，大家心知肚明，这工作一定是关于废立皇后的。

褚遂良看了看这几个人，于志宁是指望不上的，讨论这么尖锐的问题，他肯定不敢开口。（于志宁是原来秦王府的旧部，在李世民当皇帝期间，做过中书侍郎、太子詹事等官，能力水平没问题，但绝没有跟皇帝对着干的胆子。）

为了大唐，总要有人牺牲，褚遂良一咬牙、一跺脚，说道："长孙无忌是皇帝的舅舅，李勣为大唐立过汗马功劳，不能让皇帝诛杀舅舅和功臣，这可是千古骂名。我褚遂良既不是皇亲国戚，也不是有功之臣，但受先帝托孤，今天不以死劝谏，将来九泉之下有何面目见先帝！"（多好的人啊！这种情况下还为皇帝着想呢。）

决定下来之后，长孙无忌、褚遂良和于志宁便去了内殿。

为什么少了李勣呢？因为，关键时刻李勣号称头疼，得回家休息一下。这明显是借口，他就是不想参与这种宫廷内斗。

三人到了内殿，李治开门见山，说道："朕就是看王皇后不顺眼，喜欢武昭仪，要废王皇后，立武昭仪为皇后，你们有啥意见？"

褚遂良是个耿直的人，也不绕弯子，直截答道："我不同意，王皇后出身名门，是先帝为陛下娶的媳妇，先帝临终之时，拉着陛下的手对我们说：'朕的好儿子和好儿媳就交给你们照顾了。'先帝虽然离开我们数年，但这话犹在耳畔，皇后没有什么过错，咋能说废就废？这向百姓怎么交代？"

面对如此耿直的褚遂良，李治也是毫无办法，只好散会。

第二天，退朝之后，李治又把这几个人叫到内殿说这事。

褚遂良的倔脾气一上来还真是九头牛都拉不回来，今天的回答比昨天更难听："陛下一定要换皇后的话，可以从名门望族选漂亮姑娘招入后宫，谁合适就让谁当皇后，为啥一定要选武氏呢？武氏曾经侍奉过先帝，这事儿大家都知道，想瞒也瞒不住啊，千秋万代之后，大家怎么评价陛下呢？"

褚遂良看李治的脸已经气得跟紫茄子一样，便补充道："微臣今天触犯陛下，罪该万死。"说完这话，他摘下帽子开始磕头，搞得到处是血。

李治气的话都说不出来，直接让人把褚遂良拖出内殿，又将其贬至潭州（今湖南省长沙市）当都督。

这时，躲在隔帘后面的武媚娘也忍不住了，也不管什么淑女形象，扯着嗓子喊："为什么不干脆杀了这个老东西！"

长孙无忌十分淡定地答道："褚遂良乃是先朝顾命大臣，即便有罪也不得用刑。"

（《资治通鉴》记载，昭仪在帘中大言曰："何不扑杀此獠！"无忌曰："遂良受先朝顾命，有罪不可加刑。"）

在这个过程中，于志宁吓得冷汗直流，一直也没敢说一句话。

除了褚遂良之外，还有几位重臣也反对李治废立皇后的做法。

黄门侍郎韩瑷声泪俱下地劝说李治："一般人娶媳妇都要精挑细选，何况皇帝册封皇后呢，皇后是天下妇女的典范，好皇后可以辅佐皇帝，坏皇后则祸国殃民，殷商因妲己而亡，周朝毁于褒姒之手，每当看到这些我都感到无比痛心，请陛下三思而后行啊！"

韩瑷的劝谏依然不被李治采纳，于是，另外一位大臣也挺身而出，来济同样言真意切地劝说李治不要做傻事，要多为自己的名声考虑考虑，别因为一时冲动成为千古笑柄。

为了武媚娘，李治已经不在乎别人怎么看，至于是否成为千古笑柄，他也并不在意。不过，关于这事也并非所有大臣都反对，李勣能看出来胳膊拧不过大腿，不管出于什么目的，凡是跟皇帝对着干都不会有好下场，因此，在李治征求他意见的时候，他这样答道："这是陛下家事，何必要去征求外人意见呢？"

除了李勣之外，许敬宗也替李治说好话："农民要是丰收了，家里有点儿余钱还惦记着换个年轻漂亮的媳妇呢，皇帝发现更好的女人，当然也可以换皇后了，为什么要在乎别人的反对呢。"（《资治通鉴》记载，许敬宗宣言于朝曰："田舍翁多收十斛麦，尚欲易妇；况天子欲立后，何豫诸人事而妄生异议乎！"）

就这样，李治终于下定决心，不管别人怎么说、怎么看，这个皇后换定了。

容人之量

公元 655 年 10 月，李治颁布诏书，说王皇后和萧淑妃准备下毒谋害皇帝，将其废为平民，他们的父母兄弟也因此受到牵连发配边疆。

事情到这个地步，大家也都明白了，除非把李世民从昭陵挖出来，不然谁也阻止不了李治胡作非为，个别耿直不怕死的大臣无计可施，更多的大臣觉得，领皇帝发的俸禄，就得听皇帝的。几天之后，众位大臣请求皇帝早立皇后，后宫不可一日无主。

李治借坡下驴，高高兴兴地颁下诏书："武氏门庭显赫，全家都是大唐栋梁之材，为大唐立下汗马功劳，武氏本人秀外慧中，贤良淑德，能娶到这样的媳妇是朕的幸运，也是大唐的幸运……朕决定：立武氏为皇后。"

这个世界就是这个样子的，老百姓发表点儿意见叫造谣，会被戴上"品德败坏"的帽子，甚至还会被关进小黑屋过暗无天日的日子，统治阶级却可以随便瞎扯，扯得多离谱都不觉得脸红。李治颁下如此令人反胃的诏书，大家又能把他怎么样呢？

但是，世界上还有这样两句话：第一句是出来混迟早要还的！第二句是自作孽不可活！李治颁下这份诏书便注定他终将有个悲惨的结局。（这些都是后话，此处暂且不提。）

大多数人都是目光狭隘的，只能看见眼前的一小片天地，对于将来的事情并不会做太多打算。摆在李治和武媚娘面前的事情就是演戏，收买人心。

武媚娘上表说："我以前是昭仪的时候，陛下想立我为宸妃，韩瑗和来济认为这不合规矩，提出反对意见，他们这样做是为了大唐，应该重赏。"

韩瑗、来济两人又不是傻子，这样的赏赐使他们心里极其不踏实，得罪一个连自己亲生女儿都下得了手的女人，她能放过你吗？作为侍中的韩瑗和中书令来济纷纷表示辞官，想离开这个是非之地。

李治当然不会允许他们辞官，他们要是辞了职的话，大家该以为皇帝、皇后小气，没有容人之量呢。

至于李治和武媚娘有没有容人之量，很快便见分晓。

原来的王皇后和萧淑妃都被关进一个小院，李治的本性还算仁慈，也念旧情，偶尔会想起这两个已成阶下囚的媳妇，有一次，他特意到这个小院看望两个媳妇，想起多年的夫妻之情，说道："皇后和淑妃在里面吗？"

王皇后泣不成声，答道："我等已是有罪之人，连宫中的仆人都不如，哪还敢享受'皇后'这样的尊称啊。"

李治听王皇后这样一说更加难过，王皇后赶紧趁热打铁，继续说道："陛下若是还念旧情的话，就早点让我们重见日月吧，并且将这个院子改名为'回心院'，我们大家都回心转意，重新开始。"

李治答应王、萧二人的请求，准备回去操办。

前文中曾经交代过，武媚娘收买了李治身边的很多太监，这事她第一时间就能收到汇报。

武媚娘心狠手辣，能给王、萧二人翻身的机会吗？

这个无须我说，大家都知道肯定不能，不但不能，而且还要继续用更加残忍的手段折磨她们。

这种残忍的手段早在西汉初期就有人用过，那人是汉高祖刘邦的皇后吕雉。

跟吕雉比起来，武媚娘有过之而无不及，她将王、萧二人暴打一顿，砍掉手脚装进一个坛子，并在坛子里装满酒，美其名曰：醉美人。

在武媚娘折磨萧淑妃的时候，萧淑妃声色俱厉地骂道："我死之后将变成猫，让武毒妇变成老鼠，扒她的皮、吃她的肉、喝她的血。"

如此折磨几天，王、萧二人含恨而死，按理说人都死了，恩怨情仇也就消散了，但是，武媚娘还是不肯罢手，竟然鞭尸！

武媚娘再怎么说也是个女人，尤其是一个做了很多亏心事的女人，她怕报应，从此之后，宫中再也不准养猫。

即使宫中不养猫，武媚娘也睡不踏实，半夜经常会惊醒，满脸是血的王、萧二人数次光临她的美梦。在皇后宫中睡不踏实，武媚娘又换别的地方睡，仍然噩梦不断，因此，她后来大多居住在洛阳，基本不回长安。

（《资治通鉴》记载，武后闻之，大怒，遣人杖王氏及萧氏各一百，断去手足，捉酒瓮中，曰："令二妪骨醉！"数日而死，又斩之……淑妃骂曰："阿武妖猾，乃至于此！愿他生我为猫，阿武为鼠，生生扼其喉。"由是宫中不畜猫……武后数见王、萧为祟，被发沥血如死时状。后徙居蓬莱宫，复见之，故多在洛阳，终身不归长安。）

藏污纳垢之地

武媚娘对王皇后和萧淑妃的行径如此令人发指，李治竟然不闻不问。

大唐有这样的皇帝和皇后，风气肯定不会太好，部分原本衣冠楚楚的大臣们也会龇出阴森的獠牙。

人性中有善的一面，也有恶的一面，好的皇帝和好的社会风气会抑恶扬善，反之，人们更容易暴露出劣性。

现在的中书侍郎李义府在李世民当皇帝期间做监察御史，文采出众，著有《古今诏集》一百卷、《李义府集》四十卷、《宦游记》二十卷，然而，他的才和德并不匹配，为人阴险狡诈、笑里藏刀，善于拍马屁，深得武媚娘宠幸。

李义府长相平易近人，跟人说话态度更是无比温和，在他柔弱的外表下深藏着尖牙利爪，大家暗地里都称他为"李猫"。

在李世民当皇帝的时候，李猫只能夹起尾巴做人，到了李治当皇帝、武媚娘当皇后的时候，这样的货色则是如鱼得水。

一个偶然的机会，李义府看上大理寺监狱中的一个女犯人，便让大理寺丞毕正义私下把女犯人放出来，准备纳其为妾。

这事后来被大理卿段宝玄发现，并且向李治做了汇报，李治让给事中（门下省官员）刘仁轨彻查此事。

李义府怕事情泄露，逼迫毕正义上吊自杀，主犯已死，这事也就没必要查下去，其实大家都知道谁是幕后主使，但幕后主使是皇后的亲信，皇帝不想动他，别人又能怎样？

李义府逃脱罪责之后，反戈一击，将刘仁轨贬到青州做刺史。

对于李义府的行径，满朝文武敢怒不敢言，新上任的武皇后手段之残忍令人咋舌，得罪她就是自寻死路。

武皇后虽然彪悍，但仍然有人不怕她，侍御史王义方准备要以身殉道，弹劾李义府，在这之前，他有个问题想不通，只好向老娘请教："我身为御史，如果发现奸臣而不把他揪出来，那就没完成本职工作，这样是不忠；我若和恶势力对抗很可能牵连到家人，这样是不孝，忠孝不能两全，我该何去何从？"

王妈妈坚定地答道："你能事君以忠，我死无憾！"

没有后顾之忧的王义方挺身走到李治面前，毫不隐讳地陈述李义府的犯罪事实。

王义方的悲哀在于他眼前的这位皇帝并非明君，李治不但不治李义府的罪，反倒说王义方污蔑大臣，将其贬至地方做官。

刚直不阿，忠君爱国的王义方被一贬再贬，最终流落到海南。

现代人可能会想，海南是多好的地方啊，吹着海风，洗着海澡，吃着大螃蟹，绝对是国内旅游热线啊。

当时的海南可谓蛮荒之地，中原文化难以传播到那里，生产力水平也相对落后，生活更是艰苦（几百年后，苏东坡也曾被贬到海南，他给别人写信介绍这里的情况是"食无肉、病无药、居无室"，这日子够苦的吧！），但这并未影响到王义方的志向，他到海南之后设堂讲学，教化当地百姓，被称为海南的"文化先师""开创海南儒学教育的第一人"。

根据《新唐书》记载：当年魏徵发现王义方是个人才，想把自己媳妇的侄女嫁给他，让人没想到的是，这样一门令无数人向往的婚事竟然被王义方拒绝掉。没过多久，魏徵驾鹤西游，办理完丧事之后，王义方向魏徵媳妇的侄女求婚，大家不解，问其缘故，王义方答道："当初魏先生是宰相，我不想攀附高枝，现在魏先生仙去，我要完成他生前的愿望，以报答知遇之恩。"

通过这样一件事，让我们更加敬佩王义方的为人，这也是他一个小小的御史能够以忠诚仁义的美德荣登正史大堂的原因。

御史大概是六品左右官阶，这样的官员多如牛毛，但是王义方的事迹在《新唐书》《旧唐书》《资治通鉴》《广东通志》《琼台志》《琼州府志》等史书中都有记载。

王义方敢于和李治争辩是非，韩瑗也不甘示弱，公元656年，他上疏李治，为褚遂良申冤。

李治和武媚娘恨不得褚遂良早点儿见阎王，怎么可能原谅他曾经犯下的不可饶恕的错误呢！

韩瑗一看李治并不采纳自己的建议，这也能从侧面反映出目前的朝廷的昏暗程度，像褚遂良这样忠心耿耿的顾命大臣都没有容身之地，何况其他人呢？韩瑗心灰意冷，再次向李治递交辞表，结果依然没有得到允许。

公元 657 年，许敬宗、李义府根据武媚娘指示，诬陷韩瑗、来济与褚遂良图谋不轨，同年 8 月，韩瑗被贬到振州（今海南省三亚市及周边区域）当刺史，来济被贬到台州（今浙江省台州市）当刺史，褚遂良贬到爱州（今越南的清化）当刺史。这几个人被安排的一个比一个远，朝廷渐渐地被奸佞小人占领，成为藏污纳垢之地。

这一年，武媚娘还根据自己的心愿做了一件事——定洛阳为东都。长安城有死在她手下的女儿、王皇后、萧淑妃的冤魂，她再也不想回到那个地方。

李治背后的黑手

自从韩瑗、来济、褚遂良等被贬至外地，中书令李义府简直变成了螃蟹，在长安城里都是横着走路的，结党营私、卖官鬻爵，权倾朝野坏事做尽，惹他的人非死即伤，借此机会，反对武媚娘的人一个又一个地被清理掉，挡在他面前的只剩最后一座高峰——长孙无忌。

公元 659 年，有人状告太子洗马韦季方和监察御史李巢勾搭成奸，图谋不轨。

这两人真的干了违法乱纪的事？

当然不是，他们都是因为不想受武媚娘摆布残害忠良才被人算计的，真正干坏事的人往往都能逍遥法外，正直善良的人更有可能蒙受不白之冤。

在武媚娘的授意下，许敬宗开始彻查此事。

韦季方知道自己已经落入魔爪，想要逃脱可以说极难也极易，只要向恶势力屈服，跟他们一起残害忠良，立刻便能获得自由，如果不想跟那些奸佞之人狼狈为奸，那自己的人生应该也就到了尽头。

韦季方是条汉子，他选择舍生取义，然而自杀未遂，反倒成为许敬宗的借口，许敬宗向李治汇报："韦季方与长孙无忌准备谋反，被发现后畏罪自杀。"

李治先是吃惊，然后开始伤心，亲舅舅竟然想拆自己的台啊。

这个时候，伤心没有用，赶快把事情原委调查清楚，研究一下怎

么处理吧。

几天之后，许敬宗将"调查结果"上报给李治，李治认认真真看完韦季方交代的跟长孙无忌谋反的供词（当然是许敬宗编造出来的假供词），说道："几年前高阳公主和房遗爱造反，朕已经伤心欲绝，现在舅舅又想造反，这是真的吗？"

许敬宗缺德，但不缺才，简单的几句话便让李治认识到事情的严重性，他对李治说："房遗爱不过是个乳臭未干的小子，高阳公主乃女流之辈，他们不可能掀起什么大风浪。长孙无忌可不同，他辅佐先帝建立大唐基业，天下人都认同他的能力；当了三十年宰相，天下人都臣服于他的威严。现在他准备造反，假如一切准备就绪，陛下是他的对手吗？当年宇文化及的老爹宇文述是杨广的近臣，宇文述死后，手握大权的宇文化及不是照样会谋反嘛，今天长孙无忌为何就不会步他的后尘呢？"

李治想了想，觉得许敬宗的话很有道理，但还不死心，让他再去查查，看看是不是有什么误会。

第二天，许敬宗向李治汇报："韦季方已经承认和长孙无忌串通谋反的事实，并且还说出谋反的原因，长孙无忌和韩瑗、柳奭（shì）、褚遂良、来济等人原本都是支持原王皇后的，现在褚遂良、来济等人受到惩罚，他自己开始害怕起来，因此想要造反。"（柳奭是"唐宋八大家"之一柳宗元的曾伯祖，曾伯祖是曾祖父的哥哥。）

李治一听，看来是真的，那就得跟舅舅翻脸了，但他还有所顾虑，问许敬宗道："长孙无忌是朕的亲舅舅，朕不忍心杀他啊，再说了，假如诛杀舅舅大家会怎么看朕？后世会怎么看朕？"

这个问题难不倒许敬宗，他引经据典："当年汉文帝诛杀亲舅舅薄昭，天下人都说文帝英明。陛下杀该杀之人大家怎么会认为陛下不对呢？"

听许敬宗这样一忽悠，李治就决定要彻底铲除舅舅及其余党。

此次"宫廷政变"很快便宣告结束，受牵连的有褚遂良、柳奭、韩瑗、于志宁以及他们的家人、亲属等，处理结果就是流放的流放，被杀的被杀。

长孙无忌是上吊死的；褚遂良去年就已经郁郁而终，这次对他的处置结果是削去生前官爵；柳奭、韩瑗被诛杀；于志宁的结局还凑合，仅仅是被贬谪，保住一条性命。

事情发展到这个地步大家心中应该都有疑虑：第一，长孙无忌是否真的有造反之心？第二，李治不直接向韦季方核实，也不当面质问长孙无忌，为何如此草率地决定此等大事？

后世有人认为长孙无忌是有反心的，但我认为可能性不大，理由如下：

第一，从李世民死到李治要对长孙无忌下手，有十年左右的时间，以长孙无忌的能力和势力，要想造反这时间应该足够他做准备，但是，他并未自立为王，或者扶植一个弱智的傀儡皇帝。

第二，于公于私，长孙无忌和李世民的关系都非比寻常，他若是抢李世民的天下，那岂不是要被后人的口水淹死！长孙无忌是文化人，明白这个道理。至于一些人会认为统治阶级可以胡编乱造些假历史糊弄后人，那实在是没文化的表现，假历史蒙得了当世，但蒙不了后世，任何编造出来的假"真相"都会在不久的将来被拆穿。

根据上述两点原因，我认为长孙无忌是无辜的。

古往今来，更多的人认为铲除长孙无忌等人是李治借武媚娘之手实现自己的目的，杀了这些重臣之后可以把权力收入囊中。本人并不赞成这种观点，李治并不是那种非要把权力握在自己手中才踏实的狂人，否则他也不会让武媚娘做大做强。

李治为何会如此草率地处理这样的大事？依我看来，这个草率是假装的，他的背后有只黑手在控制着一切，武媚娘要铲除眼前的障碍，她想自己登上历史的舞台，唱主角！

（之前曾经强调过要想铲除宰相集团十分困难，并且还会伤及筋骨，为何现在武媚娘、李治联手铲除了这个集团之后，看起来并未有什么严重后果呢？这是因为，近几年来，武媚娘已经培养起自己的一套人马，他们刚好顶替原来的宰相集团，新的宰相集团完全受控于皇后，这种局面带来的不良后果将来一定会有所体现。）

经过这次莫须有的宫廷政变，朝廷大官顺利实现大换血，再也没有势力和武媚娘相对抗，她虽是皇后，实际上已经掌握部分皇权。（《资治通鉴》记载：自是政归中宫矣。）

【第七章】难承父志

西突厥的最后一位可汗

李治把宫廷内部问题搞得一塌糊涂，但在对外军事行动方面还是卓有成效的。

公元651年，西突厥仍然有很多部落未向大唐臣服，阿史那贺鲁自立为沙钵罗可汗，把总部设在双河（今新疆博乐一带），大概统领十个姓氏的部落，控制西域部分地区。

同年7月，沙钵罗可汗进犯庭州（今新疆吉木萨尔以北），庭州是天山以北的政治、军事重镇，李治立刻采取军事行动予以回击，任命左武侯大将军梁建方和右骁卫大将军契何力为行军总管，带领三万大军以及回纥部五万骑兵讨伐沙钵罗。

面对气势汹汹的唐军，沙钵罗当起缩头乌龟，唐军拿他没办法，只好撤军。

两年后，西突厥的乙毗咄陆可汗（之前提到的让杨广和李渊都吃过不少苦头的始毕可汗的儿子）归西，他的儿子颉苾达度设自称真珠叶护，真珠叶护和沙钵罗两个人合不来，纠纷不断，最终演变成大规模武力冲突，沙钵罗为此付出惨重代价。

又过了两年，真珠叶护发现靠自己的力量很难彻底消灭沙钵罗，便派遣使臣跟大唐沟通，请求建立军事同盟共同对抗沙钵罗。

第二年，即公元656年，李治任命右屯卫大将军程知节为行军大总管，王文度为副大总管，讨伐沙钵罗。

程知节的大军很快和西突厥的军队战在一处，榆慕谷（今新疆霍城）一战，沙钵罗统治的歌逻、处月两个部落大败而归，程知节首战收获一千多颗人头。

与此同时，程知节的行军副总管进攻突骑施、处木昆等部落，砍死三万多人。

程知节乘胜追击，几个月后，前军总管苏定方带领的唐军先头部队在鹰娑川（今新疆开都河上游）遭遇西突厥骑兵。双方军力对比是五百比两万，另外西突厥还有两万多骑兵正在增援的路上。

苏定方看看身边的五百骑兵，再看看远方的两万西突厥骑兵，四十倍的差距啊！而且同样都是骑兵，也就是说每一名大唐士兵要面对四十名敌军。

"能够战死沙场是一个将军的荣幸，能够和同样勇敢的战友共同战死沙场是无比的荣幸！"苏定方洪钟般的吼声冲击着将士们的耳膜，如同兴奋剂一样在身体里扩散。

五百对两万，结局竟然是两万人马狼狈逃窜，五百猛虎如入羊群般势不可挡，激战过后，苏定方大获全胜，斩杀西突厥一千五百多人，收缴战马、器械等军事物资不计其数。

苏定方及手下将士并未荣幸地战死沙场，倒是荣幸地获得军功和美名，这让小心眼儿的行军副总管王文度十分不爽。

"苏定方算什么东西？不过是一个匹夫罢了！再让他打几个胜仗，这个前军总管岂不是要比我这个全军副大总管还要风光。"这是王文度的真实想法。

王文度向程知节建议："虽然大破敌军，但我军损失惨重，应该稳扎稳打，不能贸然进攻，如果沙钵罗前来找死，我们再防守反击。"

本来以程知节的脾气是不会赞同王文度的想法，但是，军中散播这样的谣言：程知节恃勇轻敌，皇帝才派王文度当副大总管节制他，怕他孤军深入。

程知节也不知道这样的谣传是真是假，再加上此时正是12月份，冰天雪地，行军确实困难，程知节决定采用王文度的防守反击建议。

眼瞅着沙钵罗越跑越远，苏定方是真着急啊，多次劝说程知节应该一鼓作气彻底消灭西突厥，都遭到拒绝。

最终，沙钵罗也没来进攻，唐军根本无须防守，也就更谈不上反击。程知节衡量一下局势，已经无仗可打，只好班师回朝，西突厥十分侥幸地逃过灭顶之灾。

对于前线情况，李治一清二楚，王文度贻误战机本应被斩首示众，念在他之前立下过一些功劳，此次免其死罪，削职为民，这时，他才认识到嫉妒之心害人不浅！

另外，程知节因不能审时度势有失主帅职责，被罢免官职。

西突厥的问题没有彻底解决，始终是李治的一块心病，公元657年正月，李治为解决这块心病，任命苏定方为行军总管，带领任雅相、萧嗣业再次讨伐沙钵罗。

苏定方率军一路西进，沙钵罗也正在全力以赴备战，去年的大战让他心有余悸，知道唐军，尤其是苏定方确实不好惹，和以往遇到的对手完全不同，这些人是钢铁机器，战术手段丰富，花样极多，自己又没学过什么兵法，对付他们实在是有难度。

怕也没有用，该来的还是会如期而至。

曳咥河（今新疆额尔齐斯河上游）西，沙钵罗严阵以待，率领手下十姓部落的十万精兵迎接远道而来的客人。

不一会儿，远方的地平线上一片黑压压的乌云席卷而来，这就是苏定方的一万多步兵和骑兵。

看着苏定方的一万多人，而且这其中还有步兵，沙钵罗终于长长出了口气，心中暗道："看来这次又能逃过一劫，以十对一，我还打不过他吗？对方的一万多人中还有部分步兵，在这平原之上，骑兵眼中的步兵不过是土鸡瓦犬。"

沙钵罗只知其一不知其二。

兵不在多，而在于精，冷兵器时代的战场主要靠金鼓旌旗来进行指挥，真正厮杀在一起的时候，普通士兵眼中只有刀枪剑戟，耳中只有人喊马嘶，哪还能分辨出别的东西！只有训练有素的精锐士兵才能够通过各种信号接收到主帅的指示，按照指示进行战斗。

苏定方的一万多人个个都是精锐，十八般武艺样样精通。

步兵在骑兵面前真的是废物吗？看着眼前的情景，沙钵罗开始犹豫了。

苏定方以步兵列阵迎敌，骑兵伺机准备冲击。这战术也是李世民、李靖惯用的，在冷兵器时代，自从有了骑兵以来，这种战术便是主流，只不过有人用得好，有人用得不好而已。这个战术有两个关键，第一个关键：作为肉盾的步兵够不够坚实，能否抵挡敌人的正面攻击；第二个关键：作为尖刀的骑兵够不够犀利，能否撕开敌人的阵型。

苏定方的步兵列的什么阵？学名我不知道，要是根据外形来看的话，称之为"刺猬阵"再适合不过了，士兵们脸朝外围成一个大圈，端稳长槊一致对外。西突厥骑兵从外围猛冲，结果只能让唐军的长槊上多了一具又一具的尸体，此等情形就如同狗咬刺猬——无从下口。

如此看来，苏定方的肉盾不但够坚实，而且还具备一定的反击能力，接下来要看的就是他的尖刀够不够犀利。

西突厥军数次冲击无果，阵脚已乱，苏定方一马当先率领骑兵对着敌人的薄弱环节发起冲击，敌军开始溃败。

这时，人多不好指挥的缺点显露无遗，西突厥兵怎么跑的都有，十分准确地演绎出兵败如山倒的混乱局面。

（《资治通鉴》记载：定方令步兵据南原，攒槊外向，自将骑兵陈于北原。沙钵罗先攻步军，三冲不动，定方引骑兵击之，沙钵罗大败。）

苏定方乘胜追击，斩杀数万。

第二天，苏定方再次发起猛攻，已经被吓破胆的西突厥兵象征性地抵抗一下，便跑的跑、降的降，沙钵罗带着几百骑兵向西逃窜，苏定方、萧嗣业、任雅相等人随后紧追。

沙钵罗沿途又召集不少手下，但还是不敢应战，只是带着更多人的逃跑，他现在只能祈祷老天爷帮他一把，让苏定方等人放弃追击。

沙钵罗边跑边祈祷，令他自己都没想到的是，祈祷竟然奏效了！漫天乌云在不知不觉中化作鹅毛大雪，足足下了两尺深，如此恶劣的天气条件，苏定方应该没法追了吧。

苏定方的手下也是这样认为的，再加上本次出征已经取得如此丰硕的战果，足够回去跟皇帝讨个好封赏，天气这么差就别追了，或许是上天不想亡沙钵罗呢。

苏定方并没有心思猜上天是怎么想的，也没有听从手下的建议，而是对他们这样说："此刻沙钵罗肯定认为我们不会继续追击，因此放松警惕，我们若是能够克服困难，定会给他个'惊喜'。"

苏定方治军有方，他说啥大家就听啥，他让大家雪地急行军，大家就跑步前进。

沙钵罗刚刚感谢完上天赏赐这场暴雪让他摆脱敌人的追击，就发现苏定方横刀立马站在面前，他也顾不上思考这是为什么了，赶快继续连滚带爬地逃命。

西突厥被打了个措手不及，又有数万无辜的战士到阎王那里去报到。

命大的沙钵罗带着儿子和一群近臣逃到石（西域政权，现在的乌兹别克斯坦共和国境内），苏定方分析一下眼下局势，沙钵罗应该是再

也没有翻身的机会，自己无须率领大队人马继续追击，派萧嗣业带领一队人马应该就能为沙钵罗的人生画上句号。

苏定方处理完战争的后续工作，然后班师回朝。

沙钵罗到石避难就是自投罗网，他平时没做那么多善事，现在落难了，人家也不会帮他，反倒是拿他作为送给大唐的礼物，定能讨得大唐欢心。

当萧嗣业到达石的时候，还没想好怎样和人家交涉，就看见了眼前五花大绑的沙钵罗。

公元 657 年 12 月，李治在原西突厥的地盘设置濛池都护府和昆陵都护府管理当地。

都护就是监护的意思，都护府的职责就是唐朝在边远民族地区设置的统治机构。

濛池都护府的辖境约今中亚楚河以西至咸海一带，昆陵都护府的辖境约今新疆北部及巴尔喀什湖东南一带。

沙钵罗的地盘被大唐占领，自己也成为李治的阶下囚，李治对他倒还不错，让他在长安安度晚年。

不久之后，西突厥的最后一位可汗——沙钵罗可汗——在长安病逝，就这样，西突厥黯然退出历史舞台，沙钵罗用自己的失败成就了李治和苏定方的美名。

征讨高句丽

彻底解决掉西突厥，让大唐西北边疆前所未有的安定，不过，跟西突厥比起来，李治更想消灭的是高句丽。

想当年隋文帝杨坚一门心思和高句丽过不去，隋炀帝杨广更是举全国之力三次东征，就连唐太宗李世民这样极少主动出击的英明圣主也持续对高句丽作战，现如今的高宗李治也一直惦记着有一场仗必须得打——东征高句丽。

后世公认李治性格懦弱，李世民也能认识到这点，当初立他当太子的时候还担心"恐不能守"，意思就是担心李治懦弱守不住大唐这份家业。

为什么如此懦弱的李治也惦记着高句丽呢？

《新唐书》中李治说过的这样一句话应该能出答案："高句丽百姓，即朕之百姓也。"由此可见，他和以往的几位皇帝一样，认为高句丽是中国领土不可分割的一部分，东征高句丽算是统一战争。

李治即位以来和高句丽摩擦不断，公元658年终于大打出手，营州都督程名振和右领军中郎将薛仁贵带兵进攻高句丽。

薛仁贵在贵端城（今辽宁省浑河一带）大破高句丽军，斩首三千。

第二年，薛仁贵和梁建方、契苾何力等人再次与高句丽大将温沙门战于横山（今辽宁省辽阳市华表山）。薛仁贵一马当先杀入敌阵，左右开弓，高句丽兵无不应弦而倒，唐军再次大获全胜。

高句丽屡屡败北，但仍不消停。公元660年，高句丽再次跟百济一起把魔爪伸向新罗，新罗王知道自己不是他们的对手，当即向李治求救，李治派苏定方为行军大总管率领水陆大军十万支援新罗。

李治如此干脆利索地出兵是有自己的打算，百济是跟着高句丽混饭吃的小弟，先收拾了小弟，再收拾大哥也会容易些。

同年8月，苏定方从成山（今山东省荣成市）渡海，百济在熊津江口（今锦江）列阵相迎，苏定方率军突击，百济军被打得狼狈逃窜，苏定方直逼百济都城俱拔城（今朝鲜全州）。

这个时候百济才认识到灭顶之灾即将降临，于是征集军队发起最后的反击，这样的抵抗是徒劳的，在将智兵勇的唐军面前，百济士兵简直就是手无缚鸡之力又不懂兵法的活靶子，一战过后，百济首领义慈王被打怕了，弃城而逃，他的二儿子泰自立为王，但是义慈王的大儿子，也就是太子隆和隆的儿子都不想和苏定方为敌，就算苏定方没有攻破城池杀掉他们，到时候自立为王的泰估计也不会让他们活命。

隆衡量一下眼前情况，决定主动请降，城中百姓也跟着隆一起站到唐军这边，这样的局面让泰手足无措，他也只能选择投降。

百济就这样被轻松搞定，大唐在此设置了五个都督府管理当地百姓。

为彻底消灭孤军作战的高句丽，李治任命契苾何力为浿（pèi）江道行军大总管，苏定方为辽东道行军大总管，刘伯英为平壤道行军大总管，程名振为镂方道总管，多路并进直击高句丽。

主力部队去打高句丽，百济这边也不能放任不管，不然有死灰复燃的可能。苏定方反复权衡手下众将的各种指标参数，最后觉得有勇有谋并且十分沉稳的刘仁愿应该能够担当镇守百济的重任。

唐军大部队离开百济之后，立刻就有人闹事，和尚道琛和大将福信从倭国（今日本）接回义慈王的另外一个儿子扶余丰主持大局，联合倭国共同围攻刘仁愿。

唐军大部队正在进攻高句丽，根本没有人手帮助刘仁愿，刚好刘仁轨（和刘仁愿并非兄弟，也没有亲属关系，名字相似只是巧合）带领一队人马前来支援，二刘合兵一处抵抗福信军，同时请求新罗派兵救援，然而新罗的援军遭遇福信伏击，惨败而归，福信杀死道琛和尚，独自掌握百济叛军，自称领军将军。

二刘合兵一处，虽不能消灭福信，但自保尚有余力，这样苏定方等人便可以专心致志对付高句丽。

苏定方那边一路攻城拔寨，所到之处高句丽军望风而逃，几个月后，唐军终于站在平壤城下。

又过了几个月，唐军依然还是站在平壤城下。

平壤城的防守之强悍在几位将军预料之外，久攻不下，唐军人困马乏，再加上狂风暴雪，天气异常恶劣，公元662年2月，苏定方带着遗憾班师回朝。

三箭定天山

唐军在高句丽战场虽然没有取得彻底胜利，但收获还是很大的，李治对东征人员表示相当满意。

与此同时，北伐人员也不甘示弱。公元662年3月，北线战场传来捷报——郑仁泰、薛仁贵大破回纥九姓联军。

回纥不是一直跟大唐关系不错吗？前几年还帮着大唐打西突厥，这怎么又和大唐打起来了？

原来，公元661年，回纥首领婆闰死了，婆闰的儿子比粟毒即位，比粟毒政治观点和向来老爹不一致，老爹臣服于大唐，他偏偏要和大唐作对。

比粟毒即位后的第一件事就是撺掇回纥各部反唐，在他的撺掇下，一共九个姓氏的部落愿意和他一起撼一撼大唐这个庞然大物。

回纥的战斗力和西突厥相当，不能轻视，李治任命郑仁泰（参加玄武门政变的九个重要人物之一）为主将，薛仁贵为副将带兵到天山讨伐回纥九姓联军。

出征之前，李治在内殿为郑仁泰、薛仁贵二人召开送行酒会。

酒席宴间，李治喝得很高兴，想亲眼见识一下薛仁贵是否有传说中的那样厉害。当初薛仁贵身着奇装异服，手持方天画戟在高句丽战场冲杀的时候，李治作为太子留守长安，之后薛仁贵再次于高句丽战场所向披靡，李治也没见到，只是坐在龙椅上听说此人极其彪悍，今天一高兴便想见识见识高手风范。

李治听说薛仁贵和自己的老爹一样都擅长射箭，便对他说："听说古代善于射箭的高手能够射穿七层铠甲，我也不要求你射那么多，射五层试试吧。"

薛仁贵也不矫情，令人准备好铠甲，弯弓搭箭，弓弦响过，五层铠甲应声而穿，李治交口称赞。

喝完送行酒，听完皇帝的称赞，郑仁泰和薛仁贵带着士气高昂的小弟出发了。

唐军到达天山，回纥九姓联军十多万人已经占据有利地形严阵以待。

这是比粟毒反唐的第一战，回纥将领们都想拿个头功献给新王，几十员将领一拥而上挑衅唐军。

唐军也有很多将士想要往前冲，薛仁贵大喝一声："我自己就足够了。"然后驱马来到阵前，单挑数十回纥将领。

薛仁贵不是莽汉，此举也不是冲动，他看出回纥军士气正盛，还占据着有利地形，这种情况下，两军列开阵势对打，胜负难料，就算唐军尽是精锐，能够打赢，战损也会比较严重，于是，他便决定以一己之力灭了回纥威风。

两军阵前，薛仁贵气定神闲，弯弓搭箭，左手如托泰山，右手如抱婴儿，"嗖"的一声，一员回纥将领栽于马下，就在其他将领还没回

过神儿来的时候，"嗖、嗖"，又是两声，又有两员回纥将领应声落马。

"这是人吗？！"

回纥将领拨马就往回跑，这样的恐慌同时在他们的军中蔓延。

回纥将领也不是白痴，一般的羽箭射过来他们都能躲过去，薛仁贵射出的箭速度极快，根本来不及躲，现在薛仁贵射的又是高速移动靶，仍然能保证百分百命中率，因此，这三箭才在回纥军中引起恐慌。

薛仁贵指挥唐军冲杀，在战场上毫无斗志并且被恐惧占据心神的士兵只能任人宰割，回纥军毫无还手之力。

战不多时，回纥诸将举起白旗，宣布投降。

十多万的俘虏怎么处理？

坑杀！即活埋！

按照常理来说，下达这命令的人不会是身为副将的薛仁贵，也不会是身为主将的郑仁泰，他们都没有处置如此大批俘虏的权力，正史、野史虽然没有记载，但这命令应该是李治或者武媚娘下达的。（此时的武媚娘名义上是皇后，重大国事她都会参与，并且有极大决定权。）

大唐以前可没干过这种事儿，顶多是埋几千人而已，此次为何坑杀如此多的士兵？

我猜可能是这样的：回纥和大唐闹翻，严重威胁大唐边疆，李治、武媚娘不能以德服人，就只能以武服人，以暴制暴就必须得斩草除根，消灭敌人有生力量，以绝后患。

现在已经无从考证坑兵的原因和到底是谁下达的命令，总之，大唐历史上这次大规模"坑俘暴行"是记在薛仁贵的头上了。

一将功成万骨枯！

从此之后，薛仁贵成为敌人眼中的凶神恶煞、阎罗王的代言人。

在天山埋完敌兵，薛仁贵乘胜追击，深入敌后，将回纥九部打得七零八落，从此之后他们再也没有组织起大规模反唐行动。

唐军将士高唱凯歌班师回朝，歌词中最核心的一句是："将军三箭定天山，壮士长歌入汉关。"

长治久安

北伐的士兵们高高兴兴地唱着歌回家，东部战场上的士兵们还在持续着艰苦的战斗。

刘仁愿、刘仁轨据守坚城，抵挡着百济军一次又一次的冲击。

这样被动挨打可不是长久之计，根据刘仁愿的请示，李治派孙仁师带领七千人马前去支援。

与此同时，百济闹起内乱，将军福信自恃功高，不把刚刚从倭国回来的新百济王扶余丰放在眼里，蓄谋弑君篡位，结果消息走漏，扶余丰带领亲信偷袭福信，将其杀死。

这样的内斗让原本病入膏肓的百济更加虚弱，不得已的情况下，再次和倭国形成军事同盟抵抗大唐。

公元663年，刚刚收拾了福信的扶余丰信心满满，准备将刘仁愿、刘仁轨打回唐朝，自己好重整百济、再造乾坤。

此时，倭国援军将至，扶余丰更是神采飞扬地从老家周留城（今韩国扶安郡）赶到白江（熊津江的一条支流）口亲自迎接盟军，周留城由扶余忠胜、扶余忠志把守。

大唐方面针对眼下局势制定相应战术。刘仁愿和孙仁师率领步骑从陆路进攻周留城，刘仁轨率领海军从熊津江进入白江口，沿江而上，夹击周留城。刘仁愿很快便将周留城周边的城池收拾得干干净净，但周留城易守难攻，给唐军造成极大麻烦。

在刘仁愿围攻周留城的同时，刘仁轨带领海军抵达白江口，倭国海军早已驻扎于此，以逸待劳，准备给大唐迎头痛击。

倭国战船大概有一千艘左右，唐军战船不到二百艘，唐军战船数量少，但技术远比倭国先进，体积也大得多。至于指挥战斗的将军的水平那就无须比较，根本不是一个级别的。

刘仁轨指挥战船布阵妥当，倭国人大大咧咧地开着战船就冲了上来，双方战船刚一接触，倭国人就明白了两个词——井底之蛙、夜郎自大。先是惊叹，原来世界上有这么厉害的东西啊，然后才想到自己这么傲慢无知、肤浅可笑。

当倭国海军明白井底之蛙不该夜郎自大的时候，第一时间掉头就

跑，刘仁轨指挥战船阵由守转攻，追杀像无头苍蝇一样乱撞的倭国海军。（《旧唐书》记载：仁轨遇倭兵于白江之口，四战捷，焚其舟四百艘。烟焰涨天，海水皆赤。）

倭国人被打跑了，扶余丰再也看不到任何希望，带领亲信逃往高句丽，扶余忠胜、扶余忠志十分乖巧地率领部下出城投降，百济终于平定。

李治下诏让刘仁愿、孙仁师等人班师回朝，刘仁轨镇守百济，做好善后处理工作。

百济经过此次战火焚烧已经残破的不像样子，残垣断壁、浮尸遍野，刘仁轨下令掩埋尸骨，重新登记那些福大命大没在战争中死于非命的军民，重建村镇城池，修路架桥，加快基础设施建设，同时，督促百姓种田养蚕，尽快恢复农业生产。

经过刘仁轨一番治理，百济举国上下焕发出新的生机，百姓十分感激这位唐朝官员带给他们的幸福生活，百济问题也终于实现长治久安。

刘仁愿回到长安面见皇帝，李治对他的工作十分满意，但心中也有疑惑，拉着他的手问道："你在百济的时候每次上奏的事情都十分妥当，文笔也极好，朕只知道你是武将，难道你是文武全才？"

刘仁愿是个实在人，如实答道："陛下不问我，我也准备向陛下汇报呢，那些都是刘仁轨做的，他水平比我高得多。"

李治非常欣赏刘仁愿这种实事求是的做法，他也像大多数人一样讨厌那些拿着别人功劳往自己脸上贴金的小人，李治重重封赏刘仁愿，然后开始夸奖起刘仁轨来。

中书侍郎上官仪不失时机地说道："以前刘仁轨因为得罪小人，被撤职，他却依然能够对朝廷不离不弃，真可以称得上是君子啊！"

刘仁轨得罪过谁？为何被撤职？

这事还得从几年前说起。

"垂帘听政"

前文中提到，公元656年，李义府仗着武媚娘给他撑腰为所欲为，竟对大理寺监狱中的一个女犯人动了色心，想要纳为小妾，结果事发，大理寺丞毕正义上吊自杀，死无对证，彻查此事的刘仁轨没有能力把李义府绳之以法，还把他得罪了。

等到公元 660 年的时候，李治派兵讨伐百济，刘仁轨统领海军，监督海运，刚好赶上当时天气恶劣，不便出海，李义府仗着自己官大，强迫刘仁轨立刻出海，结果遇上风浪，沉船无数。本来这是天灾，刘仁轨不应该有太大责任，李义府再次从中作梗，虽然没要了刘仁轨的命，但也把他变成了一个白丁。

如今，刘仁轨用行动证明自己对大唐的爱和贡献，那么李义府怎么样了呢？公元 663 年，李义府在选拔官吏的过程中大张旗鼓地卖官鬻爵，动静搞得很夸张，以至于李治都看不下去，就想把他叫来批评两句，让他有所收敛。毕竟李义府是武媚娘的人，打狗也得看主人，不能真的把他怎么样。

当李治警告李义府回家管管自己的儿女让他们做坏事别太张扬的时候，李义府竟然脸红脖子粗地反问道："是谁告诉你的？"

即便李义府态度如此恶劣，李治仍然心平气和地答道："朕就是警告你一下，你何必非要知道是谁告的状呢？"

李义府一看李治很怂，更加嚣张了，不但不承认错误，反倒甩了甩袖子，转身就走，留下黯然神伤的李治。

（《资治通鉴》记载，上颇闻之，从容谓义府曰："卿子及婿颇不谨，多为非法，我尚为卿掩覆，卿宜戒之！"义府勃然变色，颈、颊俱张，曰："谁告陛下？"上曰："但我言如是，何必就我索其所从得邪！"义府殊不引咎，缓步而去。）

李治也是有脾气的人，被个大臣这么不放在眼里，自尊心受到极大伤害，便暗下决心，要找机会收拾李义府。

有武媚娘护着，要想收拾李义府并非易事，除非他犯的罪足够大，例如，造反这样的罪名李义府应该就承受不起。

没过几天，便有人告发李义府偷窥天象、图谋不轨，李治让李勣彻查此事。以李勣的智谋和政治手段对付一个不知天高地厚的李义府实在太简单不过了，几天之后，李义府的罪名公布于众，然后被流放到振州，不久之后客死异乡，其子女及同党也都被流放至各地。

难道李义府被收拾的时候，武媚娘就不闻不问吗？

武媚娘确实不闻不问！这叫卸磨杀驴！

李义府的作用是帮助武媚娘清除障碍，现如今已经没有障碍需要清除，李义府作恶多端，连皇帝都敢得罪，这样的棋子不要也罢，弃掉这颗棋子会让大家觉得武媚娘是非分明，不和小人为伍。（类似的事情武媚娘当上女皇之后也干过不少，除掉自己手下的酷吏以平民愤。）

武媚娘虽然弃掉李义府，但是，李治仍然看出她的势力如此之大，想要遏制一下，便秘密传唤上官仪商量对策，上官仪告诉李治现在武皇后的口碑极差，手中掌握不少恶势力，应该尽早铲除，否则后患无穷。

李治听从上官仪的建议，让他拟定废黜武皇后的诏书。这事竟然让皇帝手下的小太监们知道了，有两个被武媚娘收买的小太监立刻跑去向主子汇报。武媚娘听到这消息不但不害怕，反倒怒气冲冲来找李治，开门见山地问李治为什么想废了自己，难道不再相信爱情了吗?

这个时候，李治的"妻管严"病又犯了，毫不犹豫地把上官仪出卖掉，表示自己是无辜的。（《资治通鉴》记载：我初无此心，皆上官仪教我。）

武媚娘心中暗道："上官仪你竟然敢和我作对，看我不弄死你。"

武媚娘是行动派，想做就做，并且是立刻做，她让许敬宗编造理由，诬告上官仪谋反，上官仪及其儿子上官庭芝戴着谋反的帽子含冤惨死。（这场冤案直至很多年之后才得以平反。）

借此机会，武媚娘再次清理掉一批看着不顺眼的大臣。公元664年底，李治每次上朝的时候，武媚娘都会在后面"垂帘听政"，国家大事小情她都要参与，天下大权尽在其手中，皇帝只不过是个摆设，朝廷内外称李治和武媚娘为"二圣"。这预示着，一个新的时代即将来临！

主角：李治

配角：武媚娘、李勣、契苾何力、薛仁贵、泉男生、泉男建、泉男产、李弘、李贤等

事件：唐高宗李治这个皇帝当的虽然比他老爹差远了，但还是有两件事可以拿出来显摆一下，第一件事是封禅泰山，第二件事是扫平高句丽。在封禅泰山的过程中武媚娘沾了极大的光儿，大大提高了社会地位，羽翼也更加丰满，甚至丰满到可以弄死两任太子的程度。

如此强大的天后武媚娘要想彻底摆脱束缚在政治舞台上大放异彩，只需要一个条件——李治从这个世界上消失。

唐朝女人半边天

公元 665 年 10 月，武媚娘为使自己能名正言顺地走上政治的前台，再次就一重大事件和李治展开对话。

封禅泰山！

按照以往传统，这事儿和身为皇后的武媚娘基本没什么关系，整个祭祀活动中并没有需要她出席的环节，武媚娘无法接受这么大的事儿和自己没关系的事实，自从"垂帘听政"以来，她越来越喜欢那种高高在上的感觉，不过有些令其不爽的是还需要躲在帘子后面，要是能走到帘子前面一定更过瘾。

为了能走到帘子前面，武媚娘还要做很多铺垫工作，目前来看，积极参与封禅泰山便是十分必要的。

武媚娘对李治说："在以往历朝历代封禅泰山的过程中，没有皇后等妇女参与的环节，这实在太不公平，本次封禅泰山我想和宫廷内外有封号的妇女共同进献祭品。"

李治连"垂帘听政"都能接受，还有什么接受不了的呢？于是下诏："封禅泰山之时，继我之后，皇后第二个进献祭品。"

从主观上讲，武媚娘是为满足自己的私欲；从客观上讲，她的做法极大地提高了妇女的社会地位，对社会进步有着积极的推动作用。

唐朝社会妇女的地位非常高，主要体现在婚姻、政治、体育运动、文化教育、社交活动等方面，虽然这些不完全是武媚娘的功劳，但她也是厥功至伟。

封建社会的婚姻基本可以用"父母之命、媒妁之言"这八个字概括，唐朝却不受这八个字束缚。根据《唐律疏议》记载，成年子女未经过家长同意而私自把生米煮成熟饭的，律法予以认可。

根据《开元天宝遗事》记载，李林甫有多个女儿，（李林甫是唐朝第一大奸相，本书在后面会对其口诛笔伐，这里抛开政治不谈，只评他对女儿的婚嫁态度。）个个如出水芙蓉一般，为给女儿们找个好归宿，李林甫专门腾出间房子，修个大落地窗，每当有贵族子弟来串门儿的时候，李林甫就会把这些公子哥带到院中，姑娘们趁机在屋内隔窗选婿。

通过这事儿，不难看出唐朝是可以自由恋爱的。

盛唐时期女子的婚姻是自主了，结婚之后又如何呢？

根据律法规定，夫妻若是感情破裂可以和离，并且妇女可以主动提出和离，这和其他大多数时期妇女只能被动地接受休书是有着天壤之别的。例如，《声律启蒙》中有这样两句："去妇因探邻舍枣，出妻为种后园葵。"第一句是说汉朝时期有个叫王吉的人因为媳妇摘了邻居家的几颗枣，便想把她休了；第二句描述的场景更过分，春秋时期有个叫公仪休的官员，他的媳妇种了些葵菜，他认为这是和百姓争利，因此拔掉葵菜，一纸休书将媳妇撵回娘家。

与这些时期的妇女相比，唐朝妇女在婚姻方面的地位有极大提高。

在参政方面，唐朝女子更是前无古人，在唐朝之前也有女人把持朝纲的朝代，但她们的影响力远没有武媚娘大，武媚娘是后世公认的中国第一位女皇帝。

除了武媚娘之外，唐中宗的皇后韦氏、李渊的女儿平阳公主、几乎成为第二个武媚娘的太平公主、有"巾帼宰相"之称的上官婉儿等，都在大唐的政治舞台上扮演着重要角色。

政治方面有地位，生活方面也是毫不逊色。唐朝时期，参加体育运动的女子人数众多，种类更是层出不穷，踢毽子、玩蹴鞠、打马球、赛龙舟、荡秋千……到处都少不了女子的身影，这些女子有达官贵人，也有平民妇女，她们技艺精湛，在某些项目上比男人更胜一筹。

在文化教育方面，盛唐时期的女子是否与其他时期不同呢？

古人说过这样一句话："丈夫有德便是才，女子无才便是德。"这句话基本表明封建社会人们对女子的要求和女子在文化教育方面的地位，但是，唐朝时期不是这样的，女子享受到前所未有的待遇。

在唐朝诸位博学多才的女子中，最出名的要数李冶、薛涛、鱼玄机、刘彩春，她们并称为唐朝四大女诗人，这些女诗人才学出众，有大量佳作流传至今，交友广泛，为打破封建社会男女之间的壁垒作出巨大贡献，例如，薛涛和白居易、刘禹锡、杜牧等人交情甚厚。

每逢春暖花开，唐朝女子们便浓妆艳抹、身着华服，游弋在繁华的街头，奔走于广袤的田野……

祭天地，哄群臣

武媚娘的努力在客观上推动了女子社会地位的提升，当然，她的主观想法是希望自己能在政治斗争中更加有利。

公元 665 年 10 月，洛阳城中锣鼓喧天、鞭炮齐鸣，唐高宗李治带领文武百官等重要人士从这里出发直奔泰山而去，随从的文武官员和仪仗队伍数百里不断，休息时候扎下的帐篷漫山遍野。

两个月后，李治的大部队到达齐州（今山东省济南市），暂作休整之后继续出发。

几天之后，巍峨的泰山终于高耸在李治和武媚娘的面前，这世间没有任何词语可以表达出此时二人激动的心情。

封禅泰山！这是多少皇帝的梦想啊！能把梦想变成现实的并不多，即使像唐太宗李世民一样伟大的皇帝也难以登上泰山之巅向老天爷做一次"述职"。

公元 666 年正月初一，李治在泰山南祭祀昊天上帝，第二天登顶泰山，将献给上天的玉册（相当于述职报告）装在一个玉匣子和金匣子里面，用金绳子绑上，再用金泥封好，最后放到封禅专用的石匣中。

这个过程描写起来简单，但操作过程可谓隆重至极，场面无比壮观，您想啊，皇帝给上天汇报工作肯定是这个世界上最重要的事儿。

感谢完苍天，还得感谢大地，不能厚此薄彼让神仙们挑了理。

正月初三，李治在泰山脚下祭祀后土皇地祇，后土皇地祇是掌管大地的神仙，俗称后土娘娘。

李治恭恭敬敬献上祭品，然后再恭恭敬敬地退下来。

在李治退下来的同时，武媚娘极力将因狂喜而跳至每分钟一百八十次的心脏控制平稳，稳步走上祭坛，用那双颤抖的手为后土娘娘献上祭品。

她是中国历史上第一个登上封禅泰山祭坛的皇后，并且是仅次于皇帝第二个进献祭品，在封建社会，这个意义无比重大，是她可以光明正大登上政治舞台，并提高自己地位的宝贵经历。

至此，封禅泰山活动取得圆满成功，不过武媚娘可不这样认为，这么宝贵的机会怎么可能轻易浪费呢？虽说祭祀了天地，但天地不会给你实质性地回报，哄好身边的大臣才能让自己的政治大道愈加平坦。

李治大赦天下，文武官员三品以上的赐爵一等，四品以下加一阶。

唐朝成立这么多年来，第一次这样无差别封赏，以前都是根据功劳、政绩按照规定加官晋爵，这种遍地开花、全臣受益的封赏从未搞过，因为这的确不符合规矩，大家都明白"无功不受禄"的道理，现在无功而受禄自然感动得鼻涕一把泪一把，除了感动之外还要有行动，那就是坚决拥护正确、光荣而伟大的武媚娘。

有人该说了，命令是李治下的，和武媚娘有啥关系？

文武百官大多是明白人，他们知道眼下的李治更像一个傀儡皇帝，躲在帘子后面的武媚娘才是很多重要旨意的下达者。

在一片欢天喜地中，封禅泰山活动结束了，每个人都得到了自己想要的：天地神明受到朝拜，得到祭品；李治得到封禅泰山的美名；武媚娘的地位得到提高，同时也网罗了人心；群臣加官晋爵，得到实惠。

无法拒绝的请求

公元 666 年，李治刚刚从封禅泰山的喜悦中回过神儿来，再次传来一个重大喜讯，令其感到无比兴奋。

高句丽的莫离支——泉盖苏文——死了！

泉盖苏文可以说是唐朝近些年来的头号大敌，甚至让战无不胜的李世民栽了跟头，李治上台后同样也拿他没办法。现在好了，他再也不会给大唐添堵。

泉盖苏文的死对高句丽打击异常沉重，不仅少了支柱，而且引发了内乱。

泉盖苏文的长子泉男生接替老爹的班，坐上莫离支的宝座，这个宝座并不是谁都可以坐的，下面很多人惦记着拆台呢，关于这一点泉男生也是心中有数，不过令他难以接受的是，拆台的竟是二弟泉男建和三弟泉男产。

泉男生刚上任便离开平壤到各地巡游，留下两个弟弟看家。这哥儿仨本来就不和，再加上有人从中挑拨，于是他们很快便翻了脸，泉男

建和泉男产联手对付大哥，泉男生吓得不敢回老家，找个城池躲了起来。

泉男建一不做二不休定要把大哥弄死才能踏实，因此自任莫离支，发兵讨伐泉男生。

泉男生环顾四周，找找还有谁能对抗泉男建，高句丽国内肯定是找不到这样的人，不过隔壁的大唐要想收拾泉男建貌似并不困难，在这种情况下，他也顾不上是否会引狼入室，立刻派儿子泉献诚向大唐求救。

对于这种要求，李治实在找不出拒绝的理由，要想消灭高句丽，还有比这更好的机会吗？

李治任命右骁卫大将军契苾何力为辽东道安抚大使，率兵支援泉男生。同时任命泉献诚为右武卫大将军，并交给他一个重要任务——当向导，有他这样地地道道的本地高层官员做向导，唐军可以少走不少弯路，还可以在心理上给高句丽军民带来一定压力。

李治除派出安抚使之外，还任命庞同善、高侃为行军总管讨伐高句丽，这些仅仅是投石问路的，唐军大部队还在后面呢。

公元666年9月，庞同善等人与泉男生会师，李治任命泉男生为辽东大都督，玄菟郡公，至此，泉男生那颗被兄弟伤坏的心终于得到安抚，可以好好睡个安稳觉。

李治趟这摊浑水可不是为让泉男生能睡上安稳觉的，给高句丽画上句号才是他的最终目的。三个月后，李治任命李勣为辽东道行军大总管，率领薛仁贵、窦义积、独孤卿云、郭待封等人东征高句丽。

第二年，李勣攻占高句丽西部要害——新城（今辽宁省抚顺市附近），然后带领大部队继续东进。

刚刚当了几天莫离支的泉男建大有"初生牛犊不怕虎"的劲头，竟然敢派兵突袭新城，结果让新城守将庞同善、高侃、薛仁贵捡了个便宜。面对战斗力超强又勇猛无比的薛仁贵，高句丽士兵只能无奈地接受失败。

随后，薛仁贵主动出击，几战下来，高句丽军又丢下五万多个脑袋，薛仁贵占领数座城池之后与泉男生会师。

又过了一年，即公元668年，2月，薛仁贵率领三千精兵准备攻打高句丽重镇扶馀城（今吉林省长春市农安县）。

手下们虽然都很崇拜薛仁贵，但对于这种典型的冒进主义做法表示怀疑，大家作战之时是不怕死，那也并不表示命贱，可以随便去送死啊。

薛仁贵可不是毛头小子，不会冒进，也不会去送死，他深得用兵之道，用精兵以迅雷之势打击敌人薄弱环节，这样才会收到奇效。他没有让大家失望，高句丽人还没缓过神儿来的时候已经死伤一万多人，等缓过神儿来的时候，唐朝旗帜已经飘荡在扶馀城的上空。

兵败如山倒，高句丽的四十多座城池望风而降。

一个王朝的终结

前线的捷报被侍御史贾言忠带给了李治。

李治对这现状十分满意，可将来会什么样呢？这个他心里没底，因此向贾言忠询问：“你看咱能取得战争的最终胜利吗？”

“能！”贾言忠边回答边狠狠地点了点头。

李治追问道：“在此之前可是有不少人在高句丽栽了大跟头，即便是先皇那样伟大的皇帝也没收拾了他，你为啥说朕就能行呢？”

贾言忠早有成竹在胸，便娓娓道来：“隋朝虽然曾经很强大，文帝杨坚给炀帝杨广留下不少家底，但杨广败家的水平远高于杨坚立业的水平，没几年就搞得国力衰弱，更关键的是人心散了，他东征高句丽兴的不是义兵，结局可想而知。”说完杨广失败的原因，贾言忠继续说道，“至于英明的先皇为何也在高句丽栽了跟头，这个并不难以理解，当时高句丽实力还算不错，整体看来也无太大破绽，先皇一击难毙其命。眼下情况不同，高句丽那样的小地方禁不起折腾，被先皇讨伐之后实力尚未恢复，现在内部又出现极大问题，前任莫离支泉男生跟咱站在一起，给咱当向导，他们的虚实尽在掌握之中。反观我大唐，国富民强，将智兵勇，灭他高句丽能有多难？”

李治对贾言忠的话表示充分认可，便不再探讨战争的胜负问题，而是把注意力转移到前线战士身上，“那你觉得前线的诸位将领都如何啊？”

贾言忠刚从战场回来，之前早就用那双慧眼将各位将领扫描了一遍，结论如下：“薛仁贵勇不可当，庞同善治军严谨，高侃果敢有谋……然而，不分昼夜小心谨慎，忧国忧民，为大唐尽心竭力的仍然要数李勣。”

贾言忠的观点再次与李治不谋而合。

君臣这边的对答刚刚结束，前线那边便传来好消息：平壤城破！

公元 668 年秋，唐军各路人马分进合击，在平壤城下会师，面对如此威压，高句丽王高藏、泉男产等人选择投降，只有泉男建在做最后的挣扎，怎奈大多数人都不想挣扎，有人自愿做了唐军内应，打开平壤城门，李勣等人杀将进去。

泉男建也算条汉子，见大势已去便准备抽刀抹脖子，结果自杀未遂，成为阶下囚。

就这样，高句丽的老高家和老泉家都被李治收拾了，跟历史上无数的风流人物相比，不管是高藏、泉男产，还是泉男建，都算不上什么重要角色，但是，他们退出历史舞台却是一件不折不扣的重要历史事件，因为，这标志着一个持续高句丽覆灭了！

直至几百年后，朝鲜半岛才得以统一，重新建立起一个稍微像点儿样子的政权——高丽王朝。

对于几百年后的事情，李治并不知晓，也无须知晓，他要做的是把眼下的俘虏问题处理好。

在处理这群俘虏之前，先把他们带到李世民的坟前（昭陵）转了一圈，以告慰先皇在天之灵，然后，这群俘虏又被带到太庙，让列祖列宗知道这件喜事，最后才是审判战俘的环节。

高藏在名义上是高句丽的首领，但并无实权，根本没有作恶的机会，因此，李治赦其无罪，封他做了没有实权的大官，让他舒舒服服地做个庸人。除高藏之外，泉男产、泉男生等为大唐消灭高句丽作出贡献的人也都得到应有的赏赐。

几家欢喜几家愁，同样是泉盖苏文的儿子，泉男建就没有兄弟们那么幸运，他被发配到偏僻而荒凉的黔中，另外一些反唐的重要角色也都被送到鸟不拉屎的偏远山村。

处理完人还要处理地，高句丽有大片的土地等待人们去开发，有大量的百姓等待着大唐的官员，为此李治设置九个都督府、四十二个州和一百个县，另外，还在平壤设置安东都护府统辖全境。担任都督、刺史和县令的有高句丽本地人也有唐人，经过此番治理，高句丽便彻底地被淹没在历史的长河中。

谥号贞武

公元 669 年，李治在南郊祭天，向老天爷汇报平定高句丽的英雄事迹，场面热闹非凡，可谓普天同庆。

然而，在这样大喜的日子里，发生了一件让李治极其揪心的事情——李勣病重！

七十多岁的李勣一病不起，李治和太子李弘隔三岔五地派人送来各种高档药材和补品，凡是人间能找到的好东西全部都搬到李勣家中，李勣也没有辜负皇帝和太子的好心，送来啥药就吃啥药，但对于自家亲戚朋友给拿的药却弃如敝屣，理由很简单："我本来不过是个农民，遇到英明的皇帝，才能位列三公，现如今眼瞅着就快八十了，还有什么不知足的吗？再说了，死生有命、富贵在天，难道我还需要向医生求活命吗？"

李勣的思想虽然有些唯心，但也能从中看出他的人生态度，对荣华富贵甚至是生命都淡然处之，知天命、不奢望、不强求，只是本本分分地做好自己该做的事情。

这一日，李勣表现出回光返照的现象，状态突然好了很多，便让弟弟李弼把自己的儿孙全部召集过来，搞个大规模家庭聚会。

聚会临近尾声，李勣对弟弟说："我自知阳寿已尽，有些后事得跟你交代一下。"

李弼连忙安慰大哥，让他别说这些不吉利的话，安慰的同时，也是泪如雨下。

李勣反过来还得安慰弟弟："你就别难过了，生老病死是自然规律，谁都无法逃脱，我今生能取得如此成就已经没有什么遗憾的，唯独让我放心不下的是子孙后代。想当年，房玄龄、杜如晦一生为国为民兢兢业业、谨言慎行、艰苦朴素，他们的不肖子孙却轻易便把家业败尽。我怕我会重蹈他们的覆辙，因此将子孙后代托付给你，等我驾鹤西游之后，你就搬到我家来住，替我管好他们，凡是行为不端、结交匪类的立即乱棍打死，然后在我坟前烧香汇报。"

李弼听完大哥遗嘱，频频点头，表示定不辜负大哥所托。

数日之后，李勣潇洒地挥手告别人间。

　　一位忠臣良将与世长辞，这是李治的损失，也是大唐的损失，李治无比心痛，将李勣葬在昭陵附近作为李世民的陪葬墓之一，并且在坟前仿照阴山、铁山和乌德鞬山的样子堆了三座假山，以表彰李勣大破东突厥和薛延陀的功劳。

　　作为一名将领，李勣的谋略和决断绝对是一流的，跟这些比起来，人们更愿意称赞他的人品——不贪财、不居功。

　　李勣原本姓徐，名世勣，字懋功，后来改姓李，再后来避唐太宗李世民的名讳，去掉"世"，改名为李勣。

　　徐世勣为何改姓李？

　　这事还得从徐世勣的旧主——李密——说起。

　　公元618年，李密被王世充彻底打垮后投奔唐高祖李渊，原本属于李密的大片地盘基本都归徐世勣负责，李渊向他伸出橄榄枝，他是个明事理的人，很爽快地答应降唐，并修书一封送往长安。

　　令李渊想不通的是，这封信的收信人不是自己，而是李密，当别人转达完徐世勣的意思，他才明白其中原委。

　　徐世勣的理由是：现在我手中的地盘、百姓、钱粮都是李密的，我若是把这些好东西献给大唐，那就等于拿旧主的失败当成自己追求荣华富贵的资本，此等行径非君子所为，我会把这些资产上报李密，由他献给大唐。

　　李渊得知徐世勣的理由之后感慨万千：世间竟有此忠义之人！

　　于是，赐姓"李"。

　　没过多久，李密反唐被杀，按理说这个时候李密的旧部都应该争先恐后地跟他划清界限，免得惹祸上身，李勣不但不划清界限，反倒向李渊申请了李密的尸体，将其厚葬。

　　李勣的忠义再次让世人无比钦佩。

　　这样的忠义之士自然会受到英明人的赏识，从此之后，李勣跟随李世民大破王世充、镇压窦建德、追击刘黑闼……为大唐立下汗马功劳。

　　内患治愈，李勣又帮助李世民清理外敌，跟李靖等人一起先后平定东突厥和薛延陀。

　　公元666年，73岁高龄的李勣挂帅东征高句丽，用"鞠躬尽瘁死而后已"来形容他实在太恰当不过。

李勣能够取得如此辉煌成就，优秀的军事才能是十分重要的原因，李世民曾经这样评价他："用师筹算，临敌应变，动合事机"，"古之韩、白、卫、霍岂能及也"。

韩、白、卫、霍分别指韩信、白起、卫青、霍去病，这四个人可是一个比一个牛，李世民认为他们都没有李勣牛，这话说的虽然有些夸张，但能看出李勣在李世民心中的地位。

除了军事才能外，李勣的政治才能也十分突出，他曾经镇守并州（今山西省太原市）十六年，在此期间令行禁止，远近皆服，保得大唐西北区域安定团结。李世民曾经为此大发感慨："当年杨广劳民伤财修筑长城抵御突厥，效果十分不理想，现如今李世勣坐镇并州边尘不惊，他可比长城管用得多。"

李勣在政治方面的贡献毋庸置疑，唯独一件事让后人议论纷纷，这件事最核心的其实只是一句话——"此陛下家事，何必更问外人。"

这句话是李治想要废掉原皇后，另立武媚娘为皇后时李勣所说的，李勣通过这句话向李治表明自己的立场：我支持你！

李勣这样的做法对与不对很难下结论，但归结起来主要就是两个观点：

第一个观点：作为大臣，宫闱之事不该掺和，无论皇帝或者皇后谁对谁错，那都是他们的家事。

第二个观点：凡是涉及国家兴亡的事情，作为大臣都有义务掺和，因为你领着皇帝的工资，你就得对他负责任，这当然就包括谁当皇后的问题。

读者们赞同哪个观点我并不知晓，我个人更倾向于第二个观点，也就是认为李勣应该跟长孙无忌、褚遂良、韩瑗、来济等人共同阻止李治换皇后，当然，能否阻止得了另当别论。

从个人情感来说，我太喜欢李勣这个人了，因此替他找了个借口，那就是他并未认识到武媚娘当皇后对李唐的破坏力如此之大，甚至后来一度使唐王朝改了姓氏，令九泉之下对自己有知遇之恩的先皇李世民死不瞑目，如果李勣知道将有这样后果的话，说不定他会不惜牺牲性命以死相抗。话说回来，李勣再英明，毕竟不是神仙，谁能知道将来会发生什么事情呢。

即便关于李治废立皇后的事情成为李勣政治上的小污点，但这瑕疵也无法掩盖美玉的光辉，他仍然是一位集忠贞仁德、文韬武略于一身的大唐重臣，我想这也是他谥号"贞武"的缘由吧。

高危工种

转眼之间，几年的时间过去了，李治年纪还不算大，但身体状况却是一天不如一天，在病魔的长期困扰下，他开始思考退休的问题。

公元 675 年，李治的眩晕、偏头痛已经到了无法忍受的程度，再加上视力急剧下降，批阅奏折十分费劲，于是，他召集一群大臣商量着让天后武媚娘代理国家政事。

（《大唐新语》记载：高宗末年，苦风眩头重，目不能视。）

这还了得！

竟然想让一个女人当家！这可是地地道道的封建社会！

虽然说现在的武媚娘手握实权"垂帘听政"，但毕竟是在黑暗的角落里搞些小动作，此时皇帝要是真的颁下圣旨让武媚娘代理政事，那她便可以大摇大摆地行走在阳光之下。

对于李治这样大胆的想法，很多人敢怒不敢言，但仍然有人挺起胸膛向皇帝泼冷水。

中书侍郎郝处俊高声说道："自古就没有让皇后摄政的道理，皇帝、皇后各有各的工作，皇后的工作是管理后宫，皇帝的工作是治理天下，现如今陛下想让皇后摄政，这就是把天下交给了皇后啊，但这天下并不是陛下的，而是高祖和太宗皇帝的，岂能容陛下送人？"

中书侍郎李义琰随即站出来力挺郝处俊。

李治虽然糊涂，但也没糊涂彻底，他明白郝、李二人是为他老李家的大唐着想，再加上让皇后接自己的班儿的确欠妥，因此，这事儿也就告一段落，再无人提起。

虽然无人提起此事，但此事带来的影响很快便得以显现。

太子暴毙！

太子李弘是李治和武媚娘生的大儿子，心地善良、宽厚仁爱、谦虚谨慎，按理说父母肯定都会喜欢这样不折不扣的好孩子，可事实却并非如此，李治喜欢这个性格跟自己相似的儿子，武媚娘却十分讨厌他。

武媚娘心狠手辣，做事情不留余地，李弘并不赞成这些做法，多次违背老娘的意愿。例如，李弘有两个姐姐是萧淑妃的闺女，萧淑妃当年和武媚娘结怨甚深，武媚娘弄死萧淑妃之后，也没放过她的女儿，将其囚禁于后宫之中，李弘见姐姐都三十多岁还在小黑屋中受苦，便请求母亲把她们放了然后嫁个好人家，武媚娘听完儿子的请求怒火中烧，立刻放出两位公主，嫁给正在值班的卫兵。

在那个年代把公主嫁给小兵，这可是奇耻大辱，李弘为此闷闷不乐，武媚娘对这个儿子也是越来越看不上眼儿。

终于，在一次家庭聚会后，李弘死了。

有人说李弘是病死的，因为根据史料记载，这位太子一直算不上太健康，但更多的人认为是被武媚娘毒死的。

《资治通鉴》记载：太子薨于合璧宫，时人以为天后鸩之也。

《新唐书》记载：上元二年，从幸合璧宫，遇鸩薨，年二十四，天下莫不痛之。

正史摆在眼前，仍然有人表示怀疑：那可是自己的亲儿子啊！一个母亲能下得了手吗？

一般的母亲肯定下不了手，但武媚娘不是一般的母亲，那是有着远大理想抱负的传奇女性，她当年为陷害王皇后不惜捂死亲闺女，今天为扫除登基的障碍，杀个儿子又算得了什么？

有人可能又要问，武媚娘这个时候就打算自己当皇帝了？

虽未亲口说出自己的心愿，但她的所作所为暴露了她的真实想法。

武媚娘假借编书之名招揽一批文人学士，这些人表面的工作是编撰《列女传》《臣轨》《百僚新戒》《乐书》等书籍，实际上偷看表疏奏章，参决政务，大大地消减朝廷里名正言顺的宰相的权力。这些人不能光明正大地进出皇宫正门，只能走皇宫的北门，因此得一"雅号"——北门学士。

太子死了，李治很伤心，但并未追究死因，只是再找个儿子当太子，这个倒霉蛋便是他和武媚娘生的第二个儿子——李贤。

当太子是件美事啊，怎么能说是倒霉蛋呢？

这要看在什么情况下当太子，李贤跟李弘一样也是武媚娘亲生的，但这个亲妈可不是慈母，有那样的亲妈当皇后，太子这个职业绝对是高危工种。

李弘不是武媚娘弄死的第一个太子，在李弘之前是李忠当太子，李忠是柳奭、长孙无忌、褚遂良、韩瑗等人拥戴的太子，这批人倒台之后，李忠没了靠山，惨遭践踏，年纪轻轻便成为武媚娘的刀下之鬼。

李弘也不是武媚娘弄死的最后一个太子，在不久的将来，李贤也间接地死在亲妈手里。

都说虎毒不食子，但是，虎和人不一样，禽兽永远是禽兽，但人不永远是人。

（有人可能认为我对武媚娘有偏见，因此才会恶意中伤她，其实不然，写作过程中虽然掺杂了本人的情感，但遵循的基本原则是不扭曲史实，引用正史资料，用客观、公平、公正的态度描写每个历史人物和事件，武媚娘在宫廷斗争中残忍而卑劣，但其治世才华毋庸置疑，为大唐百姓做了不少好事，本书也将给予客观评价。用今天的观点来看，武则天摄政甚至窃取李唐天下自立女皇无可厚非，但在当时的社会背景下，这的确违背伦理道德，看待历史问题就应该将其放在特定的历史时期进行分析，否则便会得出截然相反的结论。）

种树郭橐驼传

李治强忍丧子之痛安排后事，追封李弘为孝敬皇帝，因为李弘没有儿子，为延续其香火，将楚王李隆基过继给他当儿子。

处理完这些事情，李治的心情总算稍有好转，愧疚感大大减轻，注意力也从宫廷斗争转移到农民日常的生产生活方面。

公元677年4月，河南、河北地区发生旱灾，李治颁下圣旨准备派慰问团到各地发放救灾物资，让大家感受到皇恩浩荡。

侍御史刘思立表示反对，并阐述自己的理由："现在是麦子抽穗、春蚕吐丝的农忙季节，再加上为应对干旱，农民还得人工引水浇灌，忙得不可开交，陛下派使者去安抚，大家肯定得放下手里的工具兴高采烈地迎接，为了对得起皇恩，还要净水泼街、黄土垫道，组织大型活动或者演出表达心中感激之情。这样一来就好心办了坏事，原本饥渴的庄稼更加没有活路，天灾也就会演变成人祸。"

李治听完觉得很有道理，那灾区百姓就不救济吗？

刘思立表示救济必须得救济，只不过别赶在农忙的时候给农民添乱，把救灾物资简单高效地送到农民手里，等到秋后农闲之时再派使者到各地走访，看看官员们谁的救灾工作做得好，谁做得不好，该表彰的表彰，该惩罚的惩罚。

刘思立的执政理念可以说完全结合了实际情况，做到以民为本，有这种思想的人不只他自己，唐宋八大家之一的柳宗元曾经写过一篇文章——《种树郭橐驼传》，就是借郭橐驼之口讲出为官之道。

郭橐驼姓郭，但本名不叫橐驼，只不过因为他弯腰驼背，大家给他起了这个外号，时间久了便不再叫本名。

郭橐驼住在长安城的西边，是个种树高手，十里八村的人都找他种树，就连长安城中的达官贵人也会找他种树，他种的树高大茂盛，果实丰硕。

有些人眼红郭橐驼的树种得好，便偷偷学习，结果依然无人能出其右。

有人问郭橐驼其中缘由，郭橐驼并不隐瞒，爽快地讲出自己种树诀窍——顺其自然。

简单说就是减少人为干预因素，顺应树木的本性，使其自由生长，在栽种过程中具体的操作应遵循以下几个原则：第一，树根要舒展；第二，培土要平匀；第三，捣土要结实；第四，根部的土要用原来培育树苗的土。做好上述工作之后树木的本性便得以保全，就不要再做其他工作影响其生长。

郭橐驼是这样种树的，别人则不然，树木移植后全部换成新土，培土不是太松就是太紧，隔三岔五地就来看看树长得咋样，抠抠树皮，掰掰树枝，摇摇树干……初衷是好的，实际上却把树折腾个半死，怎么可能长得高大茂盛，当然就更不可能指望它结出甘甜可口的果实。

有些人听完郭橐驼的种树经验略有所思，产生这样的疑问：能否把这理念应用到为官治民上？

郭橐驼表示，"我只会种树，可不懂为官治民之道，每当大家正忙着干活的时候大小官吏们便跳出来发号施令，在田间地头大喊：'好好种地，抓紧收割，别忘了煮茧抽丝，也别忘了纺线织布，养好鸡鸭，看好孩子……'搞得大家疲惫不堪，根本没心思干活。当官的这样搞法，看似治民，实则扰民，这道理和种树是相通的。"

黄台瓜辞

公元680年，长安城的一位大帅哥死了，由此引发一系列重大历史事件。

这位帅哥叫明崇俨，不但长得帅，而且精通鬼神之术，据说曾经为李治治好过病，因此深得皇帝和皇后喜爱，可以自由进出皇宫。

根据野史记载，明崇俨和武媚娘关系相当暧昧，至于暧昧到何种程度外人不得而知。

野史的可信度值得考究，我们也不必尽信，不过明崇俨和武媚娘关系极好倒是客观事实，因为这个江湖术士竟然敢跟太子李贤对着干，敢跟太子叫板得有点儿实力。

在一个月黑风高的夜晚，明崇俨死了。

可能死因如下：

死因一，抓鬼的时候把鬼逼急了，被恶鬼所杀；死因二，把太子惹急了，被太子所杀；死因三，被其他仇家所杀；死因四，运气差，被流窜作案的强盗所杀。

没有人知道明崇俨的真正死因，不过也无须知道，因为，武媚娘需要的是"死因二"，即被太子所杀。

武媚娘派人抄了太子的家，在马坊中搜出三百多副铠甲，"密谋造反"这顶帽子严丝合缝地扣到太子头上。

李贤有口难辩，单凭三百多副铠甲就给堂堂一个太子打上谋反的罪名实在太过牵强，别说是三百多人，就算三千人要想进攻皇宫，估计还没见到皇宫大门就烟消云散了。

武媚娘说李贤要造反，那李贤就得背着这个罪名等候发落，即便李治很喜欢这个儿子，也无能为力。

李贤曾经三次监国，也就是代替皇帝行使权力，得到李治和大臣们的一致称赞，均认为大唐江山交给这个年轻人是可以放心的，正是因为大家放心，所以武媚娘就不放心了，因此亲母子之间产生极大隔阂。

此次借明崇俨之死搜太子的家，即便没有那三百多副铠甲，武媚娘也能找出别的罪名让太子倒台。

一夜之间，李贤由太子变成平民，被流放到鸟不拉屎的偏远山区，据说，李贤流放之后作了一首可以和《七步诗》相媲美的《黄台瓜辞》。（后世多认为《黄台瓜辞》并非李贤所作，现在已经无法考证。）

七步诗

煮豆燃豆萁，豆在釜中泣。

本是同根生，相煎何太急。

黄台瓜辞

种瓜黄台下，瓜熟子离离。

一摘使瓜好，再摘令瓜稀。

三摘尚自可，摘绝抱蔓归。

《七步诗》借煮豆子抒发手足相残的痛苦，《黄台瓜辞》则是表达母子相残的感伤。

李贤被亲娘抛弃无比感伤，武媚娘却要置亲儿子于死地。

几年后，酷吏丘神勣逼死李贤，为武媚娘除去心头之患。

为了向主子献媚，连皇帝的儿子都敢逼死，可见这个丘神勣是个狠角色，其实，他这样完全是随了他爹。

丘神勣是丘行恭的儿子，大家是否还记得李世民和王世充大战之时那个手持大刀为李世民开道的猛将，那人便是丘行恭。

论打仗，丘行恭是把好手，论整人，也绝不含糊，心狠手辣，令人咋舌。

想当年，刘兰造反失败，被腰斩，丘行恭为表达对皇帝的忠诚，

竟然将刘兰的心肝爆炒之后当成下酒菜。

李世民可是少有的明君，他不需要这样的忠心，把丘行恭叫到跟前大骂一顿："我们是依律法行事，刘兰造反已受腰斩之刑，你为何还要吃人家的心肝，如果说吃他心肝可以表达忠心，那也是皇子皇孙们吃，岂能轮得到你！"

丘行恭无言以对。

青出于蓝而胜于蓝，丘神勣的残忍程度完全超越他老爹，跟周兴、来俊臣、武懿宗等人成为未来女皇武则天手下不折不扣的酷吏。

天作孽犹可为，自作孽不可活，像他们这样的人注定是不会有好下场的，这些都是后话，在武媚娘没有坐上龙椅之前，还没有他们作恶的空间。

不过，此刻武媚娘距离龙椅已经越来越近。

到底是个怎样的皇帝

前几年李治去泰山玩了一圈，感觉很过瘾，便想把五岳（东岳泰山、南岳衡山、西岳华山、北岳恒山、中岳嵩山）玩个遍。

公元 682 年 7 月，李治命人在嵩山南建造奉天宫，将其作为游玩嵩山的行宫。

这种劳民伤财的举动遭到大臣李善感的反对，李治听完大臣头头是道的谏言觉得很有道理，大大赞许一番，但行宫的建设工作依然有条不紊地进行着。

这就是一般皇帝跟明君和昏君的区别，昏君听不进去大臣的谏言，甚至还会将其砍了；一般皇帝能听进去，但不照办；只有明君才能采纳大臣的建议，并严格执行。

李治虽然不能采纳李善感的建议，但在第二年也不得不取消嵩山之行，因为他的身体状况太糟糕了，根本不允许四处活动。

李治长期受偏头痛的折磨，最近病情再次加重，急召御医秦鸣鹤出诊，秦鸣鹤望闻问切之后发现病情严重，常规疗法难以见效，只好出狠招，他向皇帝请示道："微臣需要用针扎陛下的头，放出一点儿血来，病情便能得到缓解。"

"垂帘听政"的武媚娘听到之后大怒，心中骂道："你个秦鸣鹤竟敢救皇帝，我这恨不得他早死，好大展拳脚呢。"

武媚娘下令要把秦鸣鹤拉出去砍了，理由就是：这人敢扎皇帝脑袋，放龙血，如此大逆不道死有余辜。

这次李治没再让武媚娘胡作非为，毕竟此事关系到自己的性命，于是，让秦鸣鹤放开手脚大胆医治。

以针灸见长的秦鸣鹤一针下去，李治顿时觉得眼前一亮，精神大好。

（《资治通鉴》记载，上苦头重，不能视，召侍医秦鸣鹤诊之，鸣鹤请刺头出血，可愈。天后在帘中，不欲上疾愈，怒曰："此可斩也，乃欲于天子头刺血！"鸣鹤叩头请命。上曰："但刺之，未必不佳。"乃刺百会、脑户二穴。上曰："吾目似明矣。"）

正所谓：阎王要你三更死，谁敢留你到五更！

秦鸣鹤医术虽高，怎奈天意难违，李治阳寿已尽，被扎几针之后病情是有所好转，但也仅仅撑了一个来月。

公元 683 年 12 月，李治驾崩。

李治到底是个怎样的皇帝？

关于这么复杂的问题并非三言两语所能说清，他有善良的一面，也有残忍的一面，对大唐既有贡献，也有破坏。

李治本质善良，这也是他能当上皇帝的根本原因，当初李世民的两个儿子——李承乾、李泰——抢夺皇位继承权之时，李治的与世无争令其远离政治斗争的漩涡，也让李世民认可这个并不是很理想的接班人。

当上太子之后，李治依然保持自己原有的优良作风，勤俭节约、礼贤下士、不骄不躁……与诸位老臣们建立深厚的友谊。

但是，在此期间，他万万不该的是跟武媚娘也建立深厚的、非正常的友谊，他跟武媚娘的关系让后世尽情嘲笑，也让他最终堕入万劫不复的深渊。

刚当上皇帝的那几年，李治的表现还算中规中矩，自从武媚娘扳倒王皇后执掌后宫开始，李治便像被猪油蒙了心一样，分辨不出谁是真正的杀人凶手，分辨不出谁善谁恶，直接或间接地害死长孙无忌、褚遂良等托孤重臣。再加上后来的一系列措施，导致宰相集团实力极大削弱，

皇权过于集中，对整个大唐来说贻害无穷。

没过多久，武媚娘便敢公开跟李治叫板，杀死上官仪，扫除大量绊脚石，坐在皇帝后面"垂帘听政"，唐朝也进入"二圣"的时代。

李治当政期间在治国方面虽然没有轰轰烈烈的举动，但基本保持贞观时期的作风，大唐日益强大，百姓生活水平不断提高，社会繁荣稳定。

在对外方面，李治有着不小的功劳，收服西突厥，啃掉高句丽这根杨广、李世民都没啃下来的硬骨头，使大唐声威远播的同时，也为大唐发展提供了一个良好的外部环境。

李治虽然有着诸多功劳，但他使武媚娘干政，大权旁落，最终导致李唐易主，仅此一点便足以令其无颜面对九泉之下的列祖列宗，也使其成为后世的笑柄。

后 记

李家的祖孙三人表现各不相同。

李渊的表现中规中矩，虽无大功，但也无大过（"玄武门政变"这件极具争议的事情除外），总体评价——是个好皇帝。

李世民的表现十分抢眼，为大唐和都立下丰功伟绩，功在当代，利在千秋，是一个近乎完美的皇帝，为什么说是"近乎"呢？因为"玄武门政变"他有责任，再就是他的儿子李承乾、李佑等都犯过大错，"子不教，父之过。"这个责任当然要李世民来承担。

至于李治呢，后世对其评价毁多誉少，他执政期间虽然基本能够延续"贞观之治"的遗风，并且大败高句丽、收服西突厥，但他亲小人、远贤臣，诛杀至亲及功臣，最终还让外姓之人执掌大唐江山，这实在是难以饶恕。

在接下来的几十年中，三个女人对唐朝影响极大，分别是武媚娘、韦皇后和杨玉环，她们干扰朝政，严重破坏社会发展和安定团结。虽然表面现象是女人祸国殃民，但实质还是当皇帝的失职，只不过最终把责任推到女人身上而已。

《唐盛唐衰（叁）：凤舞九天》，敬请您的关注！